厦门大学会计学系列教材

会计信息系统

——习题与实验教程

（用友ERP-NC 6.5版）

主　编／薛祖云　　副主编／徐玉霞　林朝南

厦门大学出版社 XIAMEN UNIVERSITY PRESS | 国家一级出版社 全国百佳图书出版单位

图书在版编目(CIP)数据

会计信息系统：习题与实验教程 ：用友 ERP-NC6.5 版 / 薛祖云主编. —厦门 ：厦门大学出版社，2018.8
(厦门大学会计学系列教材)
ISBN 978-7-5615-7036-4

Ⅰ. ①会… Ⅱ. ①薛… Ⅲ. ①会计信息-财务管理系统-高等学校-教材
Ⅳ. ①F232

中国版本图书馆 CIP 数据核字(2018)第 151294 号

出 版 人 郑文礼
策划编辑 陈丽贞
责任编辑 陈丽贞
封面设计 李夏凌
技术编辑 许克华

出版发行 厦门大学出版社
社　　址 厦门市软件园二期望海路 39 号
邮政编码 361008
总 编 办 0592-2182177 0592-2181406(传真)
营销中心 0592-2184458 0592-2181365
网　　址 http://www.xmupress.com
邮　　箱 xmup@xmupress.com
印　　刷 厦门市万美兴印刷设计有限公司

开本 787 mm×1 092 mm 1/16
印张 17
字数 393 千字
印数 1～3 000 册
版次 2018 年 8 月第 1 版
印次 2018 年 8 月第 1 次印刷
定价 35.00 元

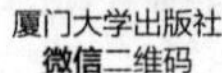
厦门大学出版社
微信二维码

厦门大学出版社
微博二维码

前言

本教材是薛祖云主编、厦门大学出版社出版的《会计信息系统》(基于业财融合的ERP系统环境)的配套用书。全书内容包括三个部分：

第一部分是教材《会计信息系统》各个章节的学习指导与练习,包括各个章节的学习重点以及有针对性的练习题。

第二部分是练习题的参考答案。

第三部分是实验教程,包括八个单项实验及两个综合实验,涵盖业财融合ERP系统环境下会计虚拟仿真的全流程实验。实验一为动态建模业务处理。该模块主要搭建集团组织结构,设置基础档案,是其他模块开展业务的基础。实验二至实验八,分别介绍了采购管理、销售管理、库存管理及存货核算、人力资源管理、固定资产管理、账务处理子系统和会计报表子系统的基本功能与使用方法。实验教程最后有两个综合实验,贯穿业财融合的ERP系统业务到财务的多个流程,其设计的目的是巩固单项实验中掌握的各模块操作技能并综合理解掌握,进一步提高会计信息系统综合实务操作能力。实验教程是以用友ERP-NC 6.5版作为操作平台,以财务业务一体化管理为主导思想,各个实验环环相扣,也可独立操作,以适应不同层次的教学和应用需要。本实验教程也适合用友NC系列的其他版本。其他ERP系统,在对原系统做适当的二次开发后也可以参考使用。

本教材由薛祖云教授担任主编,徐玉霞副教授、林朝南副教授任副主编,参加编写工作的还有代思思、林汐、郭哲奕、赵佳珉等。感谢用友厦门公司的实施团队,在改造用友NC 6.5版用于高校会计虚拟仿真教学实验方面提供了巨大帮助。

编者

2018年8月

第一部分　学习指导与练习

第二部分　习题参考答案

第三部分 实验教程

第一部分

学习指导与练习

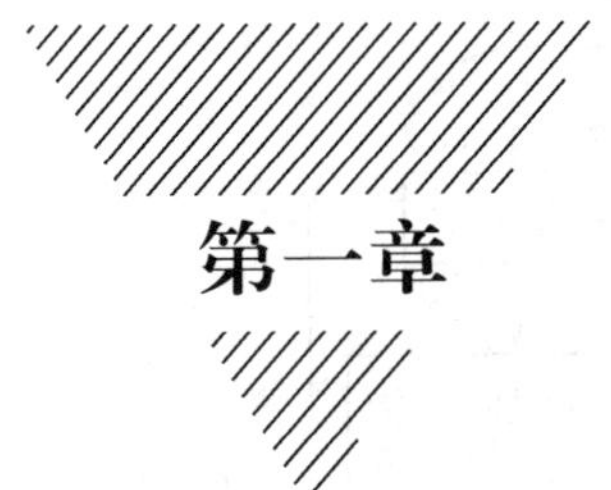

第一章　会计信息系统概述

本章要点

本章主要介绍会计信息系统的基本知识与相关的概念辨析，掌握这些基本知识以及准确地界定相关概念是学习后继各章节的基础。本章共四节，第一节介绍计算机系统与信息技术，包括计算机系统的组成、数据库管理系统、数据通信、计算机网络技术等；第二节介绍企业的交易循环与会计循环；第三节介绍会计信息系统的基本概念，包括数据与信息概念的辨析、会计数据和会计信息、会计信息系统等；第四节介绍会计信息系统的结构，包括功能结构、物理结构、组织结构和会计信息系统之间的数据关联。

本章学习应重点掌握：交易循环与会计循环的处理步骤；会计信息系统的基本概念；会计信息系统的功能结构、物理结构及其与会计信息系统之间的数据关联。对交易循环、会计循环和企业信息系统结构示意图应有比较深刻的理解，下列示意图所展示的内容在其他各章节都将分别叙述到。

1.会计是过程的控制与观念的总结，企业的经营交易过程都要通过会计这个综合的信息系统进行总括反映。因此，交易循环的每个环节都会和财务处理与财务报告循环（会计循环）发生关联。如图 1-1 所示。

2.会计是一个信息系统。为了反映企业的财务状况与经营成果，需要运用一定的方法与程序，周而复始地进行数据的输入、处理与输出，即构成了会计循环。在计算机环境下，会计循环中的某些流程需要进行重新整合，以提高数据处理的效率。因此，掌握传统手工会计循环的各个过程对理解计算机环境下的会计业务流程重组是至关重要的。如图 1-2 所示。

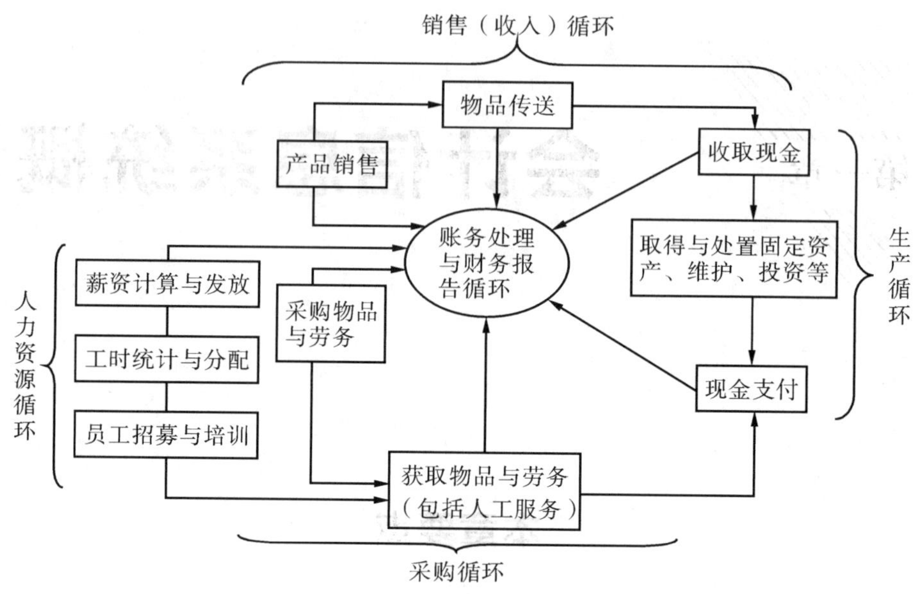

图 1-1　基本交易循环关系示意图

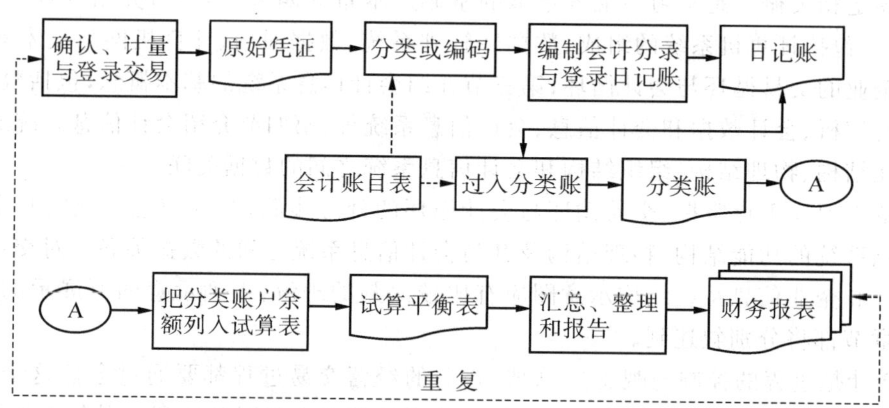

图 1-2　财务会计循环示意图

3.在企业信息系统中,会计信息系统只是其中的一个子系统。随着企业信息化的深入开展,会计信息系统需要并入整个企业信息系统集成运行,因此,会计信息系统与其他子系统存在频繁的数据关联。如图 1-3 所示。

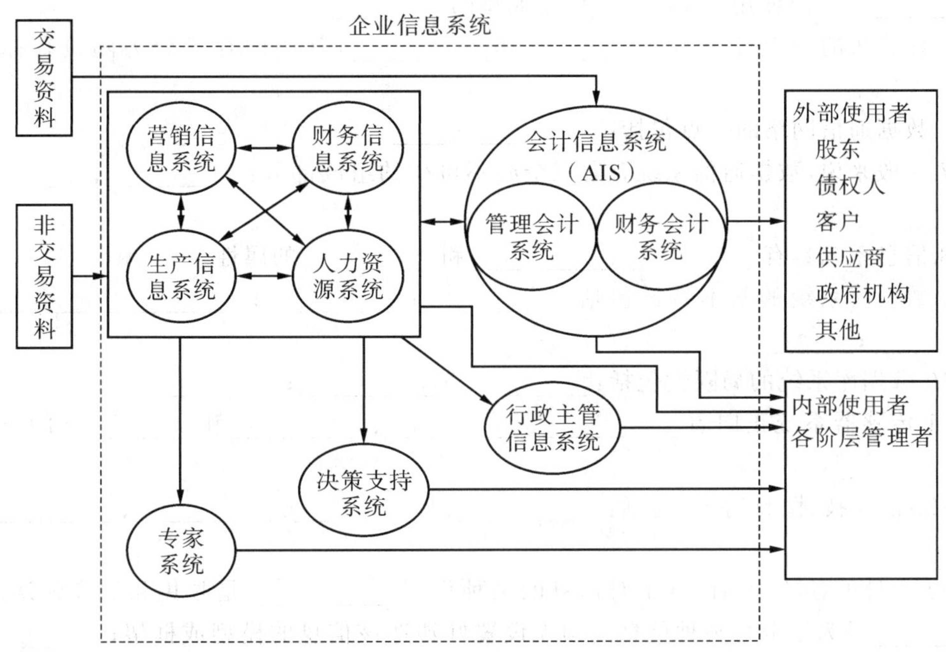

图 1-3　企业信息系统结构示意图

本章的重点和难点在于：如何将信息技术（主要指计算机技术）和传统的会计工作有机地结合在一起，理解计算机环境下的会计信息系统的功能结构、物理结构和系统内部的数据关联等。

习　题

一、名词解释

数据库　数据　信息　信息系统　会计信息系统　大数据　云技术　云储存

二、填空题

1.一般而言，信息技术的主要构成包括________、________、________、________、________、________和________。

2.计算机系统的基本组成包括硬件系统和软件系统两个部分。其中，计算机系统的硬件由________、________、________和________组成。计算机软件系统又可分为________和________两大类。

3.常见的联机输入设备包括________、________、________、________、________和其他。

4.根据网络的覆盖范围，可以将计算机网络分为________、________和

__________。广泛使用的 Internet 就是典型的__________。

5.计算机的存储器分为__________和__________，其中内存又分为随机存储器和__________。

6.数据通信网络的优点包括：__________；__________；__________。

7.一般来说，数据通信系统有着三个必不可少的组成部分：__________、__________，以及__________。

8.信息系统具有__________、__________和__________的属性。

9.数据库系统的基本特征包括：__________；__________；__________；__________；__________；__________。

10.数据库系统的局限性包括：__________；__________；__________。

11.传感器系统正向着__________、__________、__________和__________的方向发展。

12.缩微技术的特点包括：__________、__________、__________、__________和__________。

13.会计的各项活动体现了对信息的某种作用：__________是收集和初步确认信息；__________是为了取得某种信息而预先设置好塑造该信息的模型或框架；__________是信息的分类；__________是确认账面信息；会计管理是会计信息的使用；会计检查主要是审查会计信息。

14.会计信息系统的物理结构可以分为__________和__________两类。

15.一般而言，制造企业包括五个基本交易循环，分别是：__________、采购循环、__________、人力资源循环和______________。

16.销售循环包括三项基本的经营活动，即__________、__________和__________。

17.一般而言，任何信息系统都是在既定目标下，通过__________、__________、__________和__________四个部分来达成目的的。

18.会计信息系统中最为基本的两个处理子系统为__________和__________。

19.会计信息系统按应用层次分类，可以分为：__________会计信息系统、管理型会计信息系统和__________会计信息系统。

20.财务会计子系统通常包括八个子系统，它们分别是：__________子系统、__________子系统、__________子系统、__________子系统、__________子系统、__________子系统、__________子系统和__________子系统。

21.会计信息系统的三个基本构成要素为：__________、__________、__________。

22.决策支持系统一般包括四个基本构成部分，分别是：__________、__________、资料库和__________。

23.除了基本功能之外，会计信息系统一般还要专设__________、__________两个子系统。

24.分布式系统通过计算机网络把不同地点的__________、__________、__________等资源联系在一起，服务于__________。分布式系统又可分为一般分布式系统和__________。

25.XBRL 即__________,它是一个公开的标准,由__________定义的一种新语言,专用于财务与商务报表方面。

26.XBRL 的技术框架包括三个部分:__________、__________和__________。

27.XBRL 分类标准由________________和________________两部分构成。

28.大数据的 5V 特点包括:__________、__________、__________、__________和__________。

三、不定项选择

1.在下列子系统中,(　　)属于整个电算化会计信息系统的核心。

A.会计报表子系统　　B.账务处理子系统

C.成本核算子系统　　D.固定资产子系统

2.Intranet(内部网)是指采用 Internet 技术建立的(　　)网络。

A.广域网　　B.企业外部专用

C.企业内部专用　　D.城域网

3.局域网的主要特点包括(　　)。

A.数据传输距离较长　　B.数据传输率高

C.传送误码率低　　D.网络结构不规范

4.计算机会计信息系统内各子系统间的数据传递方式如果采用账务处理中心式,那么各个账务子系统对原始凭证进行汇总、处理后,编制出(　　)直接传递到账务处理子系统。

A.记账凭证　　B.报表

C.付款汇总表　　D.付款凭证

5.会计信息系统的特点是(　　)。

A.综合性　　B.复杂性

C.会计信息的及时性、准确性和可靠性　　D.内部控制严格

6.会计信息系统内的数据传递方式大体上有(　　)。

A.集中传递式　　B.直接传递式

C.账务处理中心式　　D.一般传递式

7.管理会计信息系统包括(　　)。

A.资金管理子系统　　B.成本管理子系统

C.项目管理子系统　　D.决策计划子系统

8.会计信息系统内子系统间接收和传递数据的类型包括(　　)。

A.单向接收型　　B.双向接收型

C.单向发送型　　D.双向联系型

9.数据库系统可能产生的效益包括(　　)。

A.增强数据储存与应用的弹性

B.减少数据重复性,消除数据要素之间的不一致

C.提高数据存取与应用效率

D.增强数据安全与内部协调

10.以下有关 XBRL 财务报告特点的表述中,正确的有(　　)。

A.XBRL 可提高财务报告编制和发布的效率,同时保证数据的准确性。

B.XBRL 能够提供方便快捷的数据检索,便于使用者分析其所需要的数据。

C.XBRL 为会计信息的监管提供了便利,提高了会计信息的透明度。

D.XBRL 推动了财务报告的国际性。

11.中央处理器的内部结构分为(　　)。

A.控制单元　　B.运算单元

C.逻辑单元　　D.存储单元

12.决定中央处理器(CPU)品质的最重要的参数是(　　)。

A.内核结构　　B.主频

C.外频　　D.接口

13.下列不属于输出设备的是(　　)。

A.键盘　　B.显示器

C.绘图仪　　D.打印机

14.数据库管理员的职责包括(　　)。

A.界定数据概要与子概要的数据需求　　B.设计数据储存与读取结构

C.标准化数据更新　　D.监控对数据库的存取

E.数据库维护

15.数据通信系统有着三个必不可少的组成部分(　　)。

A.处理交易的计算机系统　　B.信息分析与存档设备

C.输入和输出设备　　D.网络

16.传感器的分类方法有(　　)。

A.按被测量信息量分类　　B.按测量原理分类

C.按输出形式分类　　D.按制造工艺分类

E.按材料的晶体结构分类

17.下列不属于采购循环作业的是(　　)。

A.原料、配件和劳务的采购　　B.应收账款处理

C.开具增值税专用发票　　D.对购入物品的验收与仓储

E.付款支票的签发与审批

18.在财务会计系统中,从经营交易或事项的数据到会计信息的转化,必须经过的会计处理步骤包括(　　)。

A.进行现金流量表的科目关系设置

B.确认、计量和记录相关原始数据

C.把交易或事项的原始记录予以分类或编码归类

D.编制会计分录与登录日记账

19.下列关于决策支持型系统特征的表述中错误的是(　　)。

A.包含大量的资料和不同的决策模型

B.有助于解决结构化或非结构化的决策问题

C.其主要功能在于提高决策的效率,而不是效果

D.仅扮演辅助支持决策的角色,而不是替代管理者作出决策

20.下列属于客户—服务器式(C/S)系统的缺点的是(　　)。

A.系统灵活性、扩展性差

B.容易引起数据的不一致性

C.系统复杂,系统维护成本高

D.增加了网络的通信负荷,易造成网络通道的堵塞

21.下列不属于双向联系型的子系统的是(　　)。

A.采购与应付子系统　　B.存货子系统

C.销售与应收子系统　　D.固定资产子系统

22.集中传递式是指各子系统之间的数据传递关系通过一个专门的(　　)来实现。

A.转账模块　　B.账务处理子系统

C.转账凭证　　D.自动转账子系统

23.下列符合在服务器上网络操作系统对共享数据的其他管理均由工作站的相应系统管理的特点的是(　　)。

A.单机系统　　B.一般分布式系统

C.二层客户—服务器系统　　D.三层客户—服务器系统

四、判断题

1.数据和信息在概念上相同。(　　)

2.会计信息和会计数据具有绝对性。(　　)

3.内存储器中的信息,断电后不会消失。(　　)

4.所有应用软件都需要在计算机信息系统中运行,对任何应用软件程序的修改都可能影响它与其他软件的相互配合。(　　)

5.不同交易处理子系统或应用程序从数据库存取所需要的资料,都必须通过数据库管理系统。(　　)

6.城域网的主要特点是传输距离在1000公里以内,传输速率一般,网络系统机构灵活,综合性应用能力强等。(　　)

7.大数据带给我们的三个颠覆性观念转变:是全部数据,而不是随机采样;是大体方向,而不是精确制导;是因果关系,而不是相关关系。(　　)

8.就非制造业而言,生产循环可能由资源管理循环所替代。(　　)

9.会计数据和会计信息按用途层次,可分为业务凭证型、账簿和业务报表型、会计报表型。(　　)

10.管理型会计信息系统是以提高决策的效果为目标,面向决策者的一种信息系统,由决策支持型会计信息系统发展而来。(　　)

11.决策支持系统可以替代管理者作出决策。(　　)

12.会计信息系统中,对会计科目进行编码的目的在于便于记忆。(　　)

13.一般而言,基层管理者的决策比高层管理者的决策更加结构化。 (　　)

14.会计信息系统的结构决定了会计信息系统的功能与目标。 (　　)

五、问答题

1.简述数据库系统的基本特征和优缺点。

2.简述操作系统的基本功能。

3.简述 XBRL 技术的优势。

4.简述 Internet 和 Intranet 的定义、特点以及二者之间的区别和联系。

5.简述移动互联网的概念及特点。

6.简述会计数据和会计信息的概念及相应的特点,并用文字和图示两种形式阐述会计数据与会计信息的关系。

7.会计信息系统的目标和特点是什么?

8.会计信息系统的数据传递方式有哪些?

9.简述会计循环处理的基本步骤。

六、小组讨论题

假如你是企业的 CFO 或会计主管,请思考:

1.会计信息系统的目标是什么?

2.如何使会计人员在建设和应用会计信息系统时充分发挥其专业作用?

3.会计信息系统的日常应用中,应该重点注意哪些方面?

4.在财务机器人普遍应用的情况下,从财务实践发展趋势出发,阐述 CFO 的职能变革。

第二章　业财融合的 ERP 系统

本章要点

进入 21 世纪的中国，挑战与机遇并存。所有企业都将面临更加激烈的国际竞争，都必须解决迅速获取更准确的市场信息和生产信息、进一步降低生产成本、提供更多满足顾客需求的个性化产品等一系列的问题。解决这些问题的一个必经途径是企业管理信息化。可以毫不夸张地说，现在几乎所有的企业都认识到管理信息化的重要意义了。在企业管理信息化的道路上，企业资源计划(ERP)已经成为一朵绚丽的奇葩，受到越来越多企业的青睐。ERP 综合运用了先进的管理理论和信息技术的最新成果，可以使企业一切的商务交易活动处于系统掌控之下，合理配置企业内外所有的资源，从而提高企业的运营效率。

本章从会计信息系统的角度，对业务财务一体化的 ERP 系统加以简要介绍并探讨一些相关问题。本章第一节遵循历史与逻辑统一的原理，介绍了 ERP 的演进简史，力图通过 ERP 的历史发展过程，使读者了解 ERP 及其雏形从简单到复杂的逻辑发展过程，帮助读者理解 ERP 的基本原理。本章第二、三、四节遵循理论与实践相结合的逻辑线索，其中：第二节对 ERP 进行了理论探讨，主要分析了 ERP 的定义、ERP 所蕴含的管理思想、ERP 同 MRP 和 MRPⅡ的关系、ERP 同 BPR 的关系以及 ERP 同电子商务的关系，以帮助读者进一步理解 ERP 的实质和特征；第三节对 ERP 软件做一浏览，简要介绍了几家国内外知名的 ERP 厂商及其 ERP 软件产品；第四节介绍了业务财务一体化的会计流程再造。

学习完本章后，需要理解和掌握图 2-1 的基本逻辑与基本内容。

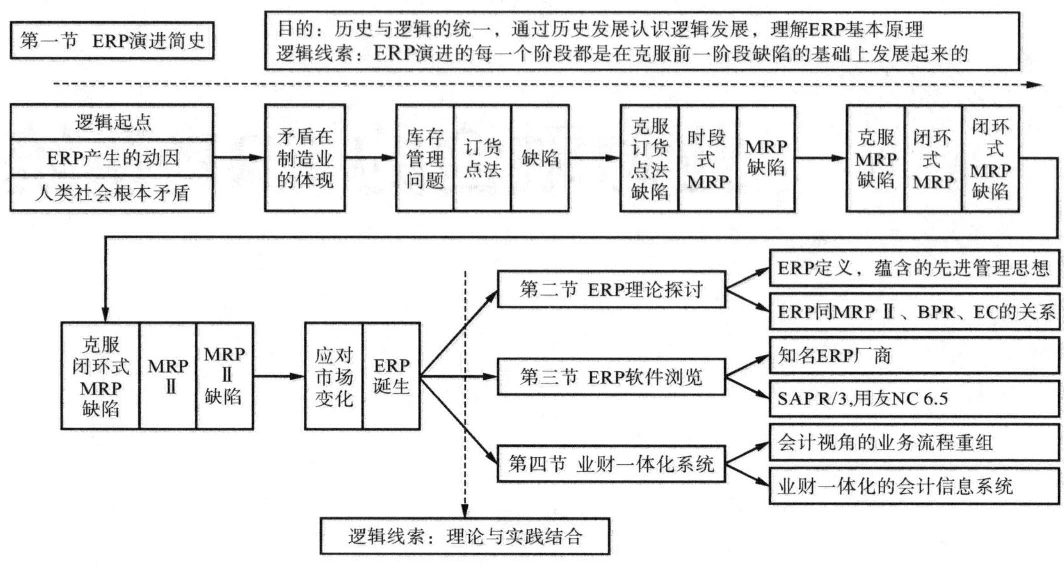

图 2-1 本章导航图

习 题

一、名词解释

企业资源计划 物料需求计划 主生产计划 闭环式 MRP MRPⅡ
业务流程重组 会计流程再造

二、填空题

1.企业管理是对企业四种资源流动的管理：__________、__________、__________和__________。

2.ERP 不仅仅是一种计算机软件，更是一系列管理思想的综合，包括__________、__________、__________、__________、__________和__________。

3.ERP 系统中的计划体系主要包括：__________、__________、能力计划、__________、__________、利润计划、__________和__________等，而且这些计划功能与价值控制功能已经完全集成到整个供需链系统中。

4.从__________到__________的发展，是信息集成应用范围不断扩展的过程。__________实现了物流信息的集成，__________在__________的基础上实现了物流信息与资金流信息的集成，__________是市场竞争全球化形势下的企业管理信息系统，是一个信息高度集成的管理信息系统，它在__________的基础上进一步实现了面向整个供需链的信息集成。

5.精益生产和大量生产的主要差别在于__________、__________和__________的不同。

6.ERP支持混合方式的制造环境,包括____________、____________、____________和__________的混合。

7.ERP不断地吸纳信息技术飞速发展所形成的最新成果,包括:______________、__________、__________、__________、__________、__________、__________、__________、__________和__________等,从而使ERP系统得以实现供需链管理的__________。

8.根据重组特征和流程范围,BPR可以分为以下三类:____________、____________和__________。

9.针对企业经营而言,电子商务最关键的因素在__________、__________、__________三个环节上,而这三个环节都属于ERP的子系统。

10.生产计划与控制模块的主要功能是:__________、__________、__________、__________、车间控制、__________和项目管理。

11.物料管理模块涵盖了____________、____________、____________、__________和__________等功能。

12.____________________利用能够组织和维护所制造的每个零件的数据,通过产品数据管理系统来定义库存零件之间的关系,并说明它们是如何组合来制造一个产品的,包含:物料主记录、物料清单、工艺路线、工作中心、工程改变管理等。

13.财务会计系统涉及__________、__________、__________、__________、__________及基金管理。

14.财务控制包含了会计系统的其他功能,如产品成本核算、__________、__________、订单和项目会计、__________、合资公司会计、__________、获利能力分析以及__________功能。

15.业务信息仓库有着庞大的信息量,并以__________为导向,这种业务信息需求分析考虑了各种行业的经验,形成了大量的__________,但也支持用户定义。

16.在财务会计流程重组的过程中,首先应从改变思想出发,建立新的财务会计理念,主要包含:__________、__________、__________、__________、__________。

17.ERP环境下的财务会计流程和传统财务会计流程的差异主要表现在以下几方面:__________不同、会计凭证生成方式不同、__________不同、__________不同。

三、不定项选择

1.管理方法产生的根源是(　　)。

A.人类社会的主要矛盾　　B.人类社会的次要矛盾

C.人类社会的基本矛盾　　D.人类社会的阶级矛盾

2.订货点法的缺陷是(　　)。

A.针对零部件　　B.针对产品

C.“库存补充”原则过于武断　　D.确定订货时间的方法

3.闭环式MRP的工作过程是一个(　　)的过程。

A.计划——评价——实施——反馈——计划

B.实施——计划——评价——反馈——计划

C.实施——计划——评价——反馈——实施

D.计划——实施——评价——反馈——计划

4.实施以客户为中心的经营战略是20世纪90年代企业在经营战略方面的重大转变,要求企业在(　　)等方面都有重大的转变。

A.组织形式　　B.管理方式

C.生产驱动　　D.ABC都是

5.下列(　　)思想不是ERP所蕴含的管理思想。

A.系统化计划管理　　B.供需链管理

C.信息集成　　D.异步工程

6.BPR可以分为(　　)类。

A.功能内的BPR　　B.功能间的BPR

C.集团间的BPR　　D.组织间的BPR

7.电子商务最关键的因素在(　　)个环节上。

A.客户关系管理　　B.系统调查

C.产品研发管理　　D.供应链管理

8.下列哪个系统不是ERP主要的系统(　　)。

A.基本系统　　B.业务信息仓库

C.信息交互系统　　D.财务与会计系统

9.后勤系统主要包括(　　)模块。

A.销售和分销　　B.生产计划与控制

C.质量管理　　D.物料管理

10.财务与会计系统包括(　　)模块。

A.财务会计子系统　　B.财务控制子系统

C.内部控制子系统　　D.资产管理子系统

11.在财务会计流程重组的过程中,首先应从改变思想出发,建立新的财务会计理念,主要包含(　　)。

A.各自开发　　B.团队合作

C.面向未来　　D.顾客导向

12.ERP环境下的财务会计流程和传统财务会计流程的差异主要表现在(　　)方面。

A.数据采集不同　　B.会计信息输出形式不同

C.成本核算体系不同　　D.会计凭证生成方式不同

13.重组后的财务会计信息流程应实现的目标包括(　　)。

A.系统集成化的信息收集方式

B.会计信息输出形式

C.业务事件驱动的信息处理方式

D.实时报告的信息使用者自助式信息获取方式

四、判断题

1.人类社会的主要矛盾是所有管理方法产生的根源。（　）

2.库存管理不是制造业企业管理的起点。（　）

3.订货点的基本公式是：订货点＝单位时间的需求量×订货提前期＋安全库存量。（　）

4.MRPⅡ由时段式MRP系统发展而来，在生产管理方面，它实际上就是时段式MRP系统。（　）

5.ERP是利用现代信息技术，将以系统化计划管理为核心的一系列先进管理思想运用于企业管理之中，面向整个供需链，以合理配置企业所有内外资源为目标的一种综合管理应用体系。（　）

6.产品数据管理（product data management，PDM）利用能够组织和维护所制造的每个零件的数据，通过产品数据管理系统来定义库存零件之间的关系，并说明它们是如何组合来制造一个产品的。（　）

7.会计流程再造后，会计组织结构也相应发生变革。可以从流程维度和职能维度来考察，一方面，以会计流程为主干，建立相应的会计流程小组，满足业务流程处理的要求；另一方面，各会计流程小组都归属于会计服务中心，其作用在于人员的统筹安排、培训指导与咨询等。（　）

8.在财务会计流程重组的过程中，应当以企业整体网络系统为基础，注重各流程的集成和信息共享，以达到整合企业资源，提高经济效益的目的。（　）

五、问答题

1.请简述订货点法的原理、公式和缺陷。

2.请简述时段式MRP的原理、处理流程、前提条件和缺陷。

3.请简述闭环式MRP的原理、处理流程和缺陷。

4.请简述MRPⅡ的原理和特点。

5.ERP的定义是什么？请分别从“管理＋IT”、管理思想、软件产品、管理系统等方面来阐述。ERP体现了哪些先进的管理思想？

6.请简述BPR的定义、特点和分类。

7.请简述ERP与MRP、MRPⅡ、BPR的联系（任选两个）。

8.请简要分析比较传统会计流程与ERP环境下财务会计流程的差异，并绘制流程图。

9.财务会计信息流程重组的目标是什么？

10.请简述会计流程再造后，会计组织结构相应的变革，并绘制结构图。

六、小组讨论题

（一）假如你有一个机会可以参与某企业计算机会计信息系统的建立，并担任系统分析员，请思考如下的问题：

1.如何进行系统调查，调查的方法和手段有哪些？

2.如何编写可行性分析报告？

3.如何确定和描述新系统的功能？

4.如何协助 IT 人员完成数据流程图的绘制和规格说明书的编写？

（二）假如你是企业 CFO，如何告诉 CEO 业财融合 ERP 系统的重要性？

第三章　动态建模

本章要点

所谓动态建模，就是对集团企业的组织变革、流程优化、集团管控优化、资源权限动态管理提供平台层面的解决方案，一方面可以满足成长型集团企业的需求，为企业提供最适合当前业务管理要求的IT解决方案，另一方面可以满足集团企业在成长过程中根据需求不断增加应用；并随时将管理创新的需求落实到系统的流程中进行修改、调整，从而支撑适合自己的商业模式创新。本章共有五节，第一节介绍组织管理，主要包括组织结构的定义、组织间关系的构建和组织结构视图的查询等，第二节介绍权限管理，主要详细介绍了权限在组织间的分配以及权限、职责、角色、用户之间的关系，第三节介绍会计科目设置，第四节介绍数据编码及主要功能模块，第五节介绍了流程建模的主要工具以及其他基础设置。

学习完本章后，需要理解和掌握：组织管理的内容和作用，常见的组织结构类型；功能权限、职责、角色与用户之间的关系；会计科目设置的内容；数据编码的规则；流程建模的常用工具，数据流图的画法。

习　题

一、名词解释

权限管理　用户功能权限报表　科目设置　数据流图　数据词典　位数编码

二、填空题

1.组织结构的呈现方式有两种，一种是__________，一种是__________。

2.职责可分为____________和____________，____________只能分配管理类权限，

__________只能分配业务类权限。

3.普通管理员由__________或拥有相应授权的管理员创建并授权，通常可以分担集团管理员的工作，但其功能权限不能大于对其授权的管理员。

4.用户登录系统是受管辖的，在特定的情况下，管理员可以通过__________来禁止对方进入系统。

5.设置会计科目名称时，__________应与会计制度规定的正式名称一致，__________尽可能与上一级科目体现一种归属关系。

6.分组编码是指按__________分组表示根据某一基础上的不同类别而进行编号的一种方法。

7.数据流图，是从实际系统中抽象出来的，以特定符号反映系统的__________过程的工具。

8.数据流图用四个元素来描述会计信息系统数据处理过程，它们分别是：__________、__________、__________和__________。

9.数据词典就是对数据流图中各文件及数据流进行详细的描述和确切解释的词典，数据词典的内容有__________、__________和__________。

10.__________根据处理的条件与相应动作，用横向的树形分支结构来描述数据流图的处理。

11.编码设计就是对会计信息系统中的各种数据进行编码（如会计科目、往来单位等），以便__________、__________、__________和__________。

三、不定项选择

1.集团内部的组织间关系包括（　　）。

A.采购业务委托关系　　B.销售业务委托关系

C.质检业务委托关系　　D.资金管理代理关系

E.维修库存业务委托关系

2.系统中使用最广泛、最基础的用户类型是（　　）。

A.集团管理员　　B.普通管理员

C.普通用户　　D.系统管理员

3.集团管理员由（　　）在系统初始化中创建并授权，负责非技术类型的基础设置和日常管理。

A.超级管理员　　B.普通管理员

C.普通用户　　D.系统管理员

4.在系统设计时，用数据词典可以对计算机会计信息系统数据流图中各（　　）及其数据流进行详细的描述和确切的解释。

A.加工　　B.数据流

C.起点或终点　　D.文件

5.权限管理报表包括（　　）。

A.用户功能权限报表　　B.职责角色报表

C.职责功能报表　　D.角色职责报表

6.会计科目设置的内容包括(　　)。

A.会计科目编码　　B.会计科目类型

C.收付款类型　　D.摘要设置

7.会计科目设置是一项系统和细致的工作,设置时从(　　)开始逐级设置。

A.辅助核算科目　　B.一级科目

C.二级科目　　D.最末级科目

8.常见的编码方法有(　　)。

A.顺序编码　　B.类别编码

C.位数编码　　D.分组编码

9.会计科目编码应该遵循(　　)。

A.规范性原则　　B.层次性原则

C.一致性原则　　D.扩展性原则

E.简短性原则

10.手工账簿在启用时,不需要(　　)签名盖章。

A.企业负责人　　B.主管会计

C.复核人员　　D.内审人员

11.常见的集团组织结构形式有(　　)。

A.L 形组织结构　　B.M 形组织结构

C.U 形组织结构　　D.H 形组织结构

12.管控范围是指多个责任中心的管理和控制范围,同一个管控范围内的业务单元会进行(　　)。

A.管理口径的统一　　B.执行政策的统一

C.员工结构的统一　　D.业绩评价的统一

13.处理说明是结构化分析的重要部分,常用的工具有(　　)。

A.结构化语言　　B.判断表

C.形式语言　　D.判断树

14.数据流是传递数据的通道,它反映系统各部分之间的数据传递关系,其流向大致有(　　)几种。

A.从“起点”流向“加工”

B.从“加工”流向“终点”

C.从“加工”流向“文件”或从“文件”流向“加工”

D.从“加工”流向“加工”

四、判断题

1.业务单元只能是法人组织。　　(　　)

2.角色是一组权限的集合,角色本身具有不同的权限。　　(　　)

3.一个职责可以关联多个角色,一个角色也可以关联多个职责。　　(　　)

4.会计科目编码可以由会计人员根据系统的总体编码要求录入。 （ ）

5.一个数据流图中至少有一个加工，并且任何加工至少有一个输入数据流和一个输出数据流。 （ ）

6.管理类角色也可以与业务类职责相关联，并获取业务类功能权限。 （ ）

7.会计科目不仅是计算机进行会计数据处理的依据，而且是账务处理系统与具体经济业务相联系的纽带。 （ ）

8.科目编码在保证会计核算需要的前提下，位数越少越好。 （ ）

9.启用后的核算账簿可以被删除，也可以停用，核算账簿一经停用不允许再重新启用。 （ ）

10.启用年度的期初建账，可以是在年初发生，也可以是在年中发生。 （ ）

五、问答题

1.简述组织管理的主要作用。

2.简述权限分配的过程。

3.什么是编码设计？常见的编码方法有哪些？

4.简述系统进行编码化处理的目的。

5.什么是数据流图？其中有哪些常用的符号？

6.某工厂销售与应收账款业务过程分为如下八个步骤：

（1）客户通过电话、邮件，或上门洽谈订货，由销售部门开出销货订单，引发其他销售作业步骤。（处理流程①）

（2）销售部门经办人请求信用审核部门审核客户信用状况以及授权销货交易。（处理流程②）

（3）销售部门职员把多联式销货单和其他交易资料分送仓储、运输和开单等部门。（处理流程③）

（4）发运部门职员根据已授权销货单安排从仓库提货、包装和发运，并把发运汇总资料转送开单部门。（处理流程④）

（5）开单部门职员核对销货单与发运汇总资料，依据企业的产品价格目录资料或合同资料开出账发票寄送给客户，发票上必须列明销售物品品种、价格、运费、税项、销售折扣或折让、付款方式等，然后把发票中的相应联转送会计部门和存货控制部门。（处理流程⑤）

（6）会计部门负责应收账款核算的职员登录有关的客户往来明细分类账，反映应收账款的增加。（处理流程⑥）

（7）存货控制部门职员依据相关部门转来的交易资料登录存货记录，反映库存的发出数量。（处理流程⑦）

（8）负责账务处理的职员根据发票的记账联、应收账款和存货等部门转来的交易资料，定期过入总分类账户。（处理流程⑧）

要求：根据文字说明，用数据流图画出业务流程。

第四章　采购与应付子系统

本章要点

采购成本的高低对企业产品成本和最终利润有直接的影响,同时由采购业务引起的应付账款或预付账款的管理对企业经营来说也是至关重要的。因此,对采购与应付账款这一环节的核算和管理是企业会计信息系统的重要构成部分。本章从采购与应付账款循环的业务流程与数据流程入手,阐述该系统内部结构,数据输入、处理和输出等日常业务处理,以及该系统的其他与管理有关的模块功能。本章共有四节,第一节是关于采购与应付子系统的概述,包括采购管理、采购交易的会计核算办法、系统的特点和目标;第二节主要介绍该系统的流程分析,包括系统的业务流程、数据流程、主数据库文件;第三节阐述了该系统的初始化设置,包括供应商档案设置、结算方式设置、付款设置和交易类型设置等;第四节主要是关于该系统的日常业务处理,包括各种单据的数据输入、数据处理和账表输出。

采购与应付子系统是企业会计信息系统中一个比较复杂的子系统。在这个子系统中,既有物流的流动,又有资金流动,同时又要反映与供应商间的结算关系,因此如何理解物流、资金流与信息流这三条线的联系,是学习采购与应付子系统的关键。

本章学习应重点掌握:采购交易的会计核算办法、采购与应付子系统的业务流程分析和数据流程分析、初始化设置、系统的日常业务处理等。

习　题

一、名词解释

采购成本　订货成本　持有成本　采购暂估　现金折扣　物资需求申请单　采购发票　采购结算　核销处理

二、填空题

1.无论是工业企业还是商业企业，企业__________都是企业价值实现的开始。

2.最基本的采购业务由__________开始，有时根据业务的具体情况也会以__________或__________为起点，再生成__________。

3.企业一方面要减少资金的占用，另一方面要减少__________的风险和__________的成本，把库存减少到最低可接受程度(经济库存量)。

4.一般而言，存货的储备成本包括三种：采购成本、__________、__________。

5.“经济订货批量”公式为：$Q=\sqrt{\frac{2SF}{H}}$，其中：Q——经济订货批量，S——__________，F——__________，H——__________。

6.采购管理包括实际采购量的控制、__________的控制、__________的控制、入库的管理四个方面。

7.采购与应付子系统不是一个独立的系统，材料采购后的入库和货款的实际结算等数据要传递到__________子系统和__________子系统。

8.如何保证物流、资金流与__________三条线之间的联系，是采购与应付子系统的关键。

9.采购与应付子系统的主数据库文件包括：__________、入库单文件、__________、__________和应付账款文件。

10.采购与应付子系统初始化设置主要内容包括：__________设置、__________设置、__________设置以及交易类型设置等。

11.采购与应付子系统在输入阶段，系统接受两类数据：第一类数据是__________，第二类数据是__________。

12.采购发票是以__________为依据来输入的，需要输入的基本数据有：财务组织、发票类型、__________、系统发票号、发票日期、__________、__________、币种、采购员、采购部门、库存组织、付款单位、整单扣税类别、__________、__________、数量、__________等。

13.“材料成本差异”科目表示实际成本和计划成本之间的差额，借方登记__________，贷方登记__________。

14.采购订单的状态分为__________、__________、__________三种。

15.采购入库单主要来源于__________和__________，其去向为__________。

16.系统的采购结算一般会提供__________和__________两种功能来确认采购成本。

17.对于采购暂估业务而言，当暂估价格与开票价格不一致时，系统会自动生成一张__________。

18.__________表用于查询一定期间内所发生的应付额、付款发生额和余额情况以及周转率和周转天数。

19.存货核算中的采购入库单侧重于__________的记录，而库存管理中的采购入库单侧重于__________的记录。

20.采购与应付子系统中与暂估业务有关的报表有__________、__________、__________。

三、不定项选择

1.采购与应付子系统的关键是如何保证(　　)的联系。

A.物流和资金流　　B.物流和信息流

C.资金流和信息流　　D.物流、资金流与信息流

2.下列子系统和采购与应付子系统之间存在数据传递的是(　　)。

A.销售与应收子系统　　B.成本核算子系统

C.账务处理系统　　D.存货子系统

3.付款设置包括(　　)。

A.付款时点设置　　B.付款协议设置

C.现金折扣方案设置　　D.付款类型设置

4.到货单的录入方式包括(　　)。

A.参照物资需求申请单生成　　B.参照未入库的采购订单生成

C.参照已入库的采购订单生成　　D.直接手工录入

5.核销处理提供自动核销和手工核销两个功能,下列(　　)属于自动核销。

A.业务号勾对　　B.逐笔勾对

C.总额勾对　　D.余额勾对

6.一些企业在存货档案中对某些重要存货项目设置了(　　),超过限定时系统会自动报警。

A.最高售价　　B.最高进价

C.最低库存　　D.最高库存

7.关于采购与应付子系统数据输入说法正确的是(　　)。

A.业务量不多的用户用前台处理　　B.基础较好的用户用后台处理

C.第一年使用的用户用前台处理　　D.人机并行阶段用后台处理

8.采购订单表体的页签包括(　　)。

A.物料信息　　B.结算信息

C.采购政策　　D.执行结果

E.到货信息

9.采购发票主要包括(　　)。

A.增值税专用发票　　B.普通发票

C.通用发票　　D.费用发票

10.暂估月统计表用于统计(　　)的数量和金额。

A.本月前暂估本月结算　　B.本月入库本月结算

C.本月入库本月未结算　　D.本月入库本月暂估

E.本月前暂估本月未结算

11.决定存货储备成本的因素包括(　　)。

A.购货款　　B.仓库保管成本

C.市场供应商的情况　　D.货款的结算方式

E.原料的等级

12.下列不属于采购环节会计核算内容的是(　　)。

A.核算物资发出成本　　B.核算物资采购成本

C.核算采购过程中产生的税金　　D.核算采购过程中产生的往来款项

四、判断题

1.年采购成本与年总采购量有关,一般与订货量无关。每次订货量越大则每年订货次数越少,年订货成本越低。(　　)

2.购货时,每次订货批量越大,则每年订货次数越少,年持有成本也降低。(　　)

3.凡是审核过的入库单将不能再修改,只能查询。(　　)

4.应付账款文件用来存放与每一位供应商结算的余额,可以是应付账款(余额在贷方),也可以是预付账款(余额在贷方)。(　　)

5.物资需求申请单录入时,申请单号必须是唯一的;申请日期一般取自系统当前日期,不允许用户修改。(　　)

6.采购与应付子系统如果与存货子系统集成运行,那么应由仓库管理员审核确认入库单,否则可以由采购人员审核。(　　)

7.不同记录的存货编码不能相同,同一张采购订单可以输入编号相同的存货。(　　)

8.不同的结算方式,其对应的科目也可能不同。因此,一般依据结算方式设置对应的会计科目,以便系统能够生成相应的记账凭证。(　　)

9.采购与应付子系统的另一个基本编码是存货编码,一般是在本系统中设置。(　　)

10.采购退货和退库都是在采购物资验收入库后发生的因质量等原因发生的退回。(　　)

11.需求类型是对交易类型的界定,通常选择普通物资需求申请。(　　)

12.物资需求申请单是为了能在某地及时得到一定数量的物料而发出的采购请求,即用什么、用多少、何时用、谁用;同时确定由哪个采购组织进行采购并提供采购建议信息。(　　)

13.退货是针对采购订单和委外订单,且必须是基于已确认到货才能退货。(　　)

14.如果已经根据某采购订单生成了到货单,就不能直接参照该采购订单生成采购入库单。(　　)

五、问答题

1.简述采购与应付子系统的特点。

2.简述采购与应付子系统的目标。

3.简述系统中核销处理的两种功能。

4.简述采购订单的三种通常状态。

5.简述采购与应付子系统日常业务数据输入的控制。

6.简述系统采购结算中确认采购成本的两种功能。

7.某工业企业采购与应付子系统的业务流程如下：

(1)在初始化设置中，用户输入主要供应商的资料，并完成人员、部门、结算方式、付款条件和税率的基本设置。系统将这些数据保留在基础信息文件中，以备随时调用。

(2)请购部门将编制购买存货的物资需求申请单，通过录入模块输入会计信息系统，物资需求申请单经过审核后形成请购单，交由采购部门审核。采购部门由专职人员通过审核模块审核请购单，同时根据价格审批单，形成采购订单，并选择供应商签订合同，存于采购订单文件，保留在系统中。

(3)采购合同执行过程中，将仓库开具的物资到(退)货单、验收部门开具的物资入(退)库单、收到的采购发票输入到系统中，相应形成了到(退)货单文件、入(退)库单文件和采购发票文件。系统利用采购发票文件和入库单文件进行采购结算，形成结算单文件。

(4)根据用户的需要，系统通过对各类文件进行汇总或分析比较，输出各种统计表或分析表，根据采购订单文件、到货单文件、入库单文件输出采购订单统计表；根据供应商资料、采购订单文件和入库单文件输出按供应商统计的订单完成率表；根据采购发票文件输出增值税抵扣表；根据采购订单文件、到货单文件、采购发票文件和结算单文件输出生成综合日报，并将相应数据传递到存货子系统，作为存货入库的依据。

(5)如果没有收到采购发票，采购部门会进行暂估处理，系统根据除采购发票以外的文件进行比较分析后输出供应商暂估余额表、暂估月统计表和采购暂估差异表，并将相应数据传递到存货子系统，作为存货入库的依据。

(6)采购部门将采购发票传送至财务部门，财务部门根据付款协议中的付款时点分别填制应付单或付款单，输入系统形成应付账款文件和付款单文件，系统进行比较分析后输出应付账龄分析表和付款账龄分析表。

要求：根据上述业务流程的描述画出该子系统的数据流程图。

第五章 存货子系统

本章要点

企业一个主要的管理与核算内容是对存货的收、发、存进行有效管理，并加以准确、及时地反映，这可以通过会计信息系统中的重要子系统——存货子系统来实现。存货子系统需要从收、发、存三个角度，从价值、实物两个维度进行全方位的管理与核算。本章共分五节，第一节是存货子系统的概述，包括存货管理、存货的会计核算、系统的特点和目标；第二节是存货子系统的流程分析，包括业务流程分析、数据流程分析、系统的相关数据文件；第三节介绍存货子系统的初始化设置，包括存货档案设置、计量单位设置、仓库档案设置、收发类别设置和产品结构设置等；第四节是关于存货子系统的日常业务处理，包括各种单据的数据输入、数据处理和账表输出；最后一节是阐述企业的存货成本核算问题。

存货管理包含了物流和资金流的管理。在一个企业中，特别是工业企业中，存货的物流可谓复杂，要对物流进行合理的安排，从而在满足企业正常的生产和销售需要的同时，降低存货成本及其占用资金，这是每个企业所关注的问题。存货管理也因此历经了多种管理模式，在采购与应付子系统一章中介绍的经济订货量模型便是其中的一种。在现代各种企业资源计划系统中，物料需求计划或者更为先进的制造资源计划的思想逐步在存货子系统中得到推广，本章涉及的产品结构，就是物料需求计划的一个重要输入内容——物料清单。

存货核算方法有多种选择，可以按实际成本核算，也可按计划成本核算。按照实际成本核算的，可以根据情况选择个别计价法、先进先出法、加权平均法，或者移动平均法确定其实际成本。鉴于计算机处理的高效率，可以根据各种存货的特点选择不同的计价方法，以及时、准确地反映存货的成本。

本章学习应重点掌握：存货管理的方法、存货会计核算的方法、存货子系统的业务流程分析和数据流程分析、初始化设置、系统的日常业务处理等。

习　题

一、名词解释

存货价值管理　移动加权平均法　月末一次加权平均法　计划成本法　物料清单　调拨单　存货跌价准备余额文件　生产报告　其他出库单

二、填空题

1.存货子系统需从__________、__________、__________三个角度，从__________、__________两个维度进行全方位的管理与核算。

2.存货管理是__________、__________和__________的枢纽，因此存货管理的好坏，不仅与存货子系统本身有关，也与采购、销售、成本子系统密切相关。

3.存货子系统的主数据库文件有__________、__________、存货库存余额文件、__________、计提跌价准备单文件、__________。

4.存货子系统需要采用各种方法处理各种业务，并与__________、__________、__________进行数据传递。

5.__________、__________业务是企业货物离开企业仓库发往其他组织的最后一步。

6.存货子系统的初始化设置主要包括：__________、__________、仓库档案设置、__________、__________等。

7.存货子系统的入库业务需要处理的业务单据较多，包括__________、__________、生产报废入库单、__________、__________、其他入库单和盘点单。

8.存货子系统的出库业务需要处理的业务单据较多，包括__________、__________、假退料单、__________、__________、__________等。

9.同一种存货可以因不同的包装规格而采用不同的计量单位，所以存货计量单位设置时需要设置__________之间的转换关系。

10.车间已领用的材料在月末尚未消耗完，下月需要继续耗用，则可以不办理退料，在这样的情况下，为了使成本子系统能正确核算产品的材料费用，存货子系统提供__________的录入功能。

11.存货子系统的数据处理包括__________、__________、存货记账、__________、__________等环节。

12.存货子系统输出的账表模块主要是输出各种__________、__________和__________。

13.材料出库单可以手工增加，也可以配比出库。在配比出库时，须输入__________。

三、不定项选择

1.存货的会计核算因企业类型、规模以及管理方式的不同而不同，其核算内容包括(　　)。

A.入库成本　B.出库成本
C.盘亏、盘盈的成本　D.调拨出、入库的成本
E.存货跌价准备的增减变动和结存

2.企业日常入库业务主要有(　　)。
A.采购入库　B.产成品入库
C.委托加工入库　D.残料入库

3.计量单位设置内容一般包括(　　)。
A.计量单位编码　B.所属量纲
C.计量单位名称　D.换算系数

4.下列参数设置属于存货的成本和控制的包括(　　)。
A.安全库存　B.最低售价和最高进价
C.计量单位组类别　D.库存上下限的设置

5.下列存货业务计价处理方法中属于实际成本法的是(　　)。
A.个别计价　B.先进先出法
C.后进先出法　D.加权平均法

6.下列对材料出库业务描述正确的是(　　)。
A.材料出库之前需要进行出库申请
B.材料出库业务可以对入库业务进行跟踪
C.周转材料领用不属于材料出库业务范畴
D.维修维护工作可以基于维修工单的计划物料进行材料的领用

7.产品结构定义以后,可以清楚地说明产品的组成,以便(　　)等功能模块的引用。
A.配比出库　B.消耗定额
C.产品材料成本　D.成本核算

8.由计划员定期对现存量进行分析而形成的报表有(　　)。
A.安全库存分析表　B.超储分析表
C.短缺分析表　D.呆滞积压分析表

9.下列单据属于其他业务出库单的有(　　)。
A.销售出库　B.材料出库
C.调拨出库　D.盘亏出库
E.组装拆卸出库

10.存货子系统自动转账模块的作用有(　　)。
A.自动生成入库机制凭证传入账务处理子系统
B.自动生成出库机制凭证传入账务处理子系统
C.自动生成费用分配表传入成本核算子系统
D.自动计算年末存货结存金额传入报表子系统

11.属于计提跌价准备文件的内容有(　　)。
A.本次计提金额　B.盘亏数量
C.可变现金额　D.本次冲回金额

12.存货库存余额文件用来存放存货余额情况的详细数据,其主要内容包括(　　)。

A.仓库编码　　B.数量

C.存货编码　　D.单价

E.金额

四、判断题

1.实际成本法一般适用于存货品种繁多、收发频繁的企业,或者自制半成品、产成品品种繁多的企业,或者在管理上需要分别核算其计划成本和成本差异的企业。　(　　)

2.存货的计价方式有很多种,不同的计价方式将导致存货的出库成本不同,因此在编制出入库单或者按出入库单记账时,都需要参考存货的计价方式。　(　　)

3.如果有一组计量单位之间可以进行转换,则需要设置主计量单位,以及同一单位组的其他单位与主计量单位之间的换算率。　(　　)

4.产品结构的设置应先定义子项,而后定义相应的父项,子项是构成父项的直接材料或半成品,如果涉及半成品,该半成品应作为一个新的父项继续分解。　(　　)

5.存货系统月末结账时,根据当月已记账的假退料单自动生成假退料的回冲单,单据号与原假退料单单号相同,日期是下个月的第一天。　(　　)

6.销售出库单可以由销售与应收子系统生成,也可以由存货子系统生成。　(　　)

7.产成品入库单是工业企业和商业企业入库单据的主要部分。　(　　)

8.假退料单记账或期末处理时,成本的核算方法同材料出库单。　(　　)

9.产成品入库单表头一般包含入库日期,由于该日期是系统日期,因此不允许修改。　(　　)

10.仓库根据生产部门的生产报告和报废报告更新存货明细账记录,并更新存货管理子系统的数据。　(　　)

11.为了管理的需要,计量单位即使在设定并被使用后,仍然允许修改和删除。(　　)

12.委外订单是企业委托加工部门与委外加工商签订的委外加工协议的文件,是委托加工入库业务的核心单据,该业务其他单据的生成均以委外订单为基础。　(　　)

五、问答题

1.简述存货子系统的特点。

2.简述存货子系统的目标。

3.简述在会计信息系统中产品成本核算的基本程序。

4.简述存货子系统的数据处理。

5.某工业企业存货子系统的数据流程如下:

(1)在初始化设置中,用户输入存货档案、计量单位、仓库档案、收发类别、产品结构、单据、科目、期初余额等。系统将这些数据保留在基础信息文件中,以备随时调用。其中一个极为重要的设置,即存货计价方式的设置,一般在存货档案中实现。存货的计价方式有很多种,不同的计价方式将导致存货的出库成本不同,因此在编制出入库单或者按出入库单记账时,都需要参考存货的计价方式。

(2)采购物资、产成品或半成品、委托加工产品、其他物料、调拨物料验收入库后,由仓管人员编制入库单,通过录入模块输入,经过审核后,存于存货库存余额文件、出入库单文件中。

(3)销售产品出库、材料生产领用出库、材料假退料、调拨出库、其他出库、报废出库发生后,由仓管人员编制出库单,通过录入模块输入,经审核以后存于存货库存余额文件、出入库单文件中。

(4)仓管人员对材料的入库成本、出库成本或损益、异常结存进行调整后,编制存货调整单,通过录入模块输入,经过审核以后,存于存货调整单文件中。

(5)财务部门在会计期末对存货按成本和可变现净值孰低计价,由存货管理人员编制计提跌价准备单,通过录入模块输入,经过审核,保存在跌价准备单文件、存货跌价准备文件中,同时更新存货跌价准备记录。

(6)系统根据输入的各种单据以及形成的各种存货相关文件,输出出入库汇总表、物料库存分布统计表、收发存汇总表和存量表。此外,每日工作终了,系统根据当日的收发存汇总表形成收发存汇总日报表,供其他部门参考使用;每月工作终了,系统还会根据当月的收发存汇总日报表形成收发存汇总月报表,供其他部门参考使用。

(7)财务部门需要根据系统输出的各种存货统计汇总表对库存的结构及周转情况进行分析,使企业能够更好地了解储备情况。储备分析包括存货周转率分析、安全库存分析、超储分析、短缺分析、保质期分析、呆滞积压分析、库龄分析和库龄预警分析。在进行完各种数据分析后需要将分析的结果汇总,即对下级数据进行报表数据汇总操作,从而得到该任务报表的汇总报表数据,然后转入账务处理子系统。

要求:根据上述描述画出该子系统的数据流程图。

第六章　销售与应收子系统

本章要点

从企业经营循环角度看，销售与收取现金的过程无论是对工业企业还是商业企业而言都是企业价值实现的终点。在商业信用环境下，大部分销售活动表现为赊销，即在产品与劳务的提供和货款收取之间存在着一定的时滞间隔（数日或者数月），这样，产品销售（或提供劳务）与收取货款可以看作一个相对独立的子系统，简称为销售与应收子系统。在这个子系统中，既存在实物的流动过程（由卖方向买方转让资产或提供劳务），又存在资金的流动过程（应收账款的收现）。本章共分四节，第一节是销售与应收子系统的概述，包括销售管理、销售交易的会计核算、系统的特点和目标；第二节是销售与应收子系统的流程分析，包括业务流程分析、数据流程分析、系统的相关数据文件；第三节介绍销售与应收子系统的初始化设置，包括客户档案设置、结算方式设置、收款设置、交易类型设置、退货基础设置等；最后一节是关于销售与应收子系统的日常业务处理，包括各种单据的数据输入、数据处理和账表输出。

销售是企业价值实现的最后阶段。在市场经济条件下，企业的一切生产活动都应该以销售为目的，以销定产已成为企业组织生产的基本原则。因此，销售的管理是企业管理工作的重要方面。销售管理往往需要涉及多个部门，这些部门各司其职，共同组成一个完整的管理和控制体系。

销售与应收子系统不是一个独立的系统，系统中的很多数据需要从其他子系统中转来，如存货成本数据需要从存货子系统和成本核算子系统中转来，客户结算情况要接收账务处理子系统的数据；同时又要将货物销售以及货款结算情况传递到存货子系统和账务处理子系统等。

本章学习应重点掌握：销售管理的方法、销售交易的会计核算方法、销售与应收子系统的业务流程分析和数据流程分析、初始化设置、系统的日常业务处理等。

习 题

一、名词解释

销售订单　应收冲应付　应收冲应收　预收冲应收　“五步法”模型　经济利益

二、填空题

1.一般来说,销货交易始于____________________。

2.工业企业的销售成本通过__________结转,而产成品的销售成本可以采用__________也可以采用实际成本两种不同的方法计算;商品流通企业的销售成本也有按进价核算和按__________核算两种不同的方式。

3.销售与应收子系统业务流程主要包括__________、__________和__________三个环节。

4.一般__________是销售与应收子系统的数据录入的开始。

5.__________、销售发货文件、__________、__________和应收账款文件是销售与应收子系统的主数据库文件。

6.客户的信用管理一般由企业信用审核部门来进行,主要的步骤有信用额度设置、信用等级额度设置、__________、__________、__________。

7.销售与应收子系统初始化设置主要内容包括:__________、__________、__________、交易类型设置和__________等。

8.销售订单中需要输入的基本数据大部分都在__________中定义,因此,在录入时可以使用系统提示功能__________输入。

9.发货单中除了销售订单所有的基本内容外,一般还应有发货日期、发货单号、__________、__________、__________等与货物管理有关的内容。

10.对于同一张收款单,如果包含不同用途的款项,应在记录中__________。

三、不定项选择

1.销售与应收子系统的关键是如何保证(　　)的联系。

A.物流和资金流　　B.物流和信息流
C.资金流和信息流　　D.物流、资金流与信息流

2.在系统数据输入阶段,系统会接受两类数据:第一类包括销售订单、销售发票、发货单和收款单等需要用户不断地更新和输入的(　　);第二类包括客户、销售人员、部门、结算方式、价格政策、税率等的(　　)。

A.变动数据　　B.业务数据
C.基础数据　　D.固定数据

3.系统中包括客户、销售人员、部门、结算方式、价格政策、税率等在内的基础数据,通

常在(　　)功能模块中进行设置。

A.初始化　　B.业务单据处理

C.账表输出　　D.系统服务

4.销售与应收子系统的业务单据处理模块中,通常包括(　　)。

A.销售订单输入　　B.销售发票输入

C.收款单输入　　D.退货处理

5.在销售系统中,商流、物流、资金流及信息流是以(　　)为核心的,后续业务均以此单据为依据展开。

A.销售合同　　B.销售订单

C.销售发票　　D.销售结算单

6.由于企业实际业务中销售方式的不同,销售与应收子系统的数据录入的起点(　　)。

A.可以从销售订单开始　　B.可以从销售发票开始

C.可以从发货单开始　　D.可以从收款单开始

7.销售与应收子系统中,记账凭证的设置一般通过在(　　)中设置对应科目来完成。

A.结算方式　　B.收款单

C.销售方式　　D.付款条件

8.在销售与应收子系统中很多业务数据的录入需要处理客户的档案资料,在录入(　　)时都要用到客户档案。

A.销售订单　　B.应收账款数据

C.销售发票　　D.收款单

9.付款条件设置内容主要在(　　)中引用。

A.采购订单　　B.销售订单

C.采购结算　　D.销售结算

E.供应商

10.在录入收款单时,需要指定其款项用途,系统会根据款项内容的设定对收款业务做相应的账务处理。若选择款项类型为应收款,则表明该款项性质为(　　);若选择款项类型为预收款,则该款项用途为(　　);若选择款项类型为其他费用,则该款项用途为其他费用。

A.形成应收款;形成预收款　　B.冲销应收款;冲销预收款

C.冲销应收款;形成预收款　　D.形成应收款;冲销预收款

11.销售结算环节把(　　)联系在一起,通过比较反映与客户的结算关系;往来账核销环节是把(　　)联系在一起,通过比较形成正确的与供应商之间的往来账过程。

A.销售订单、销售发货单;销售发票和收款单

B.销售订单、销售发货单和销售发票;销售发票和收款单

C.销售订单和销售发票;销售发票和收款单

D.销售发票和收款单;销售订单和销售发票

12.在销售与应收子系统中,往来对冲处理业务包括(　　)。

A.应收冲应付　　B.应付冲应付

C.应收冲应收　　D.预收冲应收

13.下列关于销售发票的发票号的说法正确的是(　　)。

A.采用增值税发票号　　B.采用销售合同号

C.采用群码方式编码　　D.系统自动连续编号

14.销售发票的发票号必须具有(　　)的特性。

A.连续性　　B.唯一性

C.保密性　　D.简洁性

15.产品单位成本的来源是(　　)。

A.手工录入　　B.从存货子系统传递

C.从成本子系统传递　　D.销售与应收子系统自动产生

四、判断题

1.销售与应收循环起始于接收客户的购货订单,直至收回客户支付的货款。(　　)

2.包含往来业务的所有企业都可用账务处理系统核算和管理应收账款业务。(　　)

3.应收账款核算系统的坏账处理业务包括坏账准备计提、坏账发生处理和坏账收回处理。(　　)

4.销售与应收子系统在与账务处理子系统集成运行时,生成的记账凭证需要人为干预。(　　)

5.销售订单就是销售合同。(　　)

6.结算方式设置功能用来建立和管理用户在经营活动中所涉及的结算方式。它应与财务结算方式一致,如现金结算、支票结算、银行本票、商业汇票等。(　　)

7.实际工作中,发货单与发票的客户可能是不一致的,这样就可能需要开票给多家单位。(　　)

8.销售发票是很重要的会计核算和管理单据,因此只能人工输入,且输入时应格外小心。(　　)

9.应收账款核算系统中,每月结账前应核销全部收款单据。(　　)

10.基价制定是一个设定基本要素、规则和标准的过程,最基本的是价目表,基价制定后不能修改。(　　)

11.应收账款处理流程通常包含了按一定条件计提坏账准备的功能。(　　)

12.销售与应收子系统处理的各项业务均应生成相应的记账凭证,在账务处理系统中记录和核算。(　　)

五、问答题

1.简述销售与应收子系统的特点。

2.简述销售与应收系统的目标。

3.简述销售与应收子系统中日常业务数据输入的控制措施。

4.简述销售与应收子系统的核销处理。

5.简述销售与应收子系统的坏账处理。

6.简述销售与应收子系统的往来对冲处理。

7.某工业企业销售与应收子系统的日常业务流程如下：

(1)客户预定与销售订单。客户通过电话、邮件，或上门洽谈订货，表明购买意向。销售部门记录下客户的需求，据此填制预订单。企业在进行预订单审批、安排后形成销售订单，进入正常的销售业务流程。

(2)发货安排与销售出库。销售部门对销售订单的物流进行发货安排，填制发货单。仓库根据发货单完成企业商品销售出库业务，并填制销售出库单。

(3)销售结算。销售部门依据销售出库单对与客户发生的销售业务进行确认，确认后的结果将传递到应收会计处暂估应收、传递到成本会计处进行销售成本核算。企业对已销售出库，但不满足收入确认条件，所有权未发生转移的商品，为了在财务上体现该部分商品，做发出商品处理。企业对本期无法开具销售发票并且未进行销售结算的销售出库单，期末统一做暂估应收处理。销售出库结算是基于销售出库单和销售发票对销售商品数量、金额进行结算。

(4)应收与坏账处理。财务部门在进行应收处理时填制应收单，并更新账务处理子系统数据。在应收账款预计收款时点，财务部门若能够足额收到货款，则根据收款金额填制收款单，并开具增值税发票交予客户，再根据应收单和收款单进行应收账款核销处理，同时将收款单和应收账款核销信息在账务处理子系统中进行更新；财务部门若不能够足额收到货款，则对应收账款进行坏账处理。

(5)收款与开具增值税发票。客户在收到货物之后，按照约定的付款时间向企业付款。财务部门在收到客户的款项之后，填制收款单，并依据收款单向客户开具增值税发票。

要求：根据上述描述画出该子系统的业务流程图。

第七章 薪酬管理子系统

本章要点

从企业整个生产经营过程来看，职工薪酬、固定资产和成本的管理与核算也是企业管理与会计核算的重要内容。薪酬管理子系统是企业会计信息系统中一个日益受关注的子系统。企业通过薪酬管理子系统对工资计提、发放和分摊加以管理与核算。其中，工资的计算和分摊是该子系统的关键。本章共分四节，第一节介绍薪酬管理子系统的概述，包括工资管理、工资的会计核算、系统的特点和目标；第二节是薪酬管理子系统的流程分析，包括业务流程分析、数据流程分析、系统的相关数据文件；第三节介绍了薪酬管理子系统的初始化设置，包括账套参数设置、人员信息设置、人员变动设置、薪资项目设置、银行名称设置等；最后一节是关于工资子系统的日常业务处理，包括变动信息输入、薪酬变动处理、扣缴个人所得税处理、系统数据输入、数据输出和系统服务等。

通过本章的学习，学生应重点掌握：薪酬管理制度、薪酬的会计核算方法、薪酬管理子系统的流程分析、该子系统的主要功能、系统数据代码的设计和初始化设置、系统的日常业务处理、不同子系统之间进行的数据交换等。

习　题

一、名词解释

薪酬管理　人员变动信息管理　职工薪酬　薪酬分摊　职工薪酬汇总表

二、填空题

1.人事管理的主要职责是职工的__________和招募或辞退、__________和劳保福利、技能培训、__________、职工之间的关系处理等。

2.组织机构管理是人事管理的基础,包括__________、__________、__________和__________。

3.职工薪酬相关的基本过程涉及职工薪酬的__________、__________、发放和分摊。

4.企业一般可按单位、部门编制__________,通常一式三份,一份由职工薪酬部门存查;一份按每一职工裁成单条,连同职工薪酬一并发给职工,以便核对;一份由职工签章后作为财会部门职工薪酬__________。

5.财务部门将职工薪酬单进行汇总,编制__________,按规定手续向银行提取现金发放职工薪酬,也可由银行代发。

6.成本核算子系统中人工费用的数据来自职工薪酬子系统职工__________的结果,职工薪酬的计提和分配形成的__________须传递到财务处理子系统中去。

7.财会部门汇总__________数据,编制__________,进行应付职工薪酬的分摊,职工薪酬汇总表作为职工薪酬现金发放或银行代发的依据,职工薪酬分摊的结果传送到__________,更新成本记录。

8.依据__________数据文件和__________数据文件的数据,计算应发职工薪酬、代扣款项、实发职工薪酬等项目,存入__________文件。

9.薪资方案权限为薪资方案授权,授权可分为__________、__________和__________。

10.分摊方案分为__________分摊方案和__________分摊方案。两种分摊方案都只需要在选择薪资方案和薪资期间后填入分摊比例、薪资单据和计提基数即可。

11.员工提出离职申请后填写__________,需要填写申请单编码、人员信息和离职后信息等,离职申请审批通过后离职信息会保存在__________中以供查询和分析使用。

12.针对某个组织或某些特别项目,如果存在一位或多位关键人员需要进行单独档案管理,可以把他们编入__________。

13.计算日工资的方法有三种:(1)__________,职工在周末和法定休假日没有工资;(2)__________,也就是在星期天和法定节假日照付工资,缺勤期间的节假日也算缺勤,照扣工资;(3)__________,此种方法计算结果误差最小。

14.设置完__________以后,系统就可以依据设置的扣除费用、税率和对应的收入额合计,自动计算每个职工的应纳税所得额和应缴纳的个人所得税税额,编制__________。

15.由于在薪酬项目中,有的项目是变动的,即每月的数据均不相同,在每月薪酬处理时,均需将之前的数据清为0,而后输入当月的数据,此类项目即__________。

三、不定项选择

1.薪酬管理是人力资源管理中与财务密切相关的重要组成部分,薪酬管理的范围包括(　　)

A.人事管理　　B.组织机构管理

C.人事信息管理　　D.职工薪酬

2.月度终了,应将本月应发的工资按职工的不同性质进行分配,根据各种成本费用的分摊一览表记入对应的会计科目:

(1)生产车间工人的工资记入(　　)科目;

(2)生产车间管理人员的工资记入(　　)科目；

(3)企业行政管理人员的工资记入(　　)科目；

(4)采购和销售人员的工资记入(　　)科目。

A.制造费用　　B.管理费用

C.生产成本　　D.营业费用

E.在建工程

3.工资输入资料包含三类数据，(1)第一类是固定业务数据，例如(　　)、所属部门、人员类别等每月固定不变或相对固定的数据；(2)第二类是变动业务数据，例如(　　)、加班工资、计件工资、代扣水电费等每月变动的数据；(3)第三类是基础数据，包括系统参数的设置、扣税设置、扣零设置、人员编码设置、(　　)、人员附加信息设置、银行名称设置、人员档案管理、计件工资标准和方案的设置。

A.职工编码和姓名　　B.事假病假天数

C.标准工资　　D.工资项目设置

E.人员类别设置

4.人事管理特点有(　　)。

A.个体差异性大　　B.信息的即时输入

C.信息变化性大　　D.数据隐私性强

5.职工薪酬特点有(　　)。

A.业务处理政策性强

B.处理业务重复性强，核算方法较为简单

C.数据量大

D.涉及面广

E.数据的时效性、准确性要求高

6.职工薪酬管理的目标包括(　　)。

A.职工薪酬档案管理　　B.职工薪酬的核算和管理

C.提供各种职工薪酬管理信息　　D.编制职工薪酬单和职工薪酬汇总

7.企业职工在发生以下(　　)时，要对工资系统进行及时处理。

A.调出　　B.调入

C.内部调动　　D.工资等级变动

8.编制工资单的依据有(　　)。

A.考勤记录　　B.工时记录

C.产量记录　　D.工资标准

E.工资等级

9.薪酬管理系统中有两类主要的数据文件：一类是基础数据文件，另一类是业务数据文件。这些数据文件一方面能够合理地接收系统输入的数据，另一方面通过进一步加工处理又可以形成各种账表数据输出。其中(　　)是职工薪酬子系统的主要数据库文件。

A.职工薪酬变动文件　　B.职工薪酬汇总文件

C.职工薪酬费用分配文件　　D.工资等级变动文件

10.信息集分类设置中含有(　　)。

A.职务信息　　B.岗位信息

C.人力资源组织信息　　D.应聘人员信息

11.人员信息管理首先是人员信息管理逐级管控设置(全局或组织),有(　　)管理模式可以备选。

A.本级　　B.下管一级

C.本级及所有下级　　D.所有下级

12.职工薪酬的发放设置包括(　　)。

A.薪资方案　　B.薪资发放项目

C.个税申报表设置　　D.分摊方案

13.人事管理日常业务包括(　　)。

A.员工入职管理　　B.员工变动管理

C.员工离职管理　　D.特殊人员管理

14.职工薪酬日常业务包括(　　)。

A.薪资档案管理　　B.薪资计算与发放

C.扣缴所得税处理　　D.银行代发

E.薪酬分摊和期末处理

15.员工薪资档案里的银行信息需要在(　　)里完成。

A.薪酬管理　　B.薪资档案

C.动态建模平台　　D.定调资申请

16.企业的薪资计算与发放流程包括(　　)。

A.工资数据录入　　B.基金计算

C.个人所得税计算　　D.工资计算与发放

17.薪酬分摊是指在月末自动完成薪酬分摊、计提、转账业务,并将生成的凭证传递到总账系统,实现各部门资源共享。在处理薪酬分摊业务时,需要选择(　　)。

A.计提费用的类型　　B.核算的部门

C.计提的会计月份　　D.计提分配方式

18.薪酬管理子系统的账表输出主要是输出各种统计和分析报表,包括(　　)。

A.职工薪酬汇总表　　B.薪酬发放明细表

C.人员类别汇总表　　D.薪酬增长情况表

四、判断题

1.薪酬管理的范围包括人事管理和职工薪酬。(　　)

2.人力资源管理系统必须支持实时访问雇员文件,以便当职工的状况改变时可以直接访问并记录。(　　)

3.组织机构管理是人事管理的基础,包括集团管理、组织管理、职务管理和岗位管理。(　　)

4.人员变动信息管理是人事管理日常业务的一部分，主要是对试用期员工的转正管理、对员工在组织间的调配管理、对员工的外派兼职管理及员工的离职管理。 （ ）

5.工资数据汇总之前，必须先进行月末结转。 （ ）

6.工资的现金实际支付和银行存款的实际转账，也在工资子系统中处理。 （ ）

7.集团需要根据自己的战略发展方向和实际需要设置岗位，岗位的设置应该合理且适当，避免由于岗位不足而带来的短缺成本和岗位设置不合理所带来的资源浪费。 （ ）

8.薪资方案权限为薪资方案授权，可分为按角色授权、按方案授权和按用户授权。 （ ）

9.分摊方案分为财务会计分摊方案和管理会计分摊方案。 （ ）

10.业务流配置的单据类型主要有人员入职、人员转正和人员离职。 （ ）

11.薪资普调申请是向组织上级申请将选定的所有员工的薪资等级同时向上或向下调整一个或多个等级。 （ ）

12.薪酬管理子系统的日常业务主要包括人事管理和职工薪酬管理。 （ ）

13.员工变动管理是针对员工的工作环境或工作情况的变化所作的记录和管理，分为入职管理、调配管理和离职管理三个主要部分。 （ ）

14.职工薪酬日常业务包括薪资档案管理、薪资计算与发放、扣缴所得税处理、银行代发、薪酬分摊和期末处理。 （ ）

15.薪资档案核算记录本月应发薪酬员工的档案情况，企业应为每位员工建立薪资档案作为薪资发放的依据，在每月发放薪资之前要对薪资档案的变动进行修改和核实。 （ ）

16.将工资转账凭证传输到总账子系统必须在账务处理结账前进行，并且每月可以向总账子系统传输多次工资转账凭证，这些操作顺序由系统程序自动控制。 （ ）

五、问答题

1.简述人事管理的构成。

2.简述职工薪酬的基本管理过程。

3.简述人事管理的特点。

4.简述职工薪酬管理的目标。

5.简述职工薪酬业务流程处理步骤。

6.某公司工资子系统的数据处理过程如下：

（1）生产部门、车间科室、人事部门和综合行政部门输入有关资料，进行应付工资、代扣款项、代扣个人所得税和实发工资的结算，编制工资结算单，并作为员工结算工资的依据。

（2）财会部门汇总工资结算单数据，编制工资汇总表，进行应付工资的分摊，工资汇总表作为工资现金发放或银行发放的依据，工资分摊的结果传送到成本核算子系统，更新成本记录。

(3)工资发放部门根据应付工资处理的结果发放工资,可以采用现金发放的方式,也可以委托银行代理发放。

(4)负责账务处理的职员根据工资分摊、工资发放的资料,定期过入总分类账户。

要求:根据上述交易处理步骤,绘制该系统的业务流程图。

第八章 固定资产子系统

本章要点

对固定资产进行有效管理,并加以准确、及时地反映,是企业的一个主要管理与核算内容,这可以通过会计信息系统中的重要子系统——固定资产子系统来实现。在这个数据量较大,但较为简单的子系统中,固定资产卡片的管理、变动单的处理、折旧的计算和分配、减值准备的计提和分配是主要内容。本章共分四节,第一节介绍固定资产子系统的概述,包括固定资产管理、固定资产的会计核算、系统的特点和目标;第二节是固定资产子系统的流程分析,包括业务流程分析、数据流程分析、系统的相关数据文件;第三节介绍了固定资产子系统的初始化设置,包括固定资产子系统基础设置、折旧方法说明及定义、固定资产卡片设置等;最后一节是关于固定资产子系统的日常业务处理,包括对固定资产变动的处理、折旧计提、折旧分配、减值准备计提和转回、月末结账、数据输出和系统服务等。

本章学习应重点掌握:固定资产管理制度、固定资产的会计核算方法、固定资产子系统的流程分析、固定资产子系统的主要功能、初始化设置、系统的日常业务处理尤其是折旧和减值准备项目、不同子系统之间进行数据交换等。

习　题

一、名词解释

固定资产　固定资产卡片　原始卡片　资产类别

二、填空题

1.企业一般按照经济用途和使用情况进行综合分类,可将固定资产分为__________

固定资产、__________固定资产、租出固定资产、不需用固定资产、未使用固定资产、融资租入固定资产。

2.固定资产的折旧方法较多,包括__________、__________、__________和__________等。

3.固定资产子系统是会计信息系统中一个较为简单的子系统,它包括四方面的内容:一是以__________的方式,处理固定资产的增减变动;二是根据__________计提各项资产的折旧;三是根据固定资产的使用部门或固定资产的类别__________;四是固定资产__________。

4.固定资产增加时,根据原始单据增加新的__________,添加固定资产增加记录,同时更新固定资产卡片记录。固定资产减少时,根据原始单据进行__________,添加固定资产减少记录,同时更新固定资产卡片记录。固定资产发生前述的各种变动时,根据原始单据__________,添加变动单记录,同时更新固定资产卡片记录。

5.根据期初固定资产卡片的记录和相应的折旧方法,计提折旧,形成__________,同时更新固定资产卡片记录。

6.固定资产输入资料包含两类数据,一类是__________,例如新增的固定资产卡片、资产减少单、变动单、工作量;第二类是__________,包括系统参数的设置、部门档案管理、部门对应折旧科目设置、资产类别设置、增减方式设置、使用状况设置、折旧方法定义、卡片项目及样式设置和原始固定资产卡片的输入。

7.一般资产管理子系统可设置使用中、未使用和__________三种状况。使用中的固定资产又可分为在用、__________、经营性出租、大修理停用等状况。

8.设置集团可采用的折旧方法,有不计提、__________、工作量法、__________等,同样可以根据需求自定义增加新的折旧方法和折旧额公式。

9.因为固定资产的折旧和使用部门密切相关,所以需要给每个使用部门选择一个__________,这样该部门所属的固定资产折旧费用将按比例分配到相应的会计科目,在录入固定资产卡片时,选择了__________后,若勾选__________选项,相应的部门代码就会自动显示,注意选项中没有的部门不可在此手工输入。

10.固定资产卡片是资产管理子系统最重要的__________,固定资产卡片文件是最重要的__________。

11.__________是指卡片记录的资产开始使用日期的月份大于其录入系统的月份,即已使用过并已计提折旧的固定资产卡片。企业在使用固定资产系统进行核算前,必须将__________资料录入系统,保持历史资料的连续性。

12.企业发生固定资产内部调配业务时,需要根据固定资产调配的实际情况填制__________,并将数据保存在资产调拨下属的__________或__________模块。

13.系统会根据期初录入的固定资产原始卡片上的数据和集团或组织定义的折旧方法自动计算出应计提的折旧额并按部门汇总后将数据保存在期末处理下属的__________模块中。

14.当企业的固定资产采用__________计提折旧时,就需要在每次计提折旧之前,输入该固定资产的工作量,以提供系统自动计算折旧所需要的数据。

15.折旧分配表是编制记账凭证，把__________分配到成本和费用的依据。折旧分配表有两种类型：__________和__________，只能选择一个制作记账凭证。

16.固定资产子系统主要与会计信息系统中的__________和__________存在数据传递关系。

三、不定项选择

1.固定资产相关的管理问题可概括为(　　)方面。

A.固定资产的分类管理　　B.固定资产的来源管理
C.固定资产的领用管理　　D.固定资产的档案管理
E.固定资产折旧计提　　F.固定资产卡片的管理
G.固定资产减值准备

2.固定资产子系统业务流程主要内容有(　　)。

A.各种固定资产增减变动资料的输入、审核
B.折旧的计提分配
C.减值准备的计提和冲回
D.向账务处理子系统及成本核算子系统的传递

3.固定资产输入资料包含两类数据，一类是业务数据，例如(　　)；一类是基础数据，包括(　　)。

A.新增的固定资产卡片　　B.资产减少单
C.部门档案管理　　D.资产类别设置
E.固定资产工作量文件

4.定义固定资产卡片样式时，需要定义名称、数据类型等。其中，数据类型一般包括(　　)。

A.数字型　　B.字符型
C.日期型　　D.标签型

5.固定资产子系统使用状况设置分三种，分别是(　　)。

A.使用中　　B.未使用
C.不需用　　D.停用

6.固定资产子系统可以按照不同的增减方式设置对应的入账科目：

(1)直接购入选择(　　)作为对应入账科目；
(2)自行建造选择(　　)作为对应入账科目；
(3)投资转入选择(　　)作为对应入账科目；
(4)融资租入选择(　　)作为对应入账科目；
(5)固定资产盘亏减少选择(　　)作为对应入账科目；
(6)无偿调拨而增加固定资产选择(　　)作为对应入账科目。

A.“在建工程”
B.“长期应付款——应付融资租赁款”及“未确认融资费用”
C.“实收资本”或“股本”

D.“递延税款”及“资本公积——接受捐赠非现金资产准备”

E.“待处理财产损溢”

F.“资本公积——无偿调入固定资产”

G.“银行存款”

7.为了分类汇总的需要，固定资产代码可以包含(　　)。

A.资产大类的信息　　B.资产小类的信息

C.使用部门的信息　　D.使用地区的信息

8.下列业务属于变动单处理的包括(　　)。

A.固定资产发生原值的增减　　B.工作量的变动

C.部门的转移　　D.使用状况的变动

E.折旧方法的调整　　F.固定资产减值准备的计提和转回

9.系统执行完折旧计提以后，自动生成(　　)。

A.折旧分配表　　B.折旧分配文件

C.折旧分配数据库　　D.折旧清单

10.当期末某项固定资产需要计提减值准备时，可以通过固定资产变动单——计提减值准备来实现，需要输入的是减值准备金额，这个金额不能(　　)，不能(　　)。在固定资产变动单——转回减值准备中，需要输入的是转回减值准备金额，这个金额合计不能(　　)，不能(　　)。

A.小于0

B.大于累计减值准备金额与累计转回准备金额之差额

C.大于固定资产的账面价值

D.大于0

四、判断题

1.固定资产管理与总账管理及成本管理密切相关，固定资产的增加、减少、修理、改扩建、折旧、减值都是总账需要反映的内容，折旧费的计提和分配则是成本计算中折旧费用的依据。(　　)

2.明确固定资产的使用部门，一方面可以落实责任，有效管理企业的重要资产，另一方面可以知道各项固定资产的受益部门，准确地反映折旧费用的归属部门和归属科目。(　　)

3.固定资产的折旧方法较多，包括平均年限法、工作量法、年数总和法和双倍余额递减法等。(　　)

4.固定资产卡片项目是固定资产卡片上显示的用来记录资产资料的栏目，原值、资产名称、使用年限、折旧方法等是卡片最基本的项目。(　　)

5.根据固定资产减少的单据，要及时删除相应的卡片，不用在备查簿中留下痕迹。(　　)

6.一般而言，对账以后应当保证固定资产子系统和账务处理子系统一致，才能予以结账。(　　)

7.在固定资产使用到最后一个月份时，要提足折旧，因此一般要选择“当(月初已计提月份＝可使用月份－1)时将剩余折旧全部提足(工作量法除外)”。 ( )

8.固定资产增加时，根据原始单据增加新的固定资产卡片，添加固定资产增加记录，同时更新固定资产卡片记录。 ( )

9.折旧分配文件中折旧费用分配的数据传递到成本核算子系统，作为折旧费用进一步分配的依据。 ( )

10.当企业的固定资产采用按工作量计提折旧时，不用在每次计提折旧之前输入该固定资产的工作量以提供系统自动计算折旧所需要的数据。 ( )

11.折旧分配表有两种类型：部门折旧分配表和类别折旧分配表，需要根据折旧分配表手工制作记账凭证。 ( )

12.固定资产子系统中有两类主要的数据文件：一类是基础数据文件，另一类是综合数据文件。 ( )

13.原始卡片是指卡片记录的资产开始使用日期的月份小于其录入系统的月份，即已使用过并已计提折旧的固定资产卡片。 ( )

14.核算某项固定资产或资产组本期末要计提的减值准备金额，这个金额既不能小于0，也不能大于固定资产的本币原值。 ( )

五、问答题

1.简述固定资产子系统的特点。

2.简述固定资产子系统的目标。

3.简述新增固定资产卡片与录入原始卡片的不同。

4.简述固定资产子系统中不允许结账的两种情况。

5.某公司固定资产子系统的数据处理过程如下：

(1)在初始化设置中，用户完成账套参数的设置、部门档案管理、部门对应折旧科目设置、资产类别设置、增减方式设置、使用状况设置、折旧方法定义、卡片项目及样式设置和原始固定资产卡片的输入。系统将这些数据保留在基础信息文件和固定资产卡片文件中，以备随时调用。

(2)依据固定资产增减变动数据，输入新的固定资产卡片，资产减少单、变动单，更新固定资产增减变动文件和固定资产卡片文件。这里也包含了减值准备的计提和转回数据的输入和处理。

(3)输入工作量统计资料，存入固定资产工作量文件。

(4)月末根据固定资产工作量文件、基础信息文件、固定资产卡片文件中的数据，执行折旧计算的处理，形成折旧清单文件。

(5)月末依据折旧清单文件、基础信息文件、固定资产卡片文件中的数据，执行折旧费用分配处理，形成折旧分配文件。

(6)折旧分配文件中折旧费用分配的数据传递到成本核算子系统，作为折旧费用进一步分配的依据。

(7)系统自动将折旧分配文件、固定资产增减变动文件中的数据加工成机制凭证存在记账凭证文件中，并通过自动转账模块传递到账务处理子系统。这些凭证有的不需要人工干预就可以生成，有的需要人工补充缺少的数据，传递的凭证包括在前面会计核算中介绍的各种会计分录的凭证。这里不再赘述。

(8)根据用户的需要，系统通过基础信息文件、固定资产卡片文件、固定资产增减变动文件、折旧清单文件和折旧分配文件输出各种账表。

要求：根据公司数据处理过程绘制相应的数据处理流程图。

第九章 账务处理子系统

本章要点

一个完整的会计信息系统是由若干个功能相互独立而又相互联系的子系统组成的。其中的账务处理子系统是最重要的子系统，它在会计信息系统中处于核心地位，与其他子系统存在频繁的数据联系。账务处理子系统对业务数据进行加工、处理，完成记账、结账、银行对账、账证表查询与打印、系统服务和系统管理等账务处理工作。本章共有七节，第一节主要介绍账务处理子系统主要功能模块，及账务处理子系统的范围、特点、目标；第二节主要介绍了账务处理子系统的流程分析，并对手工账务处理系统和计算机账务处理系统进行了比较；第三节介绍了账务处理子系统的初始化，包括辅助科目核算设置、凭证设置、结算方式设置等；第四节阐述了该系统日常的业务处理，包括凭证生成、审核和修改、记账等过程；第五节介绍了期末业务处理，包括期末摊、提、结转业务的处理，期末对账，期末记账等；第六节主要介绍该系统的辅助核算功能，包括出纳管理、部门核算和管理、项目核算和管理、个人往来核算等；最后一节是关于账表输出与系统维护等内容。

早期的会计电算化软件以及适用于小企业的会计软件，实际上就是一个账务处理系统。账务处理子系统就是以凭证的输入和处理为主，以部分重要科目的明细核算为辅，完成记账、结账、银行对账、账证表查询与打印、系统服务与系统管理等账务处理工作并提供财务信息支持的信息系统。

现今的账务处理系统都内嵌于大型 ERP 软件之中，它包含所有经济业务的总括核算，如采购业务、销售业务、投资业务、固定资产、所有者权益等所有经济业务的数据都流向账务处理子系统，并在该系统中产生相应的账务处理。账务处理子系统的核心是总账模块，该模块可满足财务会计日常业务的大部分需求。一些需要明细核算的会计项目独立于账务处理子系统中的总账模块，在账务处理子系统下单独建立一个子模块进行管理与核算，以提供更为翔实的明细信息，如应收管理、应付管理、费用管理、固定资产、存货核算等。这些子模块与总账模块存在密切的数据联系，总账模块以总括核算为主，而其他子模块则侧重于明细核算。

在传统的手工会计处理流程中，“凭证—账簿—报表”三位一体形成了会计核算的有机整体。财务报表需要根据账簿体系（总账、分类账和明细账）中的数据来编制，由于手工记录和处理的低效率，因此，账簿在手工会计核算体系中扮演着非常重要的角色，是会计凭证和会计报表的“桥梁”。而且，每笔业务的“平行登记”（发生的业务同时登记总账、明细账和分类账的方法）提供了月末对账的基础，提高了会计内部控制的效率。但是，在计算机账务处理系统中，由于计算机分类、处理和计算的高效率，财务报表可以从已录入的凭证中直接按报表项目的性质分类取数编制，因此，账簿的作用在计算机账务处理系统中已经弱化，“平行登记”和月末对账已经失去了原有的意义。这是会计信息化后会计业务流程重组的结果。

计算机处理的高效率也可能带来会计控制的高风险。由于会计凭证一旦录入了系统，其他的处理运算过程全部由计算机程序自动完成，因而不可能像手工会计那样可以通过期末对账发现差错。“垃圾进，垃圾出”就是对信息系统的这种风险的最好表述。因此，对账务处理系统“凭证录入”这个环节需要设置严格的内部控制措施，以保证每一笔经济业务或事项都能准确、及时和完整地输入到系统中。

此外，计算机账务处理系统通过会计流程重组，可以拓展传统会计核算的范围。一些辅助核算功能，如部分核算、项目核算和个人单位往来核算等，可以在计算机账务处理系统中轻而易举地实现。

本章学习应重点掌握：手工账务处理系统和计算机账务处理系统的异同、该系统的初始化设置、凭证的分类、日常和期末的业务处理、辅助核算和管理、所需账表输出、系统维护等。

习　题

一、名词解释

账务处理子系统　机制凭证　静态屏幕审核法　二次输入校验法　数据保护　系统维护

二、填空题

1.辅助核算则拓展了会计信息系统的功能，使其由核算型软件向__________过渡。

2.账务处理子系统包括__________、应收管理、__________、费用管理、固定资产、__________等子模块。其中__________模块以总括核算为主，而其他子模块则侧重于明细核算。

3.结算方式设置主要内容包括：__________、__________、__________等。

4.账务处理系统的日常业务处理主要包括记账凭证的生成/输入、__________、__________和__________等。

5.在计算机账务处理系统中，记账凭证按其来源不同有两种类型：__________和

__________。

6.手工账务处理的起点为原始凭证，而计算机账务处理的起点是__________、__________和__________。

7.手工记账凭证只能采用__________输入的方式。输入方法分为__________和__________。

机制记账凭证一般由系统__________模块完成。

8.账务处理子系统中，辅助核算功能包括__________、银行账、数量金额账、外币账、个人单位往来账、__________、__________等。

9.账务处理子系统的日常业务处理包括记账凭证的__________、__________、__________和__________等。计算机大量的人机操作工作都集中在凭证处理这一环节。

10.记账凭证的审核应该由具有__________权限的操作人员进行，审核人和录入人员不能是同一个人。

11.在企业存在外币业务的情况下，需要将发生的外币业务折算成本位币记账，因此需要输入对应外币的__________和__________。

12.账务处理中的修改错误凭证的功能，由有__________权限的人员进行。

13.账簿输出分为__________、__________、__________和日报单输出。每种输出均有查询和打印两种输出方式。

14.备份的数据主要有：各项__________、输入计算机的所有__________和各种账簿文件、上机记录等。

15.账务处理子系统中的自动转账功能通过设置两个子模块——________________模块和________________模块来实现。

16.定义自动转账业务模块包括定义__________、转账摘要、凭证类型、会计科目、借贷方向、__________和__________等。

17.一张记账凭证必不可少的基本内容包括：__________、__________、__________、__________、__________、__________等。

三、不定项选择

1.在总账模块中输入凭证时必须输入的项目是(　　)。

A.凭证类别　　B.凭证日期
C.附件张数　　D.凭证摘要

2.对结账的叙述，正确的是(　　)。

A.结账前，本月凭证必须登记入账　　B.结账后，不能再输入该月凭证
C.结账必须按月连续进行　　D.每月可以结多次账

3.会计信息系统中，记账凭证按来源不同可以分为(　　)。

A.手工记账凭证　　B.收字记账凭证
C.机制记账凭证　　D.付字记账凭证
E.转字记账凭证

4.不属于会计核算软件的初始化功能的项目有(　　)。

A.定义自动转账凭证　　B.操作岗位分工
C.录入银行对账单　　D.复核记账凭证

5.会计电算化把广大会计人员从烦琐的(　　)中解放出来。

A.记账　　B.算账
C.报账　　D.对账

6.作为替代手工记账条件的制度应包括(　　)。

A.操作管理　　B.硬件管理
C.软件管理　　D.会计档案管理

7.账务初始化是指(　　)。

A.把当前手工账簿上的账目、账面数据输入到计算机中去
B.财务人员工作及权限的分配、建立适合本单位核算的账务结构体系等
C.提供决策
D.提供数据恢复和备份

8.在定义完所有的自动转账凭证后,每月月末只需执行生成转账凭证即可快速生成转账凭证,所生成的转账凭证将自动追加到(　　)的记账凭证中去。

A.记账凭证文件　　B.转字
C.审核　　D.未审核

9.(　　)具体负责电算化系统的日常运行管理和监督,进行系统重要数据的维护,操作人员及其权限管理,负责系统安全保密工作。

A.系统维护员　　B.系统操作员
C.系统管理员　　D.系统审核员

10.为了提高查询的速度,记账凭证输出时一般要给出限定条件。最常用的查询限定条件是(　　)。

A.摘要内容　　B.凭证编号
C.操作员编号　　D.借贷科目

11.根据财政部规定,电算化会计核算信息系统必须提供(　　)和恢复功能。

A.数据保存　　B.数据转移
C.数据备份　　D.数据销毁

12.关于会计电算化意义的说法错误的是(　　)。

A.提高工作效率　　B.促进会计工作职能的转变
C.提高会计工作职能　　D.仅仅是替代手工完全记账、编表工作

13.会计科目设置是一项系统和细致的工作,应由(　　)进行。

A.具有建账权限的用户　　B.系统管理员
C.账套主管　　D.会计人员

14.会计电算化系统中核心子系统是(　　)子系统。

A.账务处理　　B.存货
C.报表处理　　D.工资

15.手工会计数据处理流程是(　　)。

A.收集原始数据、会计数据处理、会计信息报告、会计数据存储

B.原始凭证、记账凭证、会计信息报告、会计数据存储

C.整理记账凭证、登记账簿、会计数据存储

D.收集原始数据、会计数据处理、会计数据存储、会计信息报告

16.使用总账模块时,查询账簿的必要条件是(　　)。

A.凭证已记账　　B.凭证未记账

C.凭证已审核　　D.凭证已填制

17.已记过账,账务系统中(　　)科目。

A.不能增加　　B.可以增加任意级

C.最末级的同级可以增加　　D.有二级科目时,可增加第三级

18.会计核算软件中采用的(　　)会计科目名称、编码方法,必须符合国家统一会计制度的规定。

A.总分类账　　B.明细分类账

C.二级账　　D.日记账

四、判断题

1.对于小规模的或经济业务比较简单的企业而言,一个账务处理子系统就能满足企业内部管理和外部信息使用者的需求。(　　)

2.通用商品化财务软件必须经过初始化设置。(　　)

3.账务处理子系统对凭证类型的定义只能定义为收款、付款、转账三类。(　　)

4.企业会计年度自每年的1月1日起至12月31日截止。所以,会计期间的个数应该设定为12个月。(　　)

5.设置会计科目时,应从一级科目开始逐级设置下级的分类和明细科目。(　　)

6.辅助核算必须设置到末级科目上才有效,否则系统不予确认。一个科目只能设置一种辅助核算。(　　)

7.一般由最低一级科目开始,上级科目的余额与发生额由系统自动进行汇总。数据录入完毕后,应当由计算机自动进行试算平衡。(　　)

8.凭证经审核就不能被修改、删除,只有经取消审核签字后才能进行修改或删除。而且取消审核签字只能由审核人自己进行。(　　)

9.无论是作废凭证或已标错的凭证,还是手工凭证或机制凭证都要经过审核程序。(　　)

10.账务处理系统对期末业务的处理都是由计算机根据用户的设置自动完成的。所以生成的摊、提、结转记账凭证可以直接记账。(　　)

11.一般来说,实行计算机记账后,只要记账凭证录入正确,计算机自动记账后各种账簿都应是正确的。(　　)

12.为了保证账证相符、账账相符,应经常进行对账,至少一个月一次,一般可在月末结账前进行。(　　)

13.使用账务处理子系统不用账证、账账核对。(　　)

14.计算机会计信息系统中,计算机自动处理会计数据,会计基础工作规范化也不需要了。 (　　)

15.会计电算化方式下的处理流程与手工方式没有区别。 (　　)

16.账套一旦使用后,将不能再修改该账套的科目级长。 (　　)

17.上月未结账,则本月不能记账,但可以填制凭证。 (　　)

五、问答题

1.简述账务处理子系统的特点和目标。

2.简述手工账务处理与计算机账务处理的异同。

3.简述手工账务处理流程的缺陷。

4.简述审核凭证的一般方法。

5.简述账务处理系统针对不同的错误凭证提供的修改方法。

6.简述期末结账的意义及结账时应注意的事项。

7.简述账务处理子系统的账表输出方式。

8.某公司总账子系统的数据处理过程如下:

(1)由录入员通过键盘输入凭证,或通过自动转账功能生成机制凭证,输入的凭证经审核无误后,记入记账凭证文件;

(2)根据记账凭证文件更新科目余额文件,以便随机查询任意会计科目的当前借方、贷方发生额及期末余额;

(3)根据科目余额文件和记账凭证文件输出现金日记账和银行存款日记账以及其他各种明细账;

(4)根据记账凭证文件和对账单文件对银行业务进行对账;

(5)根据科目余额文件输出总账;

(6)根据科目余额文件和记账凭证文件生成会计报表;

要求:根据公司数据处理过程绘制相应的数据处理流程图。

第十章 会计报表子系统

本章要点

会计报表子系统是直接面向内外报表使用者的信息需要，取数于各个子系统会计核算的结果，进行相应的加工处理，专门提供各种会计报表的子系统，它是一个极为重要的子系统。主要功能是依据企业会计准则、企业会计制度、企业财务会计报告条例等法规和制度，编制和对外提供真实、完整的会计报表，同时根据经营管理的需要，编制和对内提供灵活多样的管理报表，并依据报表数据，分析经济活动与财务收支情况。本章共分五节，第一节介绍会计报表子系统的概述，包括会计报表分类和格式、会计报表软件的介绍、系统的特点和目标；第二节是会计报表子系统的流程分析和项目定义，包括业务流程分析、会计报表公式定义、关键字设置、模板的应用等；第三节描述了会计报表子系统日常业务处理，包括报表生成、报表审核、报表舍位平衡、报表输出和报表维护；第四节介绍了现金流量表的编制，包括现金流量表概述、编制方法以及具体的操作；最后一节是关于合并会计报表的编制，包括合并会计报表的概述、编制方法等。

目前，国内报表软件通常可分为三类：专用报表软件、通用报表软件和电子表软件。

专用报表软件是使用系统或行业为特定需要而设计开发的报表软件，它将会计报表的种类、格式和编制方法固化到程序中，专用性强、运行速度快、使用简便，但是只能编制规定的专门报表，每增加一种报表，就需要编制相应的报表程序，因此通用性差，报表维护困难。

通用报表软件是面向大多数用户的需求，采用符合财会人员习惯的方式，由用户定义报表格式和表内数据，而后生成需要的会计报表，同时针对不同行业编制了一系列常用的报表模板供用户选择。因此通用报表软件在格式设计和数据处理方面，有着专用报表软件所不可比拟的灵活性、方便性和直观性，用户不需要懂得编制程序，就可以通过选择预制的报表模板或者自行定义的方式编制各种各样的报表。

虽然通用报表软件具有强大的功能，但相对于电子表软件而言，无论是数据分析、统计还是图形处理能力，都有所不及。目前常见的电子表软件如 Lotus、Excel、CCED 等软件，它们具有比通用报表软件更强大的数据处理功能，其中Excel是大多数会计人员较为熟悉的表处理软件。

一般的通用报表软件目前都采用了将会计软件与Excel捆绑的方法，通过在会计软件中提供公开的数据接口或取数公式，使用户可以方便地从Excel中通过数据接口或使用取数公式从账务系统中调用会计数据，利用Excel强大的功能对数据做进一步的处理和分析。

本章学习应重点掌握：会计报表的格式、系统的流程分析和主要功能、初始化设置、公式定义、现金流量表和合并会计报表的编制、报表审核、报表输出等。

习　题

一、名词解释

成本费用报表　外部报表　汇总报表　表元　标志字段法

二、填空题

1.企业会计报表可以按不同的标志进行分类：按报表反映的内容、性质，可分为__________、__________和成本费用报表；按服务对象，可分为外部报表和内部报表；按编制单位，可分为单位报表、__________和__________；按结构的复杂程度，可分为__________和__________。

2.__________是报表的核心，是报表数据的__________。它包含__________、报表项目名称和__________。

3.一般的通用报表软件目前都采用了将会计软件与__________捆绑的方法，通过在会计软件中提供公开的__________或__________，使用户可以方便地通过Excel从账务系统中调用会计数据，利用Excel强大的功能对数据做进一步的处理和分析。

4.目前，国内报表软件众多，归结其制作方法，可分为__________、__________、电子表软件。

5.每张报表都有其特定的表格格式，但无论简单表还是复合表，其报表格式都可分为三个部分：表头、__________和__________。

6.会计报表子系统中，报表初始化和维护包括__________、__________、报表备份和恢复。

7.会计报表处理的流程可分为4个步骤，依次为__________、__________、处理报表数据、输出报表。

8.报表数据处理包括报表生成、__________、__________、报表汇总和报表合并。

9.舍位平衡公式的作用在于____。

10.一般在报表的__________状态中定义单元公式、审核公式和舍位平衡公式；在报表的__________状态中调用计算。

11.如果系统提供的报表模板与企业的实际需要存在差异,需要企业利用__________和__________的功能,对原来的报表模板进行修改,生成新的报表模板。

12.合并会计报表是在对纳入合并范围的母子公司个别会计报表的数据进行加总的基础上,通过__________将企业集团内部的经济业务对个别会计报表的影响予以抵销,然后根据合并各项目的数额编制合并会计报表。

三、不定项选择

1.会计报表系统中,运算公式应在(　　)之后完成。

A.报表格式定义　　B.报表打印
C.报表输入　　D.报表输出

2.选定相应的单元格区域,在状态栏上可以看到该单元格区域中的(　　)。

A.注释　　B.引用
C.数值之和　　D.行列标志

3.(　　)是会计报表的主要构成部分。

A.表头　　B.表尾
C.表体　　D.表名

4.会计报表按照服务对象分,可分为(　　)。

A.汇总报表和合并报表　　B.定期报表和不定期报表
C.简单报表和复合报表　　D.内部报表和外部报表

5.合并报表的编制原则包括(　　)。

A.以个别会计报表为基础编制　　B.一体性原则
C.直接根据母公司账簿编制　　D.重要性原则

6.审核公式表示报表数据之间(　　)关系的公式。

A.对应　　B.整合
C.勾稽　　D.准确

7.百元利润表的舍位位数应该设置为(　　)。

A.1　　B.2
C.3　　D.4

8.会计报表的输出方式有(　　)。

A.屏幕输出　　B.打印输出
C.磁盘输出　　D.网络传输

9.现金流量表编制方法在手工条件下有(　　);在计算机条件下有(　　)。

A.现金科目明细化法　　B.辅助项目核算法
C.标志字段法　　D.直接法
E.间接法　　F.凭证摘要标注法

10.计算机环境下编制现金流量表时,对于计算项目的数据来源,系统使用的方法包括(　　)。

A.凭证分析　　B.查账指定

C.取自报表　　　　D.取自总账

11.系统在生成现金流量表之前，要对企业的凭证进行一次规范性处理。规范性处理不通过“凭证准备”模块执行，而是由用户进行拆分的是(　　)。

A.一借多贷的凭证　　　　B.一贷多借的凭证

C.一借一贷的凭证　　　　D.多借多贷的凭证

12.自动拆分的凭证拆分方式中，系统根据一般用户填制“多借多贷”凭证的形式，采用的自动拆分方法包括(　　)。

A.金额对应型　　　　B.成批金额对应型

C.比例分配型　　　　D.月末结转型

四、判断题

1.运用会计核算软件编制报表，应先填列报表数据，然后再进行报表设置。(　　)

2.会计报表的表头包括标题、编制单位、日期、计量单位和编号等内容。(　　)

3.会计报表的组合单元中填写的数据是报表中具有完整意义的最小信息单位。(　　)

4.会计报表中的数据都可直接用会计科目的余额或发生额填列。(　　)

5.会计报表中变动表元的值和数据来源每月都不同。(　　)

6.编制报表时，不能包含未记账凭证。(　　)

7.通用会计报表处理系统可以编制用户自定义格式的报表。(　　)

8.报表格式定义就是在计算机中设计一张“空白表格”。(　　)

9.现金科目明细化法要求录入员在输入凭证时分析和判断现金科目的流向，因此对用户的要求较高。(　　)

10.会计报表处理系统中，报表删除包括删除某时期的报表和删除报表的结构两种。(　　)

11.会计报表处理系统中，如果报表审核没有通过，首先应检查审核公式是否正确。(　　)

12.一般会计报表处理系统中，报表汇总是指将若干报表中相同项目的数据累加。(　　)

13.会计报表处理系统中，报表输出共有屏幕显示输出和打印输出两种形式。(　　)

14.报表的主要数据来源是账务处理子系统、其他会计核算子系统、会计报表子系统自身，有时来自外部系统，只有少量数据来自手工输入。(　　)

15.在会计报表子系统中，计算各个数据单元格的数值时，系统允许人工手动进行直接修改。(　　)

16.报表栏目名称定义了报表的行，报表项目名称定义了报表的列，横向表格线和纵向表格线形成的各个单元格的意义由报表项目名称和报表栏目名称共同决定。(　　)

17.无论采用何种编制方法，在计算机编制现金流量表前都要做一些初始化工作。(　　)

18.舍位表名和当前文件名不能相同。(　　)

五、问答题

1.简述会计报表子系统的特点。

2.简述一般会计报表的数据来源。

3.简述目前国内报表软件的优劣势。

4.简述处理报表时通过公式定义取数来源的各种情况。

5.简述系统中报表审核的方式和异同。

6.简述计算机编制现金流量表的方法。

7.简述计算机合并会计报表的编制方法。

第十一章　会计信息系统开发与实施

本章要点

会计信息系统的设计是一项专业性、技术性很强的工程。它涉及组织的内部结构、管理模式、经营管理过程、会计核算方法、计算机硬件和软件的管理与应用等各方面。此外，会计信息系统涉及的信息多，数据结构复杂。因此，需要科学系统的方法进行分析与设计，才能确保整个工程的顺利进行。本章共有四节，分别介绍会计信息系统的开发、会计信息系统的分析与设计、会计信息系统实施的方法与步骤。

第一节介绍了会计信息系统开发概述，主要介绍会计信息系统的开发需要具备基本的条件，在开发过程中需要采用科学系统的开发方法和工程化的开发步骤。第二节介绍了会计信息系统调查与分析，当企业接受了一项建立会计信息系统的任务而开发相应会计软件时，就意味着进入生命周期的第一个阶段，即系统分析阶段，包括系统调查和分析工作。此阶段的主要目标是论证新系统的逻辑模型，它表达了系统要做什么和能做什么的问题，即确立系统的问题空间和边界。第三节介绍了会计信息系统设计，经过系统分析，建立了新会计信息系统的逻辑模型，指出该系统应该“做什么”。系统设计则是确定“怎样做”，它将系统分析阶段建立的逻辑模型转化成物理模型，即根据系统的逻辑模型进行物理设计。与系统分析中的结构化分析相对应，结构化设计(SD)也是系统设计中一种十分有效的方法。系统设计工作分为两步，即总体设计(也称概要设计)和详细设计(也称过程设计)。第四节介绍了会计信息系统实施，建设企业会计信息系统是一项复杂的系统工程。它既需要软件和硬件设备的大量投资，又需要人力、物力、智力的投入，需要做长期艰苦的工作。本章前三节中，我们介绍了现在国内外流行的信息系统开发方法——生命周期开发法，在经历了可行性分析、系统分析、系统设计、程序设计以及测试等几个阶段后，形成了可供企业使用的会计软件或通用会计软件，下一个阶段的工作就是系统的实施、运行和维护。

习　题

一、名词解释

生命周期法　原型法　面向对象法　计算机辅助开发方法　结构化分析法　高内聚低耦合　平行法　模块法

二、填空题

1.会计信息系统的设计是一项专业性、技术性很强的工程。它涉及组织的__________、__________、__________、__________、__________和__________等各方面。

2.由于会计信息系统的开发要涉及__________、__________、__________、__________的变化和调整，以及统一数据编码等很多协调工作。因此，领导的重视与否，对建立会计信息系统来说起着决定性的作用。

3.软件工程包含四个关键元素：__________、__________、__________和__________。

4.在软件工程四个关键因素中，方法包括一组广泛的任务，其中有与项目有关的计算和各种估算，__________，__________，__________，算法过程，编码，__________等。

5.生命周期法的工作流程意味着研制和开发任何一个信息系统都要按顺序经历__________、__________、__________、__________、__________、__________六个阶段。

6.按照面向对象法的思想，面向对象方法开发的工作流程可分为四个阶段，分别是：__________、__________、__________、__________。

7.一般而言，系统调查工作应包括__________、__________、__________三个基本步骤。

8.系统调查描述调查结果的工具主要有________________、__________________和__________________。

9.可行性分析是在__________的基础上，分析企业在现有的具体条件下新系统开发工作是否可行，主要是从__________、__________及__________进行分析。

10.对原系统进行详细的调查分析，调查内容包括原会计信息系统的组织结构情况、__________、__________、__________、__________以及__________等，以导出原有的物理模型。

11.建立新系统的逻辑模型包括建立新系统的数据流图，确定相应的数据词典，并补充一些关于系统的__________、__________、__________、__________等。所有内容汇集起来，就构成了新会计信息系统的逻辑模型。

12.编写系统分析说明书是系统分析的最终结果，反映了所建立系统的__________、__________、__________等方面的内容，是开发人员和用户共同理解新会计信息系统的桥梁，也是系统设计的基础，包括__________、使用单位和设计单位名称、__________、__________、__________、__________和其他。

13.会计信息系统的总体设计包括__________、__________、__________、__________、__________。

14.结构化设计方法(SD)的目标是建立结构良好的子系统和模块划分体系,以使模块的分解对今后程序性能有较好的影响,其遵循的原则有:__________、__________和__________。

15.为了满足计算机会计信息系统对会计数据__________、__________、__________和__________的要求,需要根据系统分析的数据流图和数据词典的要求和特点建立大量数据库文件。一般来说,可分为__________、__________和__________数据库文件。

16.数据库文件设计好之后,应该根据会计核算的要求,确定文件的属性,包括__________、__________和__________。

17.为了建立一套完整的编码体系,编码设计必须遵循__________、__________、__________、__________、__________以及__________原则。

18.从编码的结构特性来划分,主要有__________、__________和__________三种编码。

19.会计信息系统中几种主要的编码是__________、__________、__________、__________、__________、__________、__________等。

20.会计信息系统详细设计阶段要解决两个方面的问题,一个是决定实现每个模块的算法,另一个是用什么方法精确地表达这些算法,其方法有很多,如__________、__________、__________和__________。

21.选择适当的会计信息系统实施方法对新旧系统的顺利转换至关重要,主要方法有__________、__________和__________。

22.一般而言,系统实施的主要步骤及其顺序包括如下八个方面:__________,计算机硬件设备和系统软件的购置和安装,编写、测试和描绘计算机程序,挑选与培训操作人员,__________,__________,获取高层主管的批准以及__________。

23.整个新开发的系统也要进行全面的测试,以确定新系统能否真正满足使用者的需求,以及新系统的运作是否让使用者和操作人员感到满意,测试的方法有多种,__________、__________和__________最为重要。

24.系统维护指的是对系统的__________、__________和__________,一般而言,系统维护主要有三种类型:__________、__________和__________。

25.计算机硬件设备与网络结构有多种组合方式,不同的组合方式构成了不同信息系统结构体系,也决定了不同的计算机工作方式的总体功能,一般有__________、__________、__________和__________。

三、不定项选择

1.一个企业在建设会计信息系统前应具备的基本条件有(　　)。

A.高层领导对会计信息系统开发的了解和重视

B.科学合理地管理基础工作

C.要有需求牵引

D.制定切实可行的开发策略

2.会计信息系统开发的方法有(　　)。

A.生命周期法　　B.原型法
C.面向对象法　　D.人工辅助开发法

3.系统说明书是系统分析的最终结果,系统说明书的内容有(　　)。

A.性能要求　　B.新系统数据流图和数据词典
C.原系统数据流图和数据词典　　D.系统目标分析

4.系统的总体结构设计方法有(　　)。

A.结构化设计方法　　B.面向流程的设计方法
C.非结构化设计方法　　D.面向对象的设计方法

5.数据库文件的组织方式有(　　)。

A.顺序组织方式　　B.垂直化组织方式
C.扁平化组织方式　　D.索引组织方式

6.数据库文件设计好之后,应该根据会计核算的要求确定的文件属性有(　　)。

A.保密性　　B.唯一性
C.读写性　　D.共享性

7.选择适当的实施方法对新旧系统的顺利转换至关重要。系统实施的方法有(　　)。

A.平行法　　B.直接法
C.垂直法　　D.模块法

8.系统维护指的是对系统的日常维修、护理和改善。一般而言,系统维护主要包括(　　)。

A.改正性维护　　B.完善性维护
C.适应性维护　　D.护理性维护

9.(　　)是会计信息系统建设过程中最重要的一个环节,需要在科学的方法论指导下按规范化的实施步骤进行。

A.会计信息系统的实施　　B.会计信息系统运行的管理
C.会计信息系统的维护　　D.会计信息系统的测试

10.模块法的基本思想是:新系统的安装与启用采取(　　)的方式,分成若干个子系统或应用模块依次安装与启用。

A.整体　　B.平行
C.化整为零　　D.同时投入

11.系统开发周期的最后一个阶段是(　　)阶段。

A.会计信息系统的实施　　B.会计信息系统运行的管理
C.会计信息系统的维护和评估　　D.会计信息系统的测试

12.验证键入磁盘的交易资料属于(　　)控制。

A.预防性　　B.查错性
C.更正性　　D.护理性

13.可参与系统实施后评估的人员及其机构包括(　　)。

A.内部审计师　　B.外部审计师

C.系统分析师　　D.独立的咨询机构

14.系统维护包括(　　)方面。

A.硬件维护　　B.程序维护

C.软件维护　　D.数据维护

15.在复杂的信息系统开发过程中,采用的方法是(　　)。

A.原型法　　B.面向对象法

C.生命周期法为主,其他方法为辅　　D.CASE 方法

16.常用的系统划分原则是(　　)。

A.按低耦合度、高内聚度划分　　B.按过程划分

C.按设备要求划分　　D.按时间要求划分

17.系统开发过程中,最为关键的阶段是(　　)阶段。

A.可行性研究与计划　　B.运行与维护

C.编程与测试　　D.分析和设计

18.(　　)是系统分析的最终结果,它反映了所建立系统的功能要求、性能需求、运行环境等方面内容,是开发人员和用户共同理解计算机会计信息系统的桥梁,也是系统设计的基础。

A.详细设计说明书　　B.程序分析说明书

C.概要设计说明书　　D.系统分析说明书

19.(　　)阶段,是生命周期法的第一个阶段,这一阶段主要是了解和初步评估待开发信息系统的可行性,并且为系统开发作出规划准备。

A.系统开发　　B.系统调查

C.系统分析　　D.程序设计

20.系统分析阶段指出系统应该(　　)。

A.怎样做　　B.如何分析问题

C.做什么　　D.如何解决问题

21.系统测试是指为了在系统的试运行阶段尽可能地查出程序内部的各种错误,以保证系统质量而进行的调试和检验。系统测试包括(　　)。

A.单元测试　　B.组装测试

C.运行测试　　D.确认测试

22.系统评估从功能和性能两方面考虑,内容一般包括(　　)。

A.开发成本　　B.系统的完成目标情况

C.取得的社会效益　　D.用户的满意度

23.生命周期法的工作流程是指研制和开发任何一个信息系统都要按顺序经历系统分析、系统设计、程序设计、系统测试、运行和维护、系统评估六个阶段。在系统生命的每一个阶段,都有明确的任务,并生产校验的文档,作为下阶段工作的基础和依据。其主要文档有(　　)。

A.系统分析说明书　　B.概要设计说明书
C.详细设计说明书　　D.测试报告

24.当系统制成并交付使用后,便开始了软件生存周期的最后阶段——运行和维护阶段。系统投入运行之后,仍有必要对系统进行维护。维护工作主要包括(　　)。

A.正确性维护　　B.完善性维护
C.环境维护　　D.计算机病毒治理和维护

25.系统初步调查之后,对企业现有的具体条件下新系统的开发工作是否可行进行分析,分析主要从(　　)三个方面进行。

A.技术上可行　　B.环境可行
C.经济上可行　　D.人员上可行

26.结构化设计方法是与结构化分析相衔接的方法,用于从系统分析数据流图导出系统模块结构图,以低耦合度、高内聚来划分模块。其遵循的原则有(　　)。

A.自顶向下、层层分解　　B.模块的单一性和独立性
C.高内聚低耦合　　D.低内聚高耦合

27.为了满足计算机会计信息系统对会计数据存储、加工、输入和输出的要求,需要根据系统分析的数据流图和数据词典的要求和特点建立很多数据库文件,下列(　　)符合数据库文件的分类。

A.账务数据库文件　　B.辅助性数据库文件
C.总括性数据库文件　　D.临时工作库文件

四、判断题

1.测试先由系统开发人员执行,然后由系统开发人员和使用者一起执行,最后由使用者自行测试。(　　)

2.认可性测试是对系统的某一部分执行实际作业环境下的运作测试,检查系统设施和其他环境因素,诸如资料输入地点、文件报告输出与传送、联机通信等是否均令人满意。(　　)

3.和平行法相比,直接法的风险较大。新系统一经启用,原有系统马上停止运作。新系统的运作结果无从比较,亦无法确定新系统的功能是否一定优于原有的系统。(　　)

4.系统维护是因为系统出现故障才进行的,如果系统没有出现故障,就不用进行系统维护。(　　)

5.程序维护包括正确性维护、完善性维护以及环境维护。(　　)

6.系统设计就是对会计信息系统进行详细设计。(　　)

7.生命周期法是开发信息系统最好的方法,因此,开发计算机信息系统只能采用生命周期法。(　　)

8.运行和维护阶段工作完全由购买软件的企业的财务人员承担。(　　)

9.在实际开发一个会计信息系统时,CASE 方法可以单独使用。(　　)

10.结构化设计方法中模块划分的原则为:低内聚、高耦合。(　　)

五、问答题

1.会计信息系统的开发是一项具有技术内容和社会内容的系统工程,它的成败受多方面条件制约,一个企业在建设会计信息系统前应具备哪些基本条件?

2.会计信息系统开发的方法有哪些?请挑选其中两种进行简述(必须包含生命周期法)。

3.请简述会计信息系统调查及其目的和主要步骤。

4.请简述会计信息系统分析及其目的、方法、思想及步骤。

5.请简述会计信息系统总体结构设计。

6.请简述会计信息系统详细设计。

7.请简述会计信息系统实施的目的、方法及主要步骤。

8.请简述会计信息系统维护与评估。

9.会计信息系统实施过程中需要考虑哪些问题?请挑选其中两项进行简述。

六、小组讨论题

(一)假设您是一位会计师事务所的管理人员,请回答以下问题:

1.您如何看待目前我国会计师事务所利用互联网的情况,及其所存在的问题?

2.互联网及其网络经济给事务所的审计业务带来了什么样的影响?

3.您所在的事务所对互联网的利用情况如何?

4.对事务所如何利用互联网有什么建议?

(二)假设您是一位公司CFO,如何说服CEO开发与实施会计信息系统?

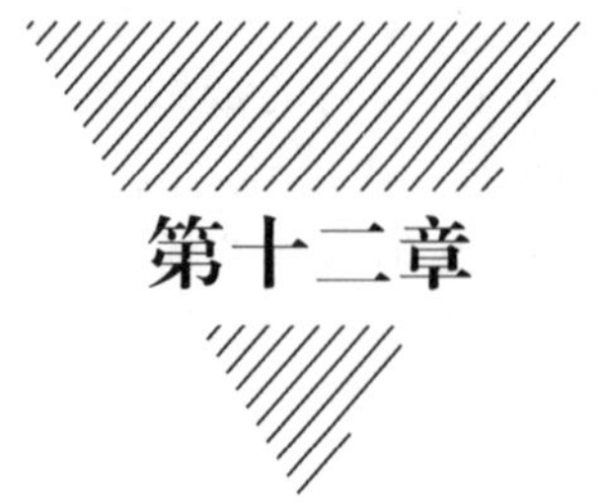

第十二章 会计信息系统内部控制

本章要点

控制是企业实现其经营目标的重要手段,其中内部控制至关重要。随着信息系统在企业中的广泛应用,加强对会计信息系统各方面的内部控制,有利于保证会计信息系统安全稳定运行。本章共分两节,第一节介绍内部控制的概念及其发展,包括内部控制的概述、COSO公布的《内部控制——整体框架》报告与《企业风险管理框架》报告、我国内部控制的发展过程等;第二节介绍信息化环境下的企业内部控制,主要包括信息化环境下内部控制的必要性和信息化环境下的内部控制体系等。

当系统投入运行后,检验系统是否具有一定的抗风险能力,就要看系统内设置的内部控制。中外许多案例表明,内部控制机制薄弱或者缺失将导致企业承受重大损失或经营失败。在面临市场全球化和竞争日趋激烈的经营环境下,企业管理者将愈加关注各项资产抵御风险的能力,关注各种营运决策所需信息的可靠性等。这些都促使企业的管理当局逐步意识到内部控制系统的重要性。建立和完善企业的内部控制体系已成为企业经营管理的核心内容。

计算机会计信息系统是一个比传统手工会计更为复杂的数据处理系统,特别是业财融合的ERP环境下的会计信息系统。由于电子技术处理的特殊性,会计作业流程的环境已改变,在资料搜集、处理、储存与信息输出等方面暴露的风险,靠传统的内控机制远远不能保证数据的安全性和数据处理的准确性,因而需要重新建立基于信息化环境下的内部控制体系。而构建会计信息系统内部控制体系主要包括开发、运行与维护等方面。对于不同的信息系统开发方式以及信息系统运行与维护过程的方方面面,都需要把握相应的关键控制点和主要控制措施。

本章学习应重点掌握:内部控制的整体框架、企业风险管理框架、信息化环境下的内部控制体系等。

习　题

一、名词解释

内部控制　内部会计控制　内部管理控制　一般控制　应用控制　顺序控制方式　总计数控制方式　进程控制方式　平行运作控制方式　控制环境　信息和沟通

二、填空题

1.会计信息系统的内部控制可依据不同的标准予以分类。按控制的性质和实施目的的不同,内部控制可分为________与________。

2.根据内部控制抵抗风险的方式不同,企业的内部控制可以分为________、________和________三种。

3.职责分工控制方式的核心在于将______进行分离,对每一个职能部门或人员的职责进行明确的界定。各职能单元之间相互牵制、相互监督。职责分离可以有效地防止工作人员________。

4.适应于企业会计信息系统的一般控制包括:______、______、计算机操作控制、________和________。

5.应用控制是指计算机会计数据处理过程中所实施的各种控制,包括:________、________、________三个方面。

6.COSO 委员会于 1992 年发布的《内部控制——整体框架》,从______、______、______、______和______五个要素来研究内部控制。

7.企业风险管理框架由内部控制整体框架的五要素发展到八个相互联系的要素,这八个要素分别为:______、______、______、______、______、控制活动、信息与沟通、监督。

8.《企业内部控制应用指引第 18 号——信息系统》从会计信息系统的概述、______、______与______等几个方面对如何正确构建会计信息系统内部控制体系进行了全面论述。

9.企业对于通过网络传输的涉密或关键数据,应当采取______,确保信息传递的保密性、准确性和完整性。

10.______对信息系统建设工作负责。

11.企业信息系统______应当组织内部各单位提出______和______,规范开发流程,明确系统设计、编程、安装、调试、验收、上线等全过程的管理要求,严格按照建设方案、开发流程和相关要求组织开发工作。

12.信息系统内部控制的主要对象是______,由______、______、______、______和______等要素组成。

三、不定项选择

1.验证键入磁盘的交易资料属于(　　)控制。

A.预防性　　B.查错性

C.更正性　　D.护理性

2.支票、发票、重要的日记账、订购单等许多商业凭证一般可采用(　　)方式来进行控制。

A.授权控制　　B.顺序控制

C.总计数控制　　D.档案系统控制

3.内部控制的局限性表现为(　　)。

A.实施内部控制的成本收益问题会影响其效能

B.对不经常发生或未预计到的经济业务缺乏控制能力

C.由于管理层不当地凌驾于内部控制之上而被规避

D.企业内部行使控制职能的人员素质不适应岗位要求

4.根据内部控制实施的环境不同,内部控制可分为(　　)。

A.一般控制　　B.内部会计控制

C.应用控制　　D.内部管理控制

5.内部控制措施的制定和实施(　　)。

A.要考虑成本效益原则　　B.依据重要性原则来设定

C.不是固定不变的　　D.可能因串通舞弊而失效

6.(　　)职能应该相互分离。

A.系统开发与数据处理　　B.会计与出纳

C.档案记录与保管　　D.现金日记账处理与总账处理

7.根据内部控制抵抗风险的方式,内部控制可分为(　　)。

A.预防性控制　　B.应用性控制

C.查错性控制　　D.更正性控制

8.企业利用信息系统实施内部控制至少应当关注下列风险:(　　)。

A.信息系统缺乏或规划不合理,可能造成信息孤岛或重复建设,导致企业经营管理效率低下

B.系统开发不符合内部控制要求,授权管理不当,可能导致无法利用信息技术实施有效控制

C.企业委托专业机构进行系统运行与维护管理的,未审查该机构的资质,也未与其签订服务合同和保密协议,可能导致无法保证信息系统运行安全的风险

D.企业未能建立完善的用户管理制度,可能导致授权不当或存在非授权账号,从而导致信息系统的运行风险

9.下列属于内部管理控制的是(　　)。

A.经济业务的授权审批　　B.企业资产的限制接触

C.产品生产内部控制　　D.电子信息和情报资料内部控制

10.下列属于主动性控制的是(　　)。

A.预防性控制　　B.应用性控制

C.查错性控制　　D.更正性控制

11.对会计信息系统内部控制最常用的分类方法是(　　)。

A.按风险防范性能分类　　B.按控制的实施环境分类

C.按控制的性质和实施的目的分类　　D.按信息处理方式不同分类

12.下列属于总计数控制方式的有(　　)。

A.明细账和总分类账的总计数相比较　　B.复式记账凭证的借贷方总计数相比较

C.银行存款日记账与银行对账单相比较　　D.辅助账和控制账相比较

13.下列各项中,不属于控制环境要素的是(　　)。

A.员工的胜任能力　　B.内部审计的职能范围

C.人力资源政策与实务　　D.对诚信和道德价值观念的沟通与落实

14.下列各项中,属于对控制的监督的是(　　)。

A.业绩评价　　B.职权与责任的分配

C.授权与批准　　D.内审部门定期评估控制的有效性

15.下列属于预防性控制的是(　　)。

A.定期执行存货盘点

B.采购部对新增供应商执行背景调查

C.仓库管理员根据经批准的发货单办理出库

D.由不同的员工负责职工薪酬档案的维护和职工薪酬的计算

16.下列属于控制活动的是(　　)。

A.不相容职责分离　　B.适当的授权审批

C.凭证和记录控制　　D.独立的检查

17.下列关于企业风险管理框架的表述中正确的是(　　)。

A.企业风险管理是一个过程

B.企业风险管理受到人的影响,但反过来不能影响人的行动

C.企业风险管理用于战略决策

D.企业风险管理可以做到绝对保证

18.制定信息系统战略规划的主要风险包括(　　)。

A.没有将信息化与企业业务需求结合,降低了信息系统的应用价值

B.技术上不可行、经济上成本效益倒挂,或与国家有关法规制度存在冲突

C.信息系统建设缺乏项目计划或者计划不当,导致项目进度滞后、费用超支、质量低下

D.缺乏战略规划或规划不合理,可能造成信息孤岛或重复建设,导致企业经营管理效率低下

19.信息系统的运行与维护主要包含(　　)。

A.日常运行维护　　B.特殊维护

C.系统变更　　D.安全管理

20.系统终结阶段的主要风险是(　　)。

A.信息档案的保管期限不够长

B.因经营条件发生剧变,数据可能泄露

C.对各种计算机病毒防范清理不力,导致系统运行不稳定甚至瘫痪

D.企业信息系统数据未能定期备份,可能导致损坏后无法恢复,从而造成重大损失

四、判断题

1.预防性控制着重于事先防止不利事项(如差错或弊端损失)的发生,属于主动性控制。(　　)

2.只要有健全的内部控制制度就可以保证企业的运行万无一失。(　　)

3.计算机会计信息系统内部控制的目标与传统手工会计信息系统的目标是一致的,为实现这一目标而制定的各项规章制度、组织措施、管理方法、业务处理手续等也是相同的。(　　)

4.内部控制只要设计时做得完美,就可以固定不变。(　　)

5.电算审计岗位既可以由电算会计兼任,也可以由会计稽核人员兼任,或者可在企业内部审计部门设置。(　　)

6.内部会计控制是建立内部管理控制的基础,这两种控制相互依存,缺一不可。一种控制是否有效,将直接影响到另一种控制的有效性。(　　)

7.在进程控制方式中,当所有业务开始执行后,每完成一个项目,就勾销一项,最后在档案系统中的未勾销项目就是没有完成控制目标的项目。(　　)

8.在限制接近控制方式中,那些未经授权人批准的会计事项,不允许进入会计信息系统。(　　)

9.当企业制定了一套健全的内部控制制度之后,就必须严格实施。(　　)

10.企业风险管理可以应用于那些在组织内部尚没有明确位置的特殊项目和新兴活动的管理过程中。(　　)

11.管理层是内部环境中最关键的因素,它显著地影响着其他内部要素。(　　)

12.信息系统建设是“一把手”工程。(　　)

五、问答题

1.简述手工会计信息系统与计算机会计信息系统的各作业流程的风险与控制的差异。

2.简述内部控制的方式。

3.COSO 委员会于 2004 年颁布了《企业风险管理框架》(ERM),其基本内容有哪些?

4.内部控制的局限性有哪些?

5.简述自行开发方式中项目计划环节的关键控制点和主要控制措施。

6.简述自行开发方式中需求分析环节的关键控制点和主要控制措施。

7.简述自行开发方式中系统设计环节的关键控制点和主要控制措施。

8.简述自行开发方式中编程和测试环节的关键控制点和主要控制措施。

9.简述自行开发方式中上线环节的关键控制点和主要控制措施。

10.简述业务外包方式的关键控制点和主要控制措施。

11.简述外购调试方式的关键控制点和主要控制措施。

12.简述日常运行维护的关键控制点和主要控制措施。

13.简述系统变更的关键控制点和主要控制措施。

14.简述安全管理的关键控制点和主要控制措施。

六、小组讨论题

某公司财务处在信息中心的帮助下购买了20台PC机和1台服务器和有关网络设备搭建起会计信息系统的硬件平台,此后又相应购买了商品化会计软件,目前,会计软件与手工并行运行了7个月,运行效果良好。

1.如果您作为财务处长并负责会计信息系统的安全运行,您认为应该如何进一步健全和完善会计电算化管理制度?

2.会计信息系统环境下,应该如何建立有效的内部控制制度以及建立什么样的内部控制制度以保证企业的良好运行?

3.本单位会计信息系统运行正常,希望甩掉手工账,您认为应该怎样完成这项工作?

第二部分

习题参考答案

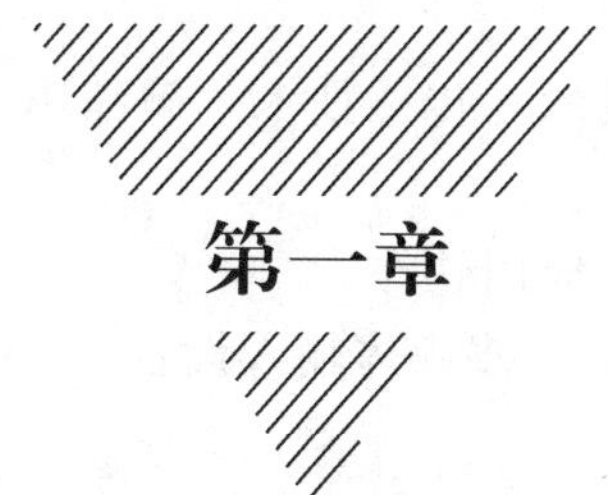

第一章　会计信息系统概述

一、名词解释

1.数据库。数据库是按一定结构组织起来的企业或组织交易资料的整合型数据管理系统。

2.数据。数据是人们用符号化的方法对现实世界的记录，是可鉴别的符号记录下来的现实世界中客观实体的属性值。数据表示的客观事实，是一种真实存在。

3.信息。信息是数据加工的结果，它可以用文字、数字、图形等形式，对客观事物的性质、形态、结构和特征等方面进行反映，帮助人们了解客观事物的本质。信息必然是数据，但是数据未必是信息，信息仅是数据的一个子集，经过加工后有用的数据才成为信息。

4.信息系统。信息系统指数据的输入、处理转化为有用信息输出的过程，包括对有关交易资料的收集、存储，依据特定规则执行加工处理，输出满足特定目的的相关信息，以及提供反馈机制来实现目标的数据或组成部分的集合。信息系统具有开放性、系统集成性及信息的集成性、人—机协作系统的属性。

5.会计信息系统。会计信息系统是指利用信息技术对会计数据进行采集、存储、处理和传递，旨在向企业或主体的内部管理人员和企业或者主体的外部信息使用者提供有助于进行决策的经济信息系统。

6.大数据。大数据在《大数据时代》中的定义是：指不用随机分析法（抽样调查）这样的捷径，而采用所有数据进行分析处理。在维基百科中的定义是：指无法在可承受的时间范围内用常规软件工具进行捕捉、管理和处理的数据集合。大数据研究机构 Gartner 给出的定义是：大数据是需要新处理模式才能具有更强的决策力、洞察发现力和流程优化能力的海量、高增长率和多样化的信息资产。

7.云技术。云技术是基于云计算商业模式应用的网络技术、信息技术、整合技术、管理平台技术、应用技术等的总称。

8.云储存。云储存是指通过集群应用、网格技术或分布式文件系统或类似网格计算等功能联合起来协同工作，并通过一定的应用软件或应用接口，对用户提供一定类型的存储服务和访问服务。企业能够将资源切换到需要的应用上，根据需求访问备份的数据，它将备份服务器、备份软件、存储设备集合在一起，形成云存储。

二、填空题

1.计算机技术　数据库管理技术　数据通信与计算机网络技术　传感技术　微缩影像技术　大数据分析与云技术　人工智能

2.中央处理器　存储器　输入设备　输出设备　系统软件　应用软件

3.计算机终端机 影像显示终端机 语音终端机 专门功能终端机 多媒体输入设备

4.局域网　城域网　广域网　广域网

5.内存　外存　只读存储器

6.降低信息成本　改进对顾客的服务　协助管理者决策

7.处理交易的计算机系统　信息分析与存档设备　数据通信借以进行的一整套逻辑实体连接技术(网络)

8.开放性　系统的集成性及信息的集成性　人—机协作系统

9.数据独立性　数据标准化　数据输入与贮存　数据整合性　数据共享　集中式数据管理

10.成本较高　初始阻力　系统脆弱性

11.微型化　智能化　多功能化　网络化

12.存储密度大 记录效果好 记录速度快 使用范围广 易于还原拷贝

13.填制和审核凭证　设置账户　复式记账　登记账簿

14.集中式　分布式

15.销售(收入)循环　生产循环　账务处理与财务报告循环

16.销货　应收账款处理　现金收取

17.输入　处理　输出　反馈

18.财务会计系统　管理会计系统

19.核算型　决策支持型

20.采购与应付　存货　成本核算　销售与应收　职工薪酬　固定资产　账务处理　会计报表

21.输入　处理　输出

22.系统启动器　使用者界面　决策模型库

23.系统初始化设置　系统维护

24.计算机硬件　软件　数据　一个共同的目标　客户—服务器式系统(C/S 系统)

25.可扩展的商业报告语言(extensible business reporting language) 可扩展标识语言(extensible markup language，XML)

26.XBRL 技术规范　XBRL 分类标准　XBRL 实例文档

27.模式定义文件　链接库文件

28.volume(大量) velocity(高速) variety(多样) value(低价值密度) veracity(真实性)

三、不定项选择

1.B　2.C　3.BC　4.A　5.ABCD
6.ABC　7.ABCD　8.ACD　9.ABCD　10.ABCD
11.ACD　12.AB　13.A　14.ABCDE　15.ABD
16.ABCDE　17.BC　18.BCD　19.BC　20.AC
21.AD　22.D　23.B

四、判断题

1.×

解析:一般认为,数据经过加工具有一定含义,对决策有价值的结果是信息,这一结果对人们的决策行为产生影响。所以,数据和信息密不可分。但是数据和信息又有所不同,数据只有经过一定的加工处理之后,才能成为信息。所以信息一定是数据,但是数据不一定是信息。

2.×

解析:会计信息和会计数据既有密切联系又有本质的区别。会计信息通过对会计数据处理而产生,会计数据也只有按照一定的要求或需要进行加工或者处理,才能成为满足管理需要的会计信息,但是二者并没有分明的界限。会计信息具有相对性,有的对某些管理者来说是会计信息,而对另外一些管理者来说则需要在此基础上进一步加工处理,才能变成会计信息。

3.×

解析:在计算机断电后,随机存储器(RAM)中的信息会丢失,但只读存储器(ROM)中的信息不会丢失。

4.√

5.√

6.×

解析:城域网的主要特点是传输距离在100公里以内,传输速率较高,网络系统机构灵活,综合性应用强等。

7.×

解析:大数据带给我们的三个颠覆性观念转变:是全部数据,而不是随机采样;是大体方向,而不是精确制导;是相关关系,而不是因果关系。

8.√

9.×

解析:会计数据和会计信息按用途层次,可分为业务处理型、管理控制型、决策支持型;而按综合程度,可分为业务凭证型、账簿和业务报表型、会计报表型。

10.×

解析:会计信息系统从应用层次来分类,可以分为:核算型会计信息系统、管理型会计信息系统和决策支持型会计信息系统。核算型会计信息系统是一种面对业务数据处理的信息系统，主要对业务数据进行记录、编辑、存储，按规定输出信息。管理型会计信息系统是为实现辅助管理功能而设计的一种信息系统。主要由核算型会计信息系统逐渐发展而来。决策支持型会计信息系统是以提高决策的效果为目标，面向决策者的一种信息系统，由管理型会计信息系统逐步发展而来。所以，以提高决策效果为目标，面向决策者的信息系统是决策支持型会计信息系统，是由管理型会计信息系统逐渐发展而来的。

11.×

解析：决策支持系统仅扮演辅助支持决策的角色，而不是替代管理者作出决策。

12.×

解析：会计信息系统中，对会计科目进行编码的主要目的不是便于记忆，而是简化输入，方便操作人员的操作；节省计算机的存储空间，提高计算机处理效率和精度。

13.√

14.√

五、问答题

1.答：数据库系统的基本特征有以下几点：

(1)数据独立性。是指在采用数据库的信息系统中，经营交易或者事项所产生数据的实体贮存与使用或应用程序相分离。

(2)数据标准化。是指数据库中的数据要素具有标准化含义与构成方式。

(3)数据输入与贮存。经营交易或事项所产生的数据一次性地输入数据库，并且贮存于某一位置。

(4)数据整合性。数据库可以利用逻辑关系结构灵活地贮存交易资料，构成不同的数据集。

(5)数据共享。数据的整合性衍生出数据共享的特点，数据库内的各项数据为企业或组织的全部使用者所共有。

(6)集中式数据管理。采用数据库的信息系统通常设有专门的数据库管理员，集中管理全部资料、资源和 DBMS 的运作。

数据库系统的优点：

(1)数据独立性和标准化增强了数据存储与应用的弹性，使得应用程序的编写与变动更为简易快捷，节省了费用。

(2)数据整合性和联机数据切入可以减少数据重复储存，可以消除数据要素之间的不一致，从而节省了数据存储空间，缩短数据存取时间，提升数据的可信性。

(3)数据整合性与数据共享的特点可以提高数据存取与应用效率，从而更简易地储存所需资料，满足多方面的数据需求。

(4)数据的集中管理，增强了数据安全与内部协调，可以有效防止未得到授权的人士擅自存取数据，数据记录也可以及时更新。

数据库系统在目前的发展阶段仍然存在一定的局限性，主要体现在三个方面：(1)成本较高。由于数据库的硬、软件相对而言更加复杂，这些硬、软件设备都比较昂贵。(2)初始阻力大。数据库系统与一般的数据文档系统有着显著的差别，在数据库的开发初期往往遇到较大的阻力。比如系统开发人员因不熟悉数据库技术而遇到困难。(3)系统脆弱性。数据库所存储的数据具有高度的整合性,若系统中某个硬、软件发生故障,可能导致整个数据库无法运作以及全部应用程序无法作业。

2.答:操作系统的基本功能包括:

(1)控制资料和指令程序是在基本储存单元内部,或是基本储存单元与辅助储存媒体之间流动。此功能由一个"监控器程序"来执行。

(2)载入初始程序启动计算机系统,随后把控制功能移交给"监控器程序"作业。

(3)通过作业控制语言执行读取或载装指令程序与资料的功能。

(4)分派与管理计算机处理的各项作业以及输入与输出设备。大型计算机使用"输入/输出管理程序"控制全部设备,微型机或个人电脑有时必须通过驱动盘执行对输入/输出设备的管理。

(5)确定各项系统程序或应用程序作业所需资料的处理顺序和时间。

(6)监控各项程序的作业状态。

(7)分配基本储存区域,通过"文件管理员程序"执行对全部内存和辅助储存媒体区域的记忆,以有效地为各项指令程序和相关资料分配储存区域。

3.答:XBRL 建立在 XML 的基础上,技术上的特点决定了 XBRL 具有 XML 的特点,包括:技术的开放性;可跨平台使用;内容和格式分离;强大的搜索功能;数据追踪和深度的分析功能等。这些特点造就了 XBRL 财务报告相对于其他财务报告格式无法比拟的优势:

(1)XBRL 可提高财务报告编制和发布的效率,同时保证数据的准确性;

(2)XBRL 提供方便快捷的数据检索,便于使用者分析其所需要的数据;

(3)XBRL 为会计信息的监管提供了便利,提高了会计信息的透明度;

(4)XBRL 在降低信息供给成本,增强财务信息的可比性,提高信息的相关性等方面发挥着重要的作用,且 XBRL 推动了财务报告与国际接轨。

4.答:Internet(因特网)是按照一定的通信协议(TCP/IP)将分布于不同地理位置上,具有不同功能的计算机或计算机网络通过各种通信线路在物理上连接起来的全球计算机网络的网络系统。其特点在于:采用 TCP/IP 网络协议;提供大量共享资源;不受法规约束;与公用电话交换网互联。

而 Intranet(内部网)是指采用 Internet 技术建立的企业内部专用网络,是按照 Internet 的连接技术将企业内部分布在不同地理位置的局域网联结起来的网络系统。其特点在于:以 TCP/IP 协议作为基础,以 Web 为核心应用,构成统一和便利的信息交换平台,是 Internet 的一个小型系统。Intranet 可提供 Web 浏览,电子邮件、广域互连,文件管理、打印和网络管理等多种服务。

二者都是采用 TCP/IP 网络协议为基础连接起来的网络系统,都能够提供与其相联系的各种网络服务,不同的是 Intranet 只是企业内部建立的网络,而 Internet 是全球性的网络系统的连接,两者在范围上不一致,同时又由于 Intranet 是 Internet 的一个小型系统,所以 Intranet 也可以连接到广域网 Internet 上,Intranet 通过防火墙禁止没有权限的用户进入,也有的是通过代理服务器来过滤它的用户,都可以为用户提供 Web 浏览,电子邮件，广域互连，文件管理、打印和网络管理等多种服务。

5.答：移动互联网，就是将移动通信和互联网二者结合起来，成为一体，是指互联网的技术、平台、商业模式和应用与移动通信技术结合并实践的活动的总称。

移动互联网的特点：

(1)移动性：智能终端(智能手机、平板电脑等)最大的特点是具有移动性，用户可以实现随时随地的网络接入、信息获取和数据交换。

(2)个性化：用户将个人与移动终端绑定，个体通常可以选择自己喜好的应用和服务；移动网络可以实时跟踪并分析用户需求和行为变化，并以此作出相应改变来满足用户个性化需求。

(3)碎片化：一方面，表现在时间上的间断性，与传统 PC 不同，移动上网的时间很短，而且很容易被打断；另一方面，用户获取信息呈现出间断性的特点，可以利用碎片化的时间来获取信息和娱乐。

6.答：会计数据是用于描述经济业务属性的数据，它是对企业经济业务发生情况的客观记录。在会计工作中，从不同渠道、不同来源取得的各种原始资料、原始凭证以及记账凭证等上面所记载的数据一般都属于会计数据。根据会计业务处理的特点，会计数据具有连续性、系统性和周期性的特点。但这些会计数据本身并不能作为人们判断和得出结论的可靠依据，它还必须按照一定的加工程序加工成对会计工作有用的、有价值的会计信息。

会计信息是指按照一定的要求或需要、通过一系列专门的会计核算方法对会计数据加工或处理后提供给企业内外部信息使用者管理决策所需要的各项会计数据，包括资产、负债、所有者权益信息，收入、费用、利润信息，以及其他能以货币表现的信息。由于会计信息在经济管理中有极重要的作用，因此准确、及时是会计信息的基本要求。

会计数据与会计信息有如下主要特点：

(1)会计数据和信息是反映与资产、负债或所有者权益的增减变动有关的经济业务的数据或信息。

(2)会计数据和信息的处理具有周期性。

(3)会计数据和信息是管理信息的重要组成部分。

(4)会计数据与信息不仅对企业外部利益关系人的决策有用，而且对企业内部各级管理人员的管理与决策有用。

(5)会计数据和信息要求客观、真实、公允。

会计信息和会计数据既有密切的联系又有本质的区别。会计信息是通过对会计数据的处理而产生的，会计数据也只有按照一定的要求或需要进行加工或处理，才能成为满足管理需要的会计信息。但二者并没有分明的界限。会计信息具有相对性，有的对某些管理者来说是会计信息，而对另一些管理者来说则需要在此基础上进一步加工处理，才能变成会计信息。会计数据和会计信息这种相对关系可以用下图表示。

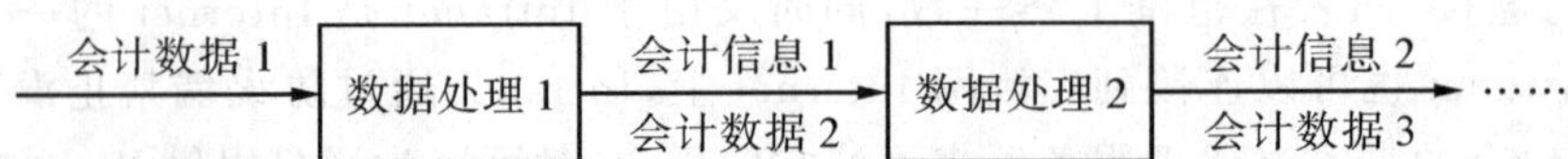

7.答:会计信息系统的目标在于利用各种会计规则和方法,加工来自企业各项业务活动中的数据,产生满足外部信息使用者的财务会计信息和提供企业经营管理需要的管理会计信息,以辅助人们利用会计信息进行相关的决策。其中,会计规则和方法是由会计人员根据信息用户的需求综合制定的,它们并不是一成不变的,而是随着外界情况的变化不断调整的;会计信息系统的目标应该服从于企业、企业信息系统、会计三者的目标。也即为企业内外部的决策者提供所需要的会计信息。会计信息系统的功能、规模和结构的不同,决定了会计信息用户可以得到的信息内容和质量也不同。

会计信息系统的特点如下:

(1)综合性。会计信息系统能够综合地反映、监督和控制整个企业生产经营活动。

(2)复杂性。会计信息系统,由许多职能子系统组成,各子系统在运行过程中进行数据的收集、加工、传递、使用,联结成一个有机的整体;另外,会计信息系统跟其他管理子系统和企业外部的联系也十分复杂;会计信息系统的系统外部接口较复杂。

(3)会计信息的及时性、准确性和可靠性。会计信息系统可以及时提供生产经营活动中的最新信息,并符合一定的准则制度的要求,连续、完整、真实、准确地反映经济业务;及时提供相关的会计信息等。

(4)内部控制严格。会计信息系统中的数据不仅在处理时要层层复核,保证其正确性,还要保证在任何条件下以任何方式进行核查核对,留有审计线索,防止犯罪破坏,为审计工作的开展提供必要的条件。控制的要求更为严格,内容更为广泛。

8.答:一个完整的计算机会计信息系统内各子系统间数据传递的方式大体有三种:

(1)集中传递式。指各子系统之间的数据传递关系,通过一个专门的自动转账系统来实现。同时专门建立一个自动转账子系统,这个自动转账子系统一般具有转账模式的定义(如转账凭证模式的定义)、费用汇总模式定义、根据转账模式从子系统中提取数据并生成汇总转账数据(如转账凭证)、自动将转账数据发送到其他子系统,以及转账数据的查询、打印等功能。

(2)账务处理中心式。指各业务子系统对原始凭证汇总、处理后,编制出记账凭证直接传递到账务处理子系统,账务处理子系统对涉及成本、费用的凭证进行汇总后,传递到成本子系统。会计报表则直接由账务处理子系统生成。采用此方式,相应地要求有关科目按产品设明细科目,以便可以汇集直接费用。

(3)直接传递式。指各业务子系统首先对原始凭证汇总、处理后,编制出记账凭证传递到账务处理子系统进行账务处理;同时,工资、固定资产、存货、销售与应收、采购与应付等业务子系统以及账务处理子系统要将各种直接的、间接的费用按一定的标准汇总后传递到成本核算子系统进行成本计算。

9.答:会计信息系统中,经营事项或交易数据必须经过若干会计文件或记录予以登录、分类、汇总和整理等处理过程。

(1)填制原始凭证:大部分的交易数据必须先填制原始凭证。原始凭证是有关交易的初始书面记录,又有外来原始凭证和自制原始凭证之分。

(2)登录交易数据:日记账用来登录交易数据的输入,又分为普通日记账和特种日记账。

(3)过录分类账:交易数据登录于日记账之后,要做分类汇总处理。各笔借项和贷项金额转录于一定的总分类账簿或明细分类账簿。

(4)编制试算平衡表:在一个会计期间内,企业的大量经营交易或事项资料已经被会计系统接受并且已做登录、分类过账等处理。为满足使用者的信息需要,总账账户记录必须定期汇总,以财务报表形式输出有用的会计信息。在此之前,一般要经过一个验证总账记录准确和完整性的处理步骤,也即编制试算平衡表。

(5)编制财务报表和其他会计报告:财务会计循环的最后步骤是输出与传送满足内、外使用者需要的会计信息。最基本的为三种财务报表,即资产负债表、损益表和现金流量表。

六、小组讨论题(略)

第二章 业财融合的ERP系统

一、名词解释

1.企业资源计划。企业资源计划即ERP(enterprise resource planning),是利用现代信息技术,将以系统化计划管理为核心的一系列先进管理思想运用于企业管理之中,面向整个供需链,以合理配置企业所有内外资源为目标的一种综合管理应用体系。

2.物料需求计划。物料需求计划(material requirement planning,MRP)即指根据产品结构各层次物品的从属和数量关系,以每个物品为计划对象,以完工时期为时间基准倒排计划,按提前期长短区别各个物品下达计划时间的先后顺序,是一种工业制造企业内物资计划管理模式。

3.主生产计划。主生产计划(master production schedule,MPS)。MPS是闭环计划系统的一个部分。MPS的实质是保证销售规划和生产规划对规定的需求(需求什么,需求多少和什么时候需求)与所使用的资源取得一致。

4.闭环式MRP。闭环式MRP,是一个结构完整的生产资源计划及执行控制系统。闭环式MRP在物料需求计划(MRP)的基础上,增加对投入与产出的控制,也就是对企业的能力进行校检、执行和控制。

5.MRP Ⅱ。人们把生产、财务、销售、工程技术和采购等各个子系统集成为一个一体化的系统,它就是制造资源计划(manufacturing resource planning)。

6.业务流程重组。BPR是business process reengincering的缩写,中文译为业务流程重组,是从根本上重新考虑并彻底重建企业的业务流程,其目的是在成本、质量、服务和速度等方面取得显著的改善,使企业能最大限度地适应以顾客、竞争、变化为特征的现代企业经营环境。

7.会计流程再造。会计流程再造是指企业利用信息化工具对会计流程进行数据上的记录,并且在财务信息上做到可以从集体角度对下属各分/子公司进行实时有效的查询。

二、填空题

1.物料流　资金流　信息流　工作流

2.系统化计划管理思想　供需链管理思想　信息集成思想　精益生产思想　敏捷制

造思想　同步工程思想

3.主生产计划　物料需求计划　采购计划　销售执行计划　财务预算　人力资源计划

4.MRP　ERP　MRP　MRPⅡ　MRP　ERP　MRPⅡ

5.目标　生产人员　工具

6.生产方式　经营方式　多种行业　多种业务

7.开放的服务器技术　图形用户界面(GUI)　计算机辅助软件工程(CASE)　面向对象技术　关系数据库　第四代语言　网络技术　海量存储　数据挖掘　电子商务　信息集成

8.功能内的BPR　功能间的BPR　组织间的BPR

9.客户关系管理CRM(customer relationship management)　供应链管理SCM(supply chain management)　产品研发管理PLM(product lifetime management)

10.基础数据维护　生产计划　物料需求计划　能力计划　成本核算

11.采购　库存　仓库管理　库房管理　产品数据管理

12.产品数据管理(product data management,PDM)

13.总账处理　应收应付款的管理　现金管理　金融投资管理　合并报表

14.作业成本核算　责任中心会计　内部审计　公司管理的决策支持　管理会计

15.业务信息需求　标准报表

16.顾客导向　团队合作　价值创造　面向未来　全面集成

17.数据采集　成本核算体系　会计信息输出形式

三、不定项选择

1.C	2.ACD	3.D	4.D	5.D
6.ABD	7.ACD	8.C	9.ABCD	10.ABD
11.BCD	12.ABCD	13.ACD		

四、判断题

1.×

解析:人类社会的基本矛盾是所有管理方法产生的根源。

2.×

解析:制造业企业管理的起点是库存管理。

3.√

4.×

解析:MRPⅡ由闭环式MRP系统发展而来,在生产管理方面,它实际上就是闭环式MRP系统。

5.√

6.√

7.×

解析：会计流程再造后，会计组织结构也相应发生变革。可以从流程维度和职能维度来考察，一方面，以业务流程为主干，建立相应的会计流程小组，满足业务流程处理的要求；另一方面，各会计流程小组都归属于会计服务中心，其作用在于人员的统筹安排、培训指导与咨询等。

8.√

五、问答题

1.答：订货点法是在计算机产生之前的条件下，为避免缺货的发生而提出的一种按过去的经验预测未来的物料需求的方法。这种方法的实质是着眼于"库存补充"的原则。库存补充的原则是保证在任何时候仓库里都有一定数量的存货，以便需要时取用，当库存低于某一数量时，就发出订单，进行采购，补充存货。这一数量被称为"订货点"。当时人们希望用这种做法来解决由于不能确定近期内准确的必要库存储备数量和需求时间所造成的问题。订货点法依靠对库存补充周期内的需求量预测，并保留一定的安全库存储备来确定订货点。一旦库存储备低于预先规定的数量，即订货点，则立即进行订货来补充库存。

订货点的基本公式是：

订货点＝单位时间的需求量×订货提前期＋安全库存量

其中：

单位时间的需求量＝一段时期内的耗用量÷相应时间长度

订货提前期＝发出订单到物料运抵仓库的时间间隔

订货点法曾引起人们广泛的关注，也曾经被人们认为是科学的库存控制方法。然而，由于订货点法所依据的前提假设很难和实际情形相符，所以在实际应用中存在着不少缺陷，主要表现在以下几个方面：(1)订货点法是针对零部件的，而不是针对产品的。订货点法不考虑物料项目之间的配套关系，各项物料的订货点分别独立地加以确定。(2)订货点法使用一段时期内的耗用量除以时间所得的平均值来计算单位时间的需求量，这种计算隐含着一个前提假设：库存项目的需求是连续发生的，需求相对均匀，库存消耗稳定。(3)"库存补充"原则过于武断。在订货点法下，当某项物料的库存数量低于订货点时，就必须立刻发出订单，补充库存。(4)从订货点的计算公式中，我们可以发现：在订货点法中，假设订货提前期是固定的已知值。然而，在现实情况下，对于同一项物料，由于供应商不同，或者是市场环境不同、运输条件不同等原因，实际的订货提前期可能在一定范围内变化。(5)确定订货时间的方法不合理。订货点法为什么会存在上述严重的缺陷呢？究其根源，答案在于订货点法是根据库存数量来确定订货时间(即：以库存数量低于订货点之时作为订货时间)。

2.答：为了解决订货点法的缺陷，美国学者于 20 世纪 60 年代提出了时段式 MRP (time-phased material requirement planning)，简称 MRP (material requirement planning，物料需求计划)。

时段式 MRP 的原理。(1)时段式 MRP 对订货点法的改进。①为了解决订货点法没有考虑物料项目之间的配套关系的问题，时段式 MRP 通过产品结构文件(亦称物料清单，bill of material，简称 BOM)把所有物料的需求联系起来，考虑不同物料需求之间的相互匹配关系。物料清单含有构成产品的各项物料之间结构关系的信息，反映生产某项产品所需物料的配套关系。②为了准确回答何时订货的问题，时段式 MRP 对物料的库存状态数据加上了时间坐标，也就是按具体的日期或计划时区记录库存状态数据，这样就可以准确地回答和时间有关的各种问题。(2)时段式 MRP 的数据处理。时段式 MRP 系统主要按照以下步骤进行数据处理：第一，根据客户订单、销售预测等制订主生产计划(master production schedule，MPS)，确定“我们将要生产什么?”；第二，根据物料清单(bill of material，BOM)，将计划生产的产品分解为需求的物料，得出物料毛需求，确定“为了生产所需的产品，我们需要用些什么?”；第三，将物料毛需求同库存记录进行比较来确定物料净需求，即回答“我们还需要再得到什么?”；第四，根据物料净需求，考虑订货经济批量、提前期等参数，就可以制订出具有准确时间与数量的物料采购计划和物料生产计划。(3)MRP 的前提条件。建立和使用时段式 MRP 系统应当具备一定的基础数据和前提条件：①要有准确的最终产品计划需求量数据和产品生产周期数据，以便制订准确的主生产计划；②赋予每项物料一个唯一的物料代码；③计划编制期间必须有一个通过物料代码表示的物料清单；④要有完整的库存记录，所有物料必须经过入库登记处理；⑤已知所有物料的订货提前期，并且能够准时到货；⑥每项物料的消耗都是间断的。

时段式 MRP 的缺陷。时段式 MRP 能根据有关数据计算出相关物料需求的准确时间和数量，与订货点法相比有了质的进步，但是，它只局限在物料需求方面，没有考虑到企业现有的生产能力和采购能力等有关条件的约束。物料需求计划仅仅是生产管理的一部分，而且要通过车间作业管理和采购作业管理来实现，同时还必须受到生产能力的约束。因此，时段式 MRP 得出的物料需求有可能因设备和工时的不足而没有能力生产，或者因采购能力的限制而无法及时获得必需的物料。

3.答：针对时段式 MRP 的不足，人们在 20 世纪 70 年代又提出了闭环式 MRP 系统。所谓闭环有两层意思：一是把生产能力计划、车间作业计划和采购作业计划纳入 MRP，形成一个闭环式系统；二是在计划执行过程中，必须有来自车间、供应商和计划人员的反馈信息，并利用这些反馈信息进行计划调整平衡，从而使生产计划方面的各个子系统得到协调统一。闭环式 MRP 是一个“计划——实施——评价——反馈——计划”的过程。

闭环式 MRP 的处理流程：第一，依据已签订或极可能将要签订的订货合同、销售预测量制定生产规划，确定总的生产指标，如品种、数量等。第二，将生产规划中的内容进行细化并作出时间上的安排，制订主生产计划。例如：生产规划只定出年产量、季产量或月产量指标，而主生产计划则把这些指标细分到各个具体的时区。第三，根据物料清单(BOM)和库存记录对主生产计划做进一步的分解，确定各个层次上的物料需求的数量和时间，制订物料需求计划。第四，在按照物料需求计划的要求下达生产指令之前，必须由能力需求计划来核算企业的生产能力及其需求负荷的平衡情况。一般而言，企业的生产能力是有限的，所以，物料需求计划要受到能力需求计划的约束。如果能力需求计划的输出表明不可行，并且重排能力需求计划仍不能解决问题，就要将有关的信息反馈给物料需求计划，对其调整重排，如还不行，就要把信息反馈到主生产计划，甚至有可能要对生产规划加以调整。第五，物料需求计划与能力需求计划协调可行之后，就可以执行能力需求计划和物料需求计划了。在实际执行过程中同样也应当进行类似的信息反馈，在能力需求计划和物料需求计划中动态反映出计划执行的情况。

闭环式MRP的主要缺陷就在于它未能将物流和资金流结合起来进行计划管理。资金流在企业中是由财务部门另行管理的，由单独的资金管理系统运行管理，造成了数据的重复录入与存储。财务管理部门往往将经营计划和生产计划分开，并没有体现出经营计划是生产计划的货币表现形式。另外，销售部门也没有认识到MRP对制订合理可行的销售计划的重要性。

4.答：在20世纪80年代，人们把生产、财务、销售、工程技术和采购等各个子系统集成为一个一体化的系统，它就是制造资源计划（manufacturing resource planning）系统，为避免名词的混淆，简称记为MRPⅡ。

MRPⅡ由闭环式MRP系统发展而来，在生产管理方面，它实际上就是闭环式MRP系统。但MRPⅡ包括了财务管理和模拟的能力，这就有了本质意义的区别。

MRPⅡ具有以下特点：(1)MRPⅡ是面向整个企业的一体化系统，把企业中的各子系统有机地结合起来。其中，生产和财务两个子系统的关系尤为密切。MRPⅡ的所有数据储存于企业的中央数据库中，各子系统在统一的数据环境下工作，消除了"信息孤岛"的问题。(2)MRPⅡ可以起到决策支持的作用。MRPⅡ引入了模拟功能，通过决策方案的模拟运行，根据不同方案模拟出各种未来可能发生的结果，帮助管理人员判断方案的优劣。(3)MRPⅡ管理模式具有全面计划管理、系统性、动态应变性、模拟预见性的特点。MRPⅡ是一个计划主导型的管理模式，通过计划合理配置企业的各种制造资源，以求达到企业整体效益最大化。计划层次从宏观到微观、从战略到战术、从粗到细都始终保持与企业的经营战略目标一致。计划具有一贯性和可行性，"一个计划"是MRPⅡ的基本原则。

5.答："管理＋IT"角度：(1)ERP不只是一个软件系统，而是一个集组织模型、企业规范和信息技术、实施方法为一体的综合管理应用体系；(2)ERP使得企业的管理核心从"在正确的时间制造和销售正确的产品"，转移到了"在最佳的时间和地点，获得企业的最大利润"，这种管理方法和手段的应用范围也从制造业企业扩展到了其他不同的行业；(3)ERP从满足动态监控，发展到了商务智能的引入，使得以往简单的事物处理系统，变成了真正智能化的管理控制系统；(4)从软件结构而言，现在的ERP必须能够适应互联网，可以支持跨平台、多组织的应用，并和电子商务的应用具有广泛的数据、业务逻辑接口。

管理思想角度：ERP是一种管理思想。ERP是在MRPⅡ基础上进一步发展而成的面向供需链(Supply Chain)的管理思想，ERP体现了一系列的先进管理思想。

软件产品角度：ERP是一种软件产品。ERP是综合应用了现代信息技术最新成果，以ERP管理思想为灵魂的软件产品。

管理系统角度：ERP是一种管理系统。ERP是整合了企业管理理念、业务流程、基础数据、人力物力、财务、计算机硬件和软件于一体的企业资源管理系统。

实际上，ERP更是一系列管理思想的综合，不过是通过计算机软件等现代信息技术而付诸企业管理实践。ERP体现了系统化计划管理、供需链管理、信息集成、精益生产、敏捷制造和同步工程等思想。

ERP最核心的管理思想就在于其中的P，即planning，通过系统化的全面计划管理来合理配置企业所有内外资源，尽可能消除企业供需链上可能存在的无序、相互冲突的问题，使整个供需链有条不紊地运转，发挥出企业全部内外资源的最高效用。

供需链管理(supply chain management，SCM)包括从最初原材料的获取到转换成最终产品，直至交付给最终用户的整个生产、销售过程。供需链是物流、资金流、信息流的统一体，信息流反映物料和资金的流动。供需链上物料流动的过程实际也是一个增值的过程，因而供需链也可称增值链。减少非增值的环节就可以减少浪费，供需链管理就是使企业与其供需链中的其他企业协同工作、协同管理，以优化供需链，共同为客户提供优质的产品和服务，共同降低成本和库存，赢得市场。供需链管理不再针对企业的某一个元素，而从根本上集成所有元素，包括分销、制造、存货控制等，从整体上优化企业。而且管理的范围将扩展到企业外部，包括与企业关系紧密的商业伙伴。企业可以查看供应者的库存和能力，控制其生产日程以满足自己的需要，也可以查看购货商的库存和未来需求，以调整自己的生产计划。供需链管理是在满足服务水平需要的同时，为了追求系统成本最小而采用的把供应商、制造商、仓库和商店有效地结合成一体来生产商品，并把正确数量的商品在正确的时间配送到正确地点的一套方法。供需链管理能够真正地产生价值，通过大幅度的改进计划、响应和执行的能力，使企业在尽力满足市场需求的过程中快速应对不可避免的例外情况。ERP 系统正是适应了这一市场竞争的需要，实现了对整个企业供需链的管理。供需链管理是 ERP 的核心管理思想之一。

信息集成是企业管理信息化的目标和方向之一。信息集成必须做到对信息或知识的有效储存、传递、管理和应用。从 MRP 到 ERP 的发展，是信息集成应用范围不断扩展的过程。MRP 实现了物流信息的集成，MRPⅡ在 MRP 的基础上实现了物流信息与资金流信息的集成，ERP 是市场竞争全球化形势下的企业管理信息系统，是一个信息高度集成的管理信息系统，它在 MRPⅡ的基础上进一步实现了面向整个供需链的信息集成。

ERP 体现了“精益生产”(lean production)的思想，同时又是精益生产得以实现的必要手段。精益生产由麻省理工学院的国际汽车研究项目于 1990 年出版的《改变世界的机器》(*The Machine that Changed the World*)一书中提出。精益生产将取代大批量生产，是 21 世纪企业的特征。

“敏捷制造”(agile manufacturing)的思想是 1991 年由理海大学的一个研究小组提出的，其核心是：当市场上出现新的机会，而企业的基本合作伙伴不能满足新产品开发生产的要求时，企业组织一个由特定的供应商和销售渠道组成的短期或一次性供需链，形成“虚拟企业”(virtual enterprise)，把供应和协作单位看成企业的一个组成部分，运用“同步工程”(synchronization engineering)，组织生产，用最短的时间将新产品打入市场，时刻保持产品的高质量、多样化和灵活性。

6.答：BPR 是 business process reengineering 的缩写，中文译为业务流程重组。BPR 概念的提出，最早见于著名管理学家 Michael Hammer 1990 年的论文“Reengineering Work: Don't Automate, Obliterate”。1993 年，Michael Hammer 和 James Champy 在 *Reengineering the Corporation* 一书中正式对 BPR 作出如下定义：“BPR 是从根本上重新考虑并彻底重建企业的业务流程，其目的是在成本、质量、服务和速度等方面取得显著的改善，使企业能最大限度地适应以顾客、竞争、变化为特征的现代企业经营环境。”

此后，许多学者根据自己的研究对 BPR 作了不同的定义，选择部分列举如下：Alter

认为,“BPR 是一种使用信息技术从根本上来改变企业流程,以实现主要企业目标的方法性程序”。Davenport 和 Short 则提出,“BPR 是对组织中及组织间的工作流程和程序所进行的分析和设计”。Venkatraman 给出了这样的定义,“BPR 涉及使用信息技术为中心的企业重组。企业流程被重新设计以充分发挥信息技术的能力,而不是将现有流程作为信息技术基础架构设计时的限制”。综合各位学者对 BPR 所作出的定义,我们认为 BPR 具有以下三个特点:(1)BPR 以改善企业经营绩效为目的;(2)BPR 是对整个供需链范围内的业务流程所进行的根本性重组;(3)BPR 一般结合信息技术的应用而进行。

根据重组特征和流程范围,BPR 可以分为以下三类:(1)功能内的 BPR,指对职能内部的流程进行重组。企业往往存在着中间层次多、各职能管理机构重叠的问题,而一些中间管理层一般只进行一些非创造性的统计、汇总、填表等工作。利用信息技术可以使每项职能的全过程只由一个机构管理,使非增值的中间层消失,做到机构不重叠、业务不重复。例如:会计核算工作只需把原始数据输入计算机,其余工作由计算机完成,变多级核算为一级核算。(2)功能间的 BPR,指在企业范围内,跨越多个职能部门边界的业务流程重组。例如:将集团各子单位的信息管理、人力资源管理从各子单位中分离出来,成立整个集团范围内的信息管理中心、人力资源管理中心。(3)组织间的 BPR,指发生在两个以上企业之间的业务流程重组。例如:传统的采购流程是需方物色供应商,下采购订单,供方接收订单,组织制造生产,完工后进行质检发货。需方收货后,验收入库,再发送到生产车间,经过多方核对无误后进行财务付款。整个流程时间长,重复作业(如质检)和无效作业(如订单收发、入库出库)多,造成成本较高。在组织间的 BPR 下,订单的下达和款项的结算通过电子商务完成,供方完成制造后,会同需方一起检验,验收合格的货物,直接按照需方的生产计划,发送到生产车间,消除了重复作业和无效作业,节约了时间,降低了成本。组织间的 BPR 是目前业务流程重组的最高层次,也是重组的最终目标。

7.答:可以这样来概括 ERP 同 MRP、MRPⅡ的联系:对于制造业企业而言,MRP“融合”于 MRPⅡ之中,而 MRPⅡ“融合”于 ERP 之中,作为 ERP 物流和资金流管理的核心模块而存在,MRP、MRPⅡ并没有消亡。

从 ERP 发展演进的历史中,我们知道,MRP 通过系统化计划管理的方法,解决了制造业的存货短缺与积压的矛盾,实现了制造业企业物料流动信息集成,实现制造业物流的高效管理。生产系统中的物料流动总是伴随着资金流动,MRPⅡ由 MRP 系统发展而来,在生产管理方面,它实际上就是 MRP 系统。但 MRPⅡ包括了财务管理和模拟的能力,集成了物流和资金流,同步地从生产系统中获得财务信息,把实物形态的物料流动直接转换为价值形态的资金流动,保证生产和财务数据的一致。同时,财务部门还能通过及时获得的资金流信息控制成本,通过资金流动状况反映物料和经营情况,随时分析企业的经济效益,参与决策,及时地指导和控制企业的生产经营活动。通过物流和资金流信息的集成,MRPⅡ可以对企业有限的制造资源包括人、财、物、时间等进行有效和周密的计划、合理配置,从而提高企业的竞争力。

ERP 是一个高度集成的管理系统,它扩展了 MRPⅡ,必然体现物流信息同资金流信息的集成。传统的 MRPⅡ系统所包括的制造、供销和财务三大子系统依然是 ERP 系统不可缺少的重要组成。因此,MRP“融合”于 MRPⅡ之中,而 MRPⅡ“融合”于 ERP 之中。

ERP是MRP、MRPⅡ进一步发展的成果，因此，ERP同MRP、MRPⅡ最主要的区别就在于它对MRPⅡ的拓展。

管理范围的拓展。MRPⅡ主要侧重对企业内部人、财、物等资源的管理，相对于标准MRPⅡ系统而言，ERP增加了若干管理子系统，在MRPⅡ的基础上拓展了管理范围，覆盖整个供需链，把客户需求、企业内部制造活动以及供应商的制造资源整合成完整的供需链，并对其中所有环节，如战略规划、订单、预测、计划、采购、库存、生产制造、质量控制、运输、分销、服务与维护、财务管理、人事管理、实验室管理、项目管理、配方管理等进行全面系统化高效管理。

应用环境的拓展。按照生产类型的划分标准，制造业可分为离散式和流程式两种。离散制造中，产品的生产过程通常被分解成很多加工任务来完成，每项任务仅要求企业的一小部分能力和资源；流程制造则包括连续生产和重复生产两种类型。连续生产的产品是连续不断地经过加工设备，一批产品通常不可分开；重复生产又称大批量生产，与连续生产有很多相同之处，但生产的产品可分离。早期的MRPⅡ往往用于离散式的制造环境。

而ERP支持混合方式的制造环境，包括以下三个方面：生产方式的混合。首先是指离散式制造和流程式制造的混合，其次是指单件生产、面向库存生产、面向订单装配以及大批量重复生产方式的混合。经营方式的混合。这是指国内经营与跨国经营的混合。ERP系统应用完整的组织架构，从而可以支持跨国经营的多国家地区、多工厂、多语种、多币制应用需求。多种行业、多种业务的混合。ERP与MRPⅡ相比，已经不仅仅适用于制造行业，也适用于公用事业、交通运输、金融证券、商业流通、建筑、信息服务、新闻媒体等几乎所有行业。

管理功能的拓展。MRPⅡ采用精密计算进行计划和排程，制订准确的物料采购和生产计划，它提供的信息主要是用于支持结构化的决策活动。然而，在企业经营管理中，还有大量半结构化和非结构化的问题，如新产品开发、企业合并、收购等问题。在ERP中，由于拓展了许多其他的管理功能，不仅提供定量信息，还提供了丰富的定性信息，使决策的过程更为智能化，提供了半结构化和非结构化的决策支持功能。

MRPⅡ通过计划的调整来控制整个生产过程，实时性较差，通常只能实现事中控制。而ERP系统支持在线分析处理OLAP (on-line analytical processing)，为企业提供了对产品服务质量、企业内外环境变化、客户满意、经营绩效等关键问题的实时分析能力，使企业具有事前控制能力，能够进行并行作业管理。此外，在MRPⅡ中，财务系统只是起到并行的信息反映作用，将物流的数量信息转变为价值信息。而ERP系统则将财务计划和价值控制功能集成到了整个供应链上。

应用技术的拓展。ERP不断地吸纳信息技术飞速发展所形成的最新成果，包括开放的服务器技术、图形用户界面(GUI)、计算机辅助软件工程(CASE)、面向对象技术、关系数据库、第四代语言、网络技术、海量存储、数据挖掘、电子商务等，从而使ERP系统得以实现供需链管理的信息集成。

ERP与BPR之间存在着相辅相成、密不可分的关系。首先，ERP离不开BPR。BPR是ERP成功实施、发挥系统应有效用的基础。ERP要做到将以系统化计划管理为核心的一系列先进管理思想运用于企业管理之中，要做到面向整个供需链，合理配置企业所有内外资源，必须对企业原有的流程进行分析，判别出哪些流程是不符合 ERP 管理思想、未能利用信息技术的优势、非增值的重复流程和无效流程，然后依照 ERP 管理思想的要求，以信息技术为支持，对企业和业务流程进行重组。这样才有可能使 ERP 的实施获得成功，发挥出 ERP 先进管理思想的威力。如果不进行 BPR，仅仅简单地将企业原有的业务流程加以电算化，用计算机系统完全模拟手工工作，那么无异于让 ERP 这辆先进的“高速赛车”行驶在企业落后流程的“羊肠小道”上，无法发挥 ERP 应有的作用。其次，BPR 也离不开 ERP。BPR 应通过 ERP 实现，BPR 的过程应当以适应 ERP 管理思想为目标和指引。在当今信息时代，BPR 离不开信息技术的支持，它最终是由计算机系统来执行的，即通过 ERP 和电子商务及其支持性 IT 技术和相关技术来实现，ERP 是 BPR 最终计算机信息化实现的手段。因此，在进行 BPR 时，一开始就要以 ERP 管理思想为其目标和指引。

8.答：ERP 环境下的财务会计流程和传统财务会计流程的差异主要表现在以下几方面：

数据采集不同。从采集方式上看，传统财务会计流程是按需求分部门分别采集完成，这就使得同一业务活动的相关数据被分别采集和储存，容易导致数据重复、冗余，产生数据的不一致。ERP 环境下数据采集是按发生地一次采集完成，包括财务和非财务的所有相关信息，并存储在数据服务器上共享使用。从采集范围上看，传统财务会计流程是按照会计事项的定义和是否对财务报表产生影响来采集会计信息的，因此，只包含部分业务活动的部分数据。ERP 环境下则不仅采集和处理财务信息，还采集和处理非财务信息，因此所采集的数据几乎包含全部业务活动的全部数据。从数据时效性来看，传统财务会计流程的数据实时性差，数据具有明显的滞后性，无法实现信息的实时支持。ERP 环境下财务会计流程的数据实时性强，能实现数据的实时采集、及时处理。

会计凭证生成方式不同。传统财务会计流程的会计凭证是由会计人员填制的，业务部门发生经济业务后，由经办人员记录业务发生的情况，并将所取得的原始凭证交给会计部门，再由会计人员统一填制记账凭证，登记账簿。ERP 环境下的会计凭证业务部门发生的经济业务的会计凭证由 ERP 系统自动生成，并自动传递到总账模块，而款项的收、付等其他业务的会计凭证则仍由会计人员填制。这样可以保证账务处理的及时性和会计数据的一致性。

成本核算体系不同。传统财务会计流程采用实际成本核算体系。这使得成本核算人员耗费大量的时间去计算材料成本差异额、材料成本差异率、产品完工程度、各种分配率等。ERP 环境下则是按标准成本来组织成本核算的。先按产品所耗物料的构成制定出产品的物料清单，并由 ERP 系统评估出各种物料的标准价格，然后对每种产品消耗物料形成的半成品进行完工确认，并按照标准成本对生产的半成品进行增加库存的账务处理，同时通过产品成本“收集器”归集各种原料、辅料的实际消耗和完工产品应承担的定额制造费用，到了月末，会计人员将定额费用调整为实际费用，计算出产品的实际成本。对于日常销售的产品 ERP 系统自动产生结转产品销售收入的会计凭证，同时按标准成本结转产品销售成本，月末财务人员再将标准成本与实际成本的差异在存货与销货之间进行分配。这种按标准成本进行产品成本核算的方法，有利于对企业生产经营的实际情况进行实时监控。

会计信息输出形式不同。传统财务会计流程的信息输出形式比较固定，而ERP环境下财务会计流程所输出的会计信息形式多样，ERP系统将大部分业务数据都以原始的、未经处理的方式存放，大部分处理是记录业务的个体特征和属性，分类、汇总、余额计算都放在查询输出过程，这比传统会计流程更为简单，只要确保数据被及时、完整、准确地记录在正确的文件中，就可按照用户的信息需求参数任意组合，准确地报告数据。

流程图略。

9.答：重组后的财务会计信息流程应实现的目标包括：系统集成化的信息收集方式、业务事件驱动的信息处理方式和实时报告的信息使用者自助式信息获取方式。

(1)系统集成化的信息收集方式。原始数据的采集是会计流程的起点。针对传统会计流程的缺陷，重组后的财务会计信息流程根据业务流程重组的思想和ERP系统的集成管理方式，利用局域网和信息技术将各管理子系统集成，并通过互联网与企业外部的客户及供应商信息系统相连，充分利用文件传输、邮件及电子数据交换等功能，接收业务事件信息，并存储于共享数据库中，需要时直接从数据库中调用数据进行加工，达到减轻财务会计人员的工作量，提高数据采集的准确性、一致性、完整性和及时性的目的。

(2)业务事件驱动的信息处理方式。ERP环境下财务会计流程是业务事件驱动的(见教材中的图2-13)，当业务事件发生时，根据数据处理规则，各业务部门将业务事件数据存入业务事件数据库，业务事件数据库中的数据为只经过初步加工的源数据，当信息使用者想从系统中获取信息时，由信息使用者输入信息处理代码，系统启动相应的信息处理程序，对业务数据库中的信息进行加工处理，并将处理结果实时反馈给信息使用者。企业通过ERP系统将各信息系统集成，使得原始数据收集分散化，而数据处理和存储集中化，从而实现了财务和业务的协同。ERP应用过程中对会计数据的处理，强调业务处理和会计核算的整合，利用集成化的信息系统实现双向、迅速的信息沟通。一方面，各业务部门在业务处理过程中实时地采集业务信息，自动生成会计核算信息；另一方面，财务模块通过执行处理和控制规则，实时地对业务的合理性、经济性进行监测，从而使财务模块具有事中控制能力。

(3)实时报告的信息使用者自助式信息获取方式。重组后的财务会计流程应当实现实时报告的用户信息定制。一方面，模型工具中包括加工模型库和报告生成器，加工模型库中存放了多种可供选择使用的会计处理程序，报告生成器根据用户的选择，调用模型库中适合的会计处理程序，对业务事件数据库中的数据进行处理，生成用户需要的信息，由网络传递给用户。另一方面，由于ERP系统是通用设计的，在实施时可以根据客户行业性质的特点及其对管理、信息的需求的不同，对ERP系统进行相应的配置，但是ERP加工模型库毕竟不可能满足所有信息使用者的需要，所以当模型库中没有合适的处理程序时，就需要信息使用者使用ERP系统内含的模型工具，自己去设计相应格式的事件驱动模型，来满足企业管理的需要。此外，重组后的财务会计信息系统提供面向企业内外部信息使用者的、可自定义的、界面友好的模型化查询工具，信息使用者可以自助式地设置模型参数，利用查询工具从业务事件数据库、财务信息数据库等数据库中调用相关数据，生成实时报告信息来满足决策需求。

10.答:会计流程再造后,会计组织结构也相应发生变革。可以从流程维度和职能维度来考察,一方面,以业务流程为主干,建立相应的会计流程小组,满足业务流程处理的要求;另一方面,各会计流程小组都归属于会计服务中心,其作用在于人员的统筹安排、培训指导与咨询等。

新的会计组织结构见教材中的图 2-14。需要说明的是,重组后会计信息系统的数据采集工作已由各业务部门实现一次输入,因此业务部门要设立专门的数据处理部门,下设数据录入员、数据审核记账员、数据文档管理员,负责业务数据的录入、审核记账和存档等工作。财务会计部门在流程重组后只需设立系统部及财务小组。系统部主要负责财务会计信息系统的使用、维护及数据库管理。而财务流程小组也不划分专门的职能岗位,财务流程小组的主要职责是利用各种信息,对有关的要素进行管理、监督,并对业务流程的改进提供建议。

流程图略。

六、小组讨论题

1.略。

2.略。

第三章 动态建模

一、名词解释

1.权限管理。权限管理就是用于设置ERP系统的用户所能操作的功能和数据的范围,以确保ERP数据的准确、保密,并从而实现权责的分离。

2.用户功能权限报表。用户功能权限报表是以"组织"为查询条件,查询组织内用户并显示用户相应功能权限的报表。

3.科目设置。科目设置是指将单位会计核算中使用的科目逐一地按要求描述给系统,并将科目设置的结果保存在相关文件中的过程。

4.数据流图。数据流图是从实际系统中抽象出来的,以特定符号反映系统的数据传递、处理过程的工具。数据流图一般由四种基本元素组成,分别是数据流、处理、文件和起点或终点。

5.数据词典。数据词典是指对数据流图中各文件及数据流进行详细的描述和确切解释的词典,它能定义文件或数据流由哪些更小的单位组成(这些更小的单位一般叫作字段或数据项),并描述每个数据项的具体内容、取值规定等。

6.位数编码。位数编码是指赋予编码的每一位或几位一定的含义而进行编号的一种方法。在编码时,从最高位开始,每一位或几位分属不同的分类。

二、填空题

1.组织树表　结构图示

2.管理类职责　业务类职责　管理类职责　业务类职责

3.集团管理员

4.锁定用户

5.一级科目名称　明细科目名称

6.数字顺序

7.数据传递、处理

8.数据流　文件　处理　数据流的起点或终点

9.数据流条目　文件条目　数据项条目

10.判断树

11.简化输入　节省存储空间　提高处理效率　精度

三、不定项选择

1.ABCDE	2.C	3.D	4.D	5.ABCD
6.AB	7.B	8.ACD	9.ABCDE	10.D
11.BCD	12.ABD	13.ABD	14.ABCD	

四、判断题

1.×

解析:业务单元可以是法人组织,如母公司、子公司等,也可以是某个部门,如某事业部。

2.×

解析:角色本身不具备权限,而是通过与职责相关联后获得权限。

3.√

4.×

解析:一级科目要按企业会计准则及其指南规定的统一编码录入,二级及明细科目由会计人员根据系统的总体编码要求录入。

5.√

6.×

解析:管理类角色只能与管理类职责关联,并获得管理类功能权限。

7.√

8.√

9.×

解析:用后的核算账簿不允许被删除,但可以停用,核算账簿一经停用不允许再重新启用。

10.√

五、问答题

1.答:组织管理是大中型企业信息系统初始化的重要组成部分,主要有以下作用:(1)基于多集团、多组织的动态建模,定义企业组织结构;(2)奠定多组织下的系统管理、权限管理、基础数据、流程管理等模型构建的基础;(3)支撑企业绩效管理、财务会计、资金管理、管理会计、供应链、资产管理、生产制造、人力资源、质量管理、协同办公、电子商务、企业治理等功能模块的应用。

2.答:早期的信息系统权限管理过程比较简单,直接将功能权限分配给用户即可。这种分配方式虽然看上去简单,但只适用于规模较小、用户较少的公司。一旦用户扩充至几百甚至几千个人,这种直接分配的方式便显得笨拙烦琐。因此,对于规模较大、组织结构相对复杂的公司,可以在功能权限与用户之间,插入职责与角色作为其关系的纽带。

公司可根据职责权限表在系统中建立多个职责并为其分配功能权限，同时根据公司业务需要建立多个角色，并将职责与角色相关联。一个职责可以关联多个角色，一个角色也可以关联多个职责。

员工入职后，公司会为员工在系统中建立用户，并根据员工的人事安排将用户与角色关联。一个角色可关联多个用户，一个用户也可关联多个角色。

用户通过关联角色，角色再关联职责来获得相应的权限。这种多重关联看似复杂，但是在多组织的集团企业里，这种多重关联实则为复杂的权限管理提供了便利。

3.答：编码设计是指按照一个系统的方案指定数字、字母或其他符号，以区别各项目的类别。常见的编码方法有以下几种：

(1)顺序编码。按编码对象顺序排列进行编号的一种方法。在编制顺序码时，每一个编码对象的编码均须比前一个编码对象的数字大“1”。这种方法的好处是简单，且可知道已编码项目的个数；其缺点是使人感到杂乱无章，难以记忆，不能从编码上清楚知道该科目所反映的经济内容。

(2)位数编码。赋予编码的每一位或几位一定的含义而进行编号的一种方法。在编码时，从最高位开始，每一位或几位分属不同的分类。以9位会计科目编码为例，前四位表示一级科目，前六位表示二级科目，全九位表示三级科目。

(3)分组编码。按数字顺序分组表示某一基础上的不同类别而进行编号的一种方法。在分组编码时，由某一特定号码至另一特定号码代表某一项目的一定类别名称。

上述三种编码方法是常见的基本方法，在具体设计企业各种项目编码时，不可能只采用其中的一种方法。通常，在进行编码设计时，要结合各企业单位的具体情况，综合运用不同的编码方法。

4.答：系统进行编码化处理的目的在于：

(1)保证项目的唯一性。用一个编码唯一地标识一个项目，可以避免二义性。

(2)简化项目的表现形式。用编码表示既可以表示某项目，也可以帮助判断项目的属性，有利于数据的输入、处理。

(3)加快计算机的运行速度。对项目编码后，计算机对数字编码的识别比文字要快得多，运行的效率和精度都会大大提高。

5.答：数据流图(data flow diagram，简称DFD)，是从实际系统中抽象出来的，以特定符号反映系统的数据传递、处理过程的工具。数据流图一般由以下四种基本元素组成，如下图所示：

符　号	名　称	解　　释
——→	数据流	描述数据的流向
○	处　理	描述对输入的数据进行加工的处理功能
═	文　件	描述数据的存储形式
□	起点或终点	描述系统之外传送或接收数据的组织或人

6.答案如图所示：

客户信用记录
客户往来记录
请求审核
②
信用
审批
批准审核
⑥
应收
账款
销货日记账
客户
订单
①
销售
销货单资料
⑤
开单
客户资料
⑧
账务
处理
销售汇总
货物运输
销货资料
提货通知
③
仓储
存货核算
存货汇总
⑦
存货
控制
④
运输
运输资料
总分类账户
开出账单
存货记录

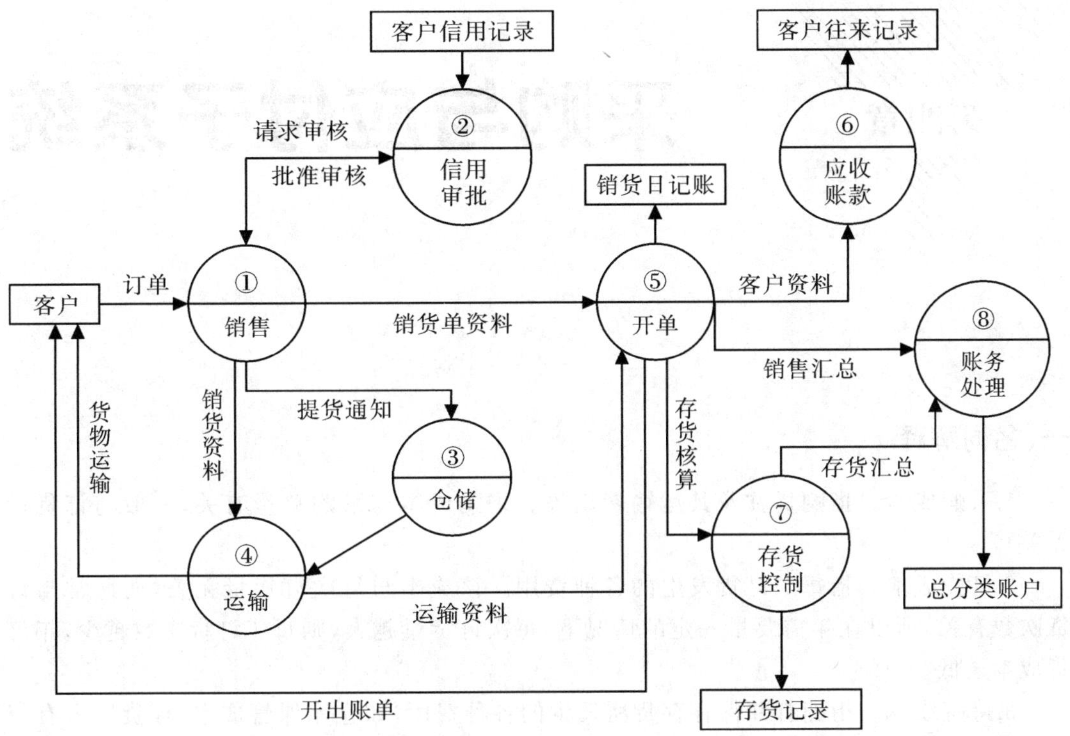

第四章 采购与应付子系统

一、名词解释

1.采购成本。指购货款及其运输费用等。采购成本与采购总量有关，一般与订货量无关。

2.订货成本。指每次订货发生的各种费用。该成本与每次订货量无关，而通常与订货次数有关，所以在年需要量一定的情况下，每次订货量越大，则每年订货次数越少，年订货成本越低。

3.持有成本。指拥有并保存存货所发生的各种费用，如仓库保管成本、存货所占有资金的资金成本、存货的保险费等。

4.采购暂估。指本月外购存货已经入库，但采购发票尚未收到，不能确定存货的入库成本时，需要临时对货物进行估值的一种财务手段。

5.现金折扣。指企业为了鼓励客户偿还货款而允诺在一定期限内给予规定的折扣优待。

6.物资需求申请单。指用料部门用于向物料计划部门或采购部门提出的在未来一段时间内需要的物料的种类及数量的通知单据。

7.采购发票。指企业在采购活动中，供货单位开具给采购企业用于报销采购存货的凭据，主要包括增值税专用发票、普通发票和费用票据。

8.采购结算。指确认采购业务的完成并在会计账簿体系登记相应的物流与资金流的变动情况，该环节把采购入库单和采购发票联系在一起，通过比较入库单数据和发票数据，反映两者的差异，以便确定采购成本。

9.核销处理。在采购与应付子系统中，是指核对付款单与应付单并指明每次付款(多次付款)是对应哪几笔(单笔)采购业务，以便结清与供应商的账款或确定与供应商的往来关系。

二、填空题

1.采购环节

2.采购订单　物资需求申请单　请购单　采购订单

3.经营　存储

4.订货成本　持有成本

5.年需要量　每次订货成本　单位存货年持有成本

6.采购成本　货款结算

7.存货　账务处理

8.信息流

9.采购订单文件　采购发票文件　付款单文件

10.供应商档案　结算方式　付款

11.业务数据　基础数据

12.原始发票　发票分类　票到日期　供应商　纸质发票号　物料编码　单价

13.超支额　节约额

14.自由　审核通过　关闭

15.采购订单　到货单　存货核算

16.自动采购结算　手工采购结算

17.入库调整单

18.供应商余额

19.金额　实收入库数量

20.供应商暂估余额表　暂估月统计表　采购暂估差异表

三、不定项选择

1.D　2.CD　3.ABCD　4.B　5.ABC

6.BC　7.AD　8.ACDE　9.ABD　10.ABDE

11.ABCDE　12.A

四、判断题

1.√

2.×

解析:购货时,每次订货批量越大,则每年订货次数越少,年订货成本越低,但平均库存量增加,年持有成本升高。

3.√

4.×

解析:应付账款文件用来存放与每一位供应商结算的余额,可以是应付账款(余额在贷方),也可以是预付账款(余额在借方)。

5.×

解析:录入物资需求申请单时,申请单号必须是唯一的;申请日期一般取自系统当前日期,但用户可以修改。

6.√

7.×

解析:不同记录的存货编码可以相同,同一张采购订单可以输入编号相同的存货。

8.√

9.×

解析:存货编码、存货分类编码、仓库编码是存货子系统的基本编码,一般都在存货子系统中设置。

10.×

解析:采购退货是在采购物资验收入库前发生的因质量等原因发生的退回。

11.×

解析:需求类型是对需求的数量特征进行界定,而物资需求申请类型才是对交易类型的界定。

12.×

解析:请购单是为了能在某地及时得到一定数量的物料而发出的采购请求,即要用什么、用多少、何时用、谁用;同时确定由哪个采购组织进行采购并提供采购建议信息。

13.√

14.√

五、问答题

1.答:采购与应付子系统具有如下特点:

(1)数据处理量大。一般工业企业中材料、辅助原料的品种规格繁多,对每个具体的品种都要进行详细全面的反映,不仅要反映其数量指标,而且要反映价值指标,同时还要反映与不同供应商之间的结算关系。因此,采购与应付子系统涉及面广,数据处理量大。

(2)数据变化频繁。采购活动是企业生产顺利进行的必要前提,生产过程中耗用要通过采购环节补偿,订货品种、供应商、结算价格、结算方式变化频繁,必然使数据输入与处理的频率相当高。

(3)核算方法较复杂。采购环节由于材料核算可以采用实际成本核算或计划成本核算、进价核算或售价核算,结算与实际入库过程存在货到票未到、票到货未到等情况,因此,核算方法较为复杂。

(4)与存货子系统和账务处理子系统存在频繁的数据传递关系。采购与应付子系统中材料采购后的入库和货款的实际结算等数据要传递到存货子系统和账务处理子系统,同时它在订单管理控制和供应商结算情况方面也接收存货子系统和账务处理子系统的数据。

(5)管理要求高。采购与应付子系统的业务处理既涉及钱也涉及物,还涉及税的合理计算,因此数据的输入与处理可靠性要求高。

2.答:一个完善的采购与应付子系统的目标应包括以下几方面:

(1)采购核算与管理:处理采购订单,及时、准确地完成订货和采购的数据处理与管理,反映和监督采购合同的制定和执行情况,合理选择供应商,正确计算存货采购成本和税金,与存货子系统一起使用可以动态掌握存货的现存量信息。

(2)应付账款的核算与管理:完成从收到供应商的发票到处理付款为止的数据处理过

程，反映和监督存货采购交易过程资金的支出和应付情况，及时提供债务总额和现金需求量，随时掌握采购业务的付款情况，并能对应付账款进行账龄分析，处理采购入库单并生成各种机制凭证数据自动传递到财务处理子系统和存货子系统。

(3)提供各种管理信息：提供各种管理信息目标是指系统应及时、准确地为企业各部门和管理者提供采购、应付账款相关的各种核算与管理信息，输出各种相关的报表。

3.答：和采购结算一样，系统一般也提供自动核销与手工核销两种功能。

(1)自动核销

①业务号勾对：通过用户在制单过程中指定业务编号或字符，用以对往来账进行勾对标识，便于用户一一对应勾对、查询和管理。对于业务号相同、借贷方向相反、金额一致的两笔分录自动勾对。

②逐笔勾对：在用户未指定业务号的情况下，系统按照金额一致、方向相反的原则自动勾对同一往来户的往来款项。

③总额勾对：为提高对账成功率，对于同一往来户下，可能存在着借方(贷方)的某项合计等于对方科目的某几项合计，尤其是带有相同业务号的往来款项进行勾对。

(2)手工核销

如果在制单过程中出现误操作或因其他业务原因导致无法使用上述三种往来账勾对方法，系统提供手工清理的办法进行往来账勾对。

4.答：采购订单的状态通常有三种：

(1)自由状态：在没有审核确认之前订单都处于自由输入状态。

(2)审批通过状态：表示订单已经成为正式协议或合同，订单中的货物正在到货入库过程中。

(3)关闭状态：订单货物全部到货或订单不能继续执行修改，只能查询。

5.答：采购与应付子系统的日常业务数据输入项目很多，输入的工作量较大，出错的可能性也较大。为了保证数据输入的正确和可靠，尽量减少输入的工作量，完全可以设计一些有针对性的输入控制措施。

(1)初始化中提供了用户自行设置单据的功能模块，用户可根据本身的需要和习惯进行设计。但是需要注意的是，这种格式的一致是有限度的，在格式基本一样的表象上，包含着计算机重要的使用特点。

(2)采购与应付子系统中业务流程是按一定的程序进行的，业务单据间有一定的联系。一笔采购业务的发生相应都会产生采购订单、到货单、采购入库单、采购发票、应付单和付款单，这些单据中的内容许多是一样的，因此在输入时可以由系统自动互相生成和互相验证。

(3)输入某个单据的各个项目时，有些栏目的数据必须输入，而有些栏目的数据可以根据已输入栏目的数据生成。

(4)在初始化设置中已定义的项目，在输入的用户界面对应项目的右边一般都会提供参照选择快捷键，用户可以调出设置内容选择输入，这种输入方法对用户有一个提示作用，但选择的项目太多时，反而会降低输入的速度。

(5)采购与应付数据直接与企业的钱物有关。为了保证业务的真实和数据的正确，只有经过确认的单据才有效，因此，系统一般都设有单据审核的功能，对输入的单据进行第三方的确认，并将审核人编码保存在相应的单据中。单据输入与审核应由不同的人来完成，这是一种最基本的内部控制要求。

6.答：系统一般会提供“自动采购结算”和“手工采购结算”两种功能来确认采购成本。

(1)自动采购结算：由系统自动对符合条件的入库单和发票进行匹配，产生结算单的过程。系统通常支持三种方式的结算：红蓝入库单结算、红蓝发票结算和发票与入库单结算。通常，系统会内置必须的匹配条件，企业可根据需要，增加更多自动结算规则，比如供应商相同、部门相同等。如果不符合条件，则需采用手工采购结算。

(2)手工采购结算：包括对入库单价与发票单价不相符的暂估业务进行结算，对因采购发生的运杂费进行结算，对采购货物的“溢余短缺”进行结算等等。手工结算可以弥补自动结算的不足，即它可以结算入库单中部分的货物，未结算的货物可以在今后取得发票后再结算，而且也可以对多张发票和多张入库单进行结算。

7.参见教材第四章第二节内容。

第五章　存货子系统

一、名词解释

1.存货价值管理。主要从资金流的角度，围绕存货的入库成本、出库成本和结存成本对存货的收发存进行反映和控制。

2.移动加权平均法。指每次收货后，立即根据库存存货总数量和总成本，计算出新的平均单位成本的一种方法。

3.月末一次加权平均法。指以期初存货数量和本期各批收入存货的数量为权数，除以本月全部收货成本加上月初存货成本，计算加权平均单位成本，据以对存货进行计价的方法。

4.计划成本法。指发出存货时按事先确定的计划成本核算，月份终了时再将本月发出的存货应负担的成本差异进行分摊，随同本月发出存货的计划成本记入有关账户，将发出存货的计划成本调整为实际成本。

5.物料清单。表示产品的组成结构和组成单位产品的原材料和零部件的数量。

6.调拨单。指用于仓库之间存货的转库业务或部门之间的存货调拨业务的单据。

7.存货跌价准备余额文件。是用来记录每种存货跌价准备的余额情况，主要内容包含存货编码和跌价准备期末余额等。

8.生产报告。指企业生产部门对产成品相关情况进行描述的文件，描述了产成品明细，包括来源、生产订单、报产产品、完工数量、对应的处理方式、后续处理信息等。

9.其他出库单。指除销售出库、材料出库之外的其他出库业务，如调拨出库、盘亏出库、组装拆卸出库、形态转换出库、不合格品记录等业务形成的出库单。

二、填空题

1.收　发　存　价值　实物

2.采购管理　生产管理　销售管理

3.存货档案文件　出入库单文件　存货盘点单文件　存货跌价准备余额文件

4.采购与应付子系统　销售与应收子系统　成本子系统和账务处理子系统

5.拣货　装箱

6.存货档案设置　计量单位设置　收发类别设置　产品结构设置

7.采购入库单　产成品入库单　委托加工入库单　调拨入库单

8.销售成本结转单　材料出库单　调拨出库单　其他出库单　报废单

9.主计量单位及各种不同计量单位

10.假退料单

11.调拨处理　盘点处理　跌价处理　制单

12.统计报表　分析报表　明细账

13.产量

三、不定项选择

1.ABCDE	2.ABC	3.ABCD	4.ABD	5.ABCD
6.ABD	7.ABCD	8.ABC	9.CDE	10.ABC
11.ACD	12.ABCDE			

四、判断题

1.×

解析:实际成本法一般适用于规模较小、存货品种简单、采购业务不多的企业。计划成本法一般适用于存货品种繁多、收发频繁的企业,或者自制半成品、产成品品种繁多的企业,或者在管理上需要分别核算其计划成本和成本差异的企业。

2.√

3.√

4.×

解析:产品结构的设置应先定义父项,而后定义相应的子项,子项是构成父项的直接的材料或半成品。如果涉及半成品,该半成品应作为一个新的父项继续分解。

5.√

6.×

解析:销售出库单由销售与应收子系统生成,存货子系统只能接收和修改。

7.×

解析:产成品入库单是工业企业入库单据的主要部分,商业企业没有此单据。

8.√

9.×

解析:产成品入库单表头一般包含自动带入系统日期,但允许修改。

10.×

解析:仓库根据产成品入库单和生产报废品入库单更新存货明细账记录,并更新存货管理子系统的数据。

11.×

解析:为了保持数据的一致性,计量单位一旦设定并被使用后,不允许修改和删除。

12.√

五、问答题

1.答:存货子系统是会计信息系统中一个较为复杂的子系统,它具有如下特点:

(1)数据处理量大。一般工业企业中存货的品种规格繁多,对每个具体的品种都要进行详细全面的反映,不仅要反映其数量指标,而且要反映价值指标;不仅涉及各种正常的出入库情况,而且涉及各种特殊的出入库情况;同时还要反映存货期末跌价准备的计提。因此,存货子系统涉及面广,数据处理量大。

(2)数据变化频繁。在正常的生产活动过程中,存货的收发领用相当频繁,数据输入与处理的频率相当高。

(3)核算方法较复杂。存货的核算方法有多种选择,可以按实际成本核算,也可按计划成本核算。按照实际成本核算的,可以根据情况选择个别计价法、先进先出法、移动加权平均法或者月末一次加权平均法确定其实际成本。按照计划成本核算,是指存货收、发、结存均按计划成本计价,并且还要进行成本差异的计算和分配。在核算存货跌价准备时,需要确定存货的可变现净值以及计算应计提的跌价准备金额。

(4)与采购与应付子系统、销售与应收子系统、成本子系统、账务处理子系统存在频繁的数据传递关系。存货子系统不是一个独立的系统,它接收采购子系统提供的采购入库数据;它在材料被领用之后,将相关的部门、用途与价值的数据传递给成本子系统;在产品和材料用于销售时,销售子系统需要存货子系统提供的数据作为参照,而销售子系统处理的结果——销售出库单,也是存货子系统的一个重要数据来源;存货的收发存的价值数据亦是账务处理子系统的重要输入内容。

(5)管理要求高。存货的管理既涉及价值管理也涉及数量管理,而且存货的积压情况、超储或不足情况、跌价情况等亦是各业务部门所关注的信息。因此,存货子系统的管理要相当全面、细致和准确。随着物流管理技术的发展,存货管理亦需要采纳先进的管理方法。

2.答:一个完善的存货子系统的目标应包括以下两个方面:

(1)存货的核算与管理

系统应区分存货的品种、规格,设置详细的存货档案;在此基础上,进行各种出入库单处理,及时准确地进行存货增减变动的数据处理;允许选择多种计价方式反映存货的价值;能提供存货跌价准备处理,合理反映存货的期末价值;可以结合采购与销售系统,进行存货的成本控制和售价控制。可以根据出入库单生成各种机制凭证,自动传递到成本子系统和财务处理子系统。

(2)提供各种管理信息

系统应及时、准确地为企业各部门和管理者提供存货的各种核算与管理信息,输出各种相关的报表,如 ABC 成本分析表、存货周转率分析表、库存资金占用分析表、入库成本分析表、差异分摊表、出库汇总表、入库汇总表、收发存汇总表和暂估材料余额表等。

3.答:在会计信息系统中,产品成本核算的基本程序如下:

(1)费用归集

费用归集是对各期间生产过程耗费的材料费、人工费、制造费等各种费用进行归集统计。通过会计平台,从总账系统获取各种人工费、制造费等;通过存货核算取数,从存货核算系统获取各种材料费、委托加工费;通过生产制造取数,可从工序委外加工获取工序委外加工费。简言之,费用归集是通过从外部系统和会计平台取数,归集直接费用和间接费用,最终生成消耗单。

(2)辅助服务转移数据统计

辅助服务转移数据统计也就是通常所说的辅助生产费用汇集的过程。动力部门为保障生产部门的正常生产,为生产部门提供水、电、气等辅助服务;同时,动力部门自身也会存在辅助服务的部分消耗,如生产水的过程中消耗了部分的电。在会计信息系统中,可通过非仓储物料转移单完成辅助服务转移数据的统计,以便后续进行辅助生产费用的交互及对外分配。

(3)完工归集和在产归集

完工归集和在产归集主要是用于确定各期间的完工产品数量和在产品数量。完工归集是对各期间完工数据进行归集统计。通过存货核算取数,从存货核算系统获取各种产成品完工入库数据和委托加工入库数据;通过废品取数,从库存系统获取生产报废入库数据。通过外部系统取数之后,生成完工单。在产归集是在各期间末,对于仍留存在生产现场的未完工在产品的数量进行盘点统计;对于仍留存在生产现场而未投入到产品生产流程中的材料进行盘点统计。支持手工录入,也可通过倒挤生成在产品盘点单和在产材料盘点单。

(4)实际成本处理

归集完某期间的成本资料后,需进行实际成本的处理:通过间接成本的分配,将所有成本分配到最终成本对象;通过辅助服务的成本分配,计算出辅助服务的实际价格和各成本中心应承担的辅助服务费用;通过成本结转,进行相应的联产品和副产品的成本分离,并计算出各成本对象的完工成本、在产成本和废品成本;通过凭证生成,将本期内各种成本处理数据生成相应的总账会计凭证。

4.答:存货子系统的数据处理包括调拨处理、盘点处理、存货记账、跌价处理和制单五个环节。调拨处理的结果和盘点处理的结果是生成调拨出入库单和其他出入库单;各种出入库单据经过存货记账,更新存货库存余额文件;存货按照成本与可变现净值孰低的原则进行计提跌价准备的处理,生成跌价提取单;各种经过审核的出入库单以及跌价提取单按照设置的科目自动生成记账凭证,传递到账务处理子系统。

(1)存货记账

存货记账是将存货的各种出入库单据过入存货明细账,如果各种出入库单据在存货记账之前没有单价和金额,系统将按照物料档案设定的计价方式,自动取价。存货记账以后,就可以更新存货的收发存的数量和金额。

(2)自动转账

自动转账凭证文件设置是为了将存货子系统中有关的业务数据组织成凭证数据,然后传递到账务处理系统,以便进行账务处理。存货业务的会计科目与存货类别、收发类型有明确的对应关系。设置完相关的会计科目以后,就可以据此生成自动转账凭证,存入自动转账凭证文件。一个集成性较好的系统,能够根据各种单据和自动转账凭证的规则自动生成该系统的各种记账凭证。

(3)跌价处理

跌价处理指系统提供的计提跌价准备处理、跌价准备冲回处理等功能。跌价处理的作用是系统自动计提或冲回存货的跌价准备。跌价处理的结果自动生成记账凭证转到账务处理子系统中。

(4)月末结账

月末结账是将每月的出入库单据、跌价提取单以及其他存货单据逐月封存,并将当月的存货数据记入有关账表中。在手工会计处理中,都有结账的过程,在计算机会计处理中也有这一过程,以符合会计制度的要求。与存货子系统的月末结账相关的特别事项有:

第一,如果和采购系统、销售系统集成使用,必须在库存系统、采购系统、销售系统结账后,存货核算系统才能进行结账。

第二,存货子系统月末结账时,根据当月已记账的假退料单自动生成假退料的回冲单,数量、金额的符号与假退料单完全相反,其他内容相同。单据号同原假退料单单号相同,日期是下个月的第一天。

5.参见教材第五章第二节内容。

第六章 销售与应收子系统

一、名词解释

1.销售订单。指反映由购销双方确认的客户要货需求的单据，它可以是企业销售合同中关于货物的明细内容，也可以是一种订货的口头协议。

2.应收冲应付。用某客户的应收账款，冲抵某供应商的应付款项，以实现应收应付的调整，解决应收债权与应付债务的冲抵。

3.应收冲应收。指将一家客户的应收账款转到另一家客户中。系统通过该业务在客商之间进行转入、转出，实现应收业务的调整，解决应收款业务在不同客商间入错户或合并户的问题。

4.预收冲应收。处理客户的预收款和该客户应收款的转账核销业务。

5."五步法"模型。指按新收入准则确认收入的方法，包括识别与客户订立的合同，识别合同中的单项履约义务，确定交易价格，将交易价格分摊至各单项履约义务，以及履行履约义务时确认收入。

6.经济利益。指现金或最终能转化为现金的非现金资产。

二、填空题

1.销售部门收受来自客户的订单

2.产成品　计划成本　售价

3.销售订单确认　销售物资出库　销售货款结算

4.销售订单的输入

5.销售订单文件　销售发票文件　收款单文件

6.信用额度设置　信用额度审批　信用占用重算

7.客户档案设置　结算方式设置　收款设置　退货基础设置

8.初始化　参照选择

9.发货仓库　收货地址　运输方式

10.分行显示

三、不定项选择

1.D	2.BC	3.A	4.ABCD	5.B
6.ABD	7.ACD	8.ABCD	9.ABCDE	10.C
11.B	12.ACD	13.AD	14.B	15.C

四、判断题

1.√

2.×

解析:只有少量往来业务的企业才可在账务处理系统中核算和管理应收账款业务。

3.√

4.×

解析:销售与应收子系统在与账务处理子系统集成运行时,生成的记账凭证是实时传递的,并不需要人为干预。

5.×

解析:销售订单对应于企业的销售合同中订货明细部分的内容,但不能完全代替销售合同。

6.√

7.√

8.×

解析:销售发票可以人工输入,也可以参照其他单据(如销售订单或发货单)生成,并按业务规则可以进行有限的修改,这样可以避免数据重复录入和差错。

9.√

10.×

解析:基于不同的客户需求,销售部门可以在销售基价的基础上做灵活的调整和变通。

11.√

12.√

五、问答题

1.答:销售与应收子系统具有如下特点:

(1)数据的实时性要求高。为使企业决策者及时制定出合理的生产、销售及催款策略,最大限度地减少资金占用,加速资金周转,要求销售和应收子系统能够及时提供有关销售收入、应收账款和产品数量等方面的动态信息。

(2)业务内容及核算方法比较复杂。由于企业类型不同,其相应的核算方法也不同,加之存在批发、零售、赊销、分期付款、退货等不同的销售方式和手段,使得该子系统的业务和核算方法相对较为复杂。

(3)数据加工程度高,应具备一定的分析预测功能。该系统除反映日常信息外,还要具有产品销售预测、应收账款账龄分析、利润预测与销售费用水平分析和销售人员的业绩考核等功能。

(4)与存货子系统和账务处理子系统存在频繁的数据传递关系。存货成本数据需要从存货子系统转来,客户结算情况要接收账务处理子系统的数据;同时又要将销售货物以及货款结算情况传递到存货子系统和账务处理子系统中去。

(5)管理要求高。销售与应收子系统的业务处理既涉及钱也涉及物,还涉及税的合理计算,因此数据的输入与处理可靠性要求高,容不得任何错误。

2.答:一个完善的销售与应收子系统的目标应包括以下几方面:

(1)及时掌握企业的销售情况,反映和监督销售计划和销售合同的执行情况,促使企业按预定的销售战略完成销售计划。

(2)完成日常销售核算和管理,反映和监督企业的销售数量、销售收入、销售成本、销售费用、销售税金、销售利润的完成情况。

(3)及时记录已收回的货款,反映和监督赊销货款的收回情况,编制应收账款汇总表和账龄分析表,并进行相应的催收工作。

(4)对客户档案和销售合同(或订单)进行管理,以便反映客户的欠款和信用情况,并对客户的偿债能力和信誉度给予正确评价。

(5)提供上述有关信息的动态查询和打印功能,并传递数据给账务处理子系统和存货子系统。

(6)及时提供按销售部门和销售人员的销售收入和同期应收账款的增减统计的数据,以便量化销售人员的业绩、合理确定销售人员报酬和奖励政策。

3.答:为了保证数据输入的正确和可靠,尽量减少输入的工作量,根据销售与应收子系统业务流程的特点,对日常业务数据输入应设置相应的控制措施。

(1)初始化中提供了用户自行设置单据的功能模块,尽量提供与手工单据格式一致的界面,减少因使用习惯上的差异而带来的错误。

(2)一笔销售业务的发生相应都会产生销售订单、销售发票、发货单和收款单,这些单据中的内容许多是一样的,因此在输入时尽可能利用系统提供的单据自动相互生成功能。一方面是可以提高录入速度,另一方面更为重要的是体现一种控制的要求。

(3)输入某个单据的各个项目时,有些栏目的数据必须输入,而有些栏目的数据可以根据已输入栏目的数据生成。

(4)为了保证业务的真实和数据的正确,系统一般都设有单据审核的功能,对输入的单据进行第三方的确认,并将审核人代码保存在相应的单据中。单据输入与审核应由不同的人来完成,这是一种最基本的内部控制要求。

4.答:销售与应收子系统的核销处理是指用户日常进行的核销应收款。核销处理的作用是解决收回客商款项核销该客商应收款的处理,建立收款与应收款的核销记录,监督应收款及时核销,加强往来款项的管理,进而进行精确的账龄分析。系统一般提供手工核销与自动核销两种功能:

(1)手工核销指由用户手工确定收款单核销与它们对应的应收单的工作。手工核销可以根据查询条件选择需要核销的单据,然后手工核销,加强了往来款项核销的灵活性。

(2)自动核销指系统确定收款单核销与它们对应的应收单的工作。自动核销可以根据查询条件选择需要核销的单据，然后系统自动核销，加强了往来款项核销的效率性。自动核销可对多个客户进行核销处理，依据核销规则对客户单据进行核销处理。核销完成后，提交自动核销报告，显示已核销的情况和未核销的原因。其原理与采购与应付子系统中的核销处理类似。

5.答：坏账处理指系统提供的计提应收坏账准备处理、坏账发生后的处理、坏账收回后的处理等功能。坏账处理的作用是系统自动计提应收款项的坏账准备，当坏账发生时即可进行坏账核销，当被核销坏账又收回时，即可进行转回处理。坏账处理的结果自动生成记账凭证转到账务处理子系统中。

(1)企业应于期末分析各项应收款项的可收回性，并预计可能产生的坏账损失。对预计可能发生的坏账损失，计提坏账准备。企业计提坏账准备的方法由企业自行确定，系统提供坏账处理的方式，即应收余额百分比法、销售余额百分比法、账龄分析法和直接转销法。

(2)企业应当依据以往的经验、债务单位的实际情况制定计提坏账准备的政策，明确计提坏账准备的范围、提取方法、账龄的划分和提取比例。

(3)当坏账发生时，企业应确定哪些应收款为坏账，选定发生坏账的应收业务单据，并进行核销。

(4)当被确定的坏账又被收回时，可通过坏账收回功能进行处理，即录入一张收款单，该收款单的金额即收回的坏账金额。

(5)通过坏账查询功能查询一定期间内发生的应收坏账业务处理情况及处理结果，加强对坏账的监督。

6.答：往来款对冲处理是为了避免往来款多头挂账的问题而设置的功能。在实际业务中，由于经济业务的复杂性，有时候无法明确划分某些企业是供应商还是客户；有些企业的销售货款是其他企业代付的；有些企业的预收款项无法明确是哪笔销售业务。因此，系统一般都提供往来对冲处理功能，以便正确反映与这类企业的往来情况。往来对冲处理业务包括：

(1)应收冲应付：用某客户的应收账款，冲抵某供应商的应付款项。系统通过应收冲应付功能将应收款业务在客户和供应商之间进行转账，实现应收业务的调整，解决应收债权与应付债务的冲抵。

(2)应收冲应收：指将一家客户的应收款转到另一家客户中。系统将应收款业务在客商之间进行转入、转出，实现应收业务的调整，解决应收款业务在不同客商间入错户或合并户的问题。

(3)预收冲应收：处理客户的预收款和该客户应收款的转账核销业务。

7.参见教材第六章第二节内容。

第七章 薪酬管理子系统

一、名词解释

1.薪酬管理。人力资源管理中与财务密切相关的重要组成部分，薪酬管理的范围包括人事管理和职工薪酬。

2.人员变动信息管理。人事管理日常业务的一部分，主要针对试用期员工的转正管理、员工在组织间的调配管理、员工外派兼职管理及员工的离职管理。

3.职工薪酬。以货币形式支付给劳动者的报酬。在尚未支付时，它是企业为了使用职工的知识、技能、时间和精力而承担的对职工个人的一种负债。

4.薪酬分摊。指在月末自动完成薪酬分摊、计提、转账业务，并将生成的凭证传递到总账系统，实现各部门资源共享。

5.职工薪酬汇总表。是反映每期工资发放及领取情况的账表。

二、填空题

1.需求规划　职工薪酬定级　职工的绩效考评和奖罚

2.组织管理　职等职级　职务管理　岗位管理

3.计算　汇总

4.职工薪酬结算单　结算和支付的凭证

5.职工薪酬汇总表

6.薪酬分摊　转账凭证

7.职工薪酬结算单　职工薪酬汇总表　成本核算子系统

8.固定职工薪酬　变动职工薪酬　职工薪酬变动文件

9.按角色授权　按方案授权　按用户授权

10.财务会计　责任会计

11.离职申请单　离职记录

12.关键人员组

13.按全年实际工作天数计算　按每月日数固定为30天计算　按每月实际工作天数计算

14.个人所得税税率　个人所得税扣缴申报表

15.清零项目

三、不定项选择

1.AD	2.CABD	3.ABD	4.ACD	5.ABCDE
6.ABC	7.ABCD	8.ABCDE	9.ABC	10.ABCD
11.ABC	12.ABCD	13.ABCD	14.ABCD	15.C
16.ABCD	17.ABCD	18.ABCD		

四、判断题

1.√

2.√

3.×

解析:组织机构管理是人事管理的基础,包括组织管理、职等职级、职务管理和岗位管理。

4.√

5.×

解析:本月工资数据未汇总,系统将不允许进行月末结转。

6.×

解析:工资的现金实际支付和银行存款的实际转账,一般不在本系统中处理。

7.√

8.√

9.×

解析:分摊方案分为财务会计分摊方案和责任会计分摊方案。

10.×

解析:业务流配置的单据类型主要有人员入职、人员转正和人员调配。

11.√

12.×

解析:薪酬管理子系统的日常业务主要包括人事管理和职工薪酬的日常业务。

13.×

解析:员工变动管理是针对员工的工作环境或工作情况的变化所做的记录和管理,分为转正管理、调配管理和离职管理三个主要部分。

14.√

15.√

16.×

解析:将工资转账凭证传输到总账子系统必须在账务处理结账前进行,并且每月只能向总账子系统传输一次工资转账凭证,这些操作顺序由系统程序自动控制。

五、问答题

1.答:人事管理的构成包括以下几个部分:

(1)组织机构管理。组织机构管理是人事管理的基础,包括组织管理、职等职级、职务管理和岗位管理。

(2)人员信息管理。人员信息管理包括员工入职管理和员工信息维护。员工入职管理是针对集团新进员工进行的必要程序。

(3)人员变动信息管理。人员变动信息管理是人事管理日常业务的一部分,主要针对试用期员工的转正管理、员工在组织间的调配管理、员工外派兼职管理及员工的离职管理。

2.答:职工薪酬的基本管理过程:

(1)企业应按照劳动职工薪酬制度的规定,根据考勤记录、工时记录、产量记录、职工薪酬标准、职工薪酬等级等,编制职工薪酬单,准确及时地计算职工的应发职工薪酬、代扣款项和实发职工薪酬。

(2)财务部门将职工薪酬单进行汇总,编制职工薪酬汇总表,按规定手续向银行提取现金发放职工薪酬,也可由银行代发。现金发放时,需考虑票面的分布以及零头扣除的处理,以方便财务人员的发放工作。

(3)企业的职工在各自不同的岗位上,从事着不同性质的工作,不同类型职工的薪酬支出体现为不同的成本、费用,须按受益的情况,进行准确的分配。

(4)企业的职工发生调入、调出、内部调动或者调整薪酬时,需要及时处理。

3.答:人事管理的特点:

(1)个体差异性大

人事信息主要是组织的部门信息、工资等级信息和员工的个人信息,其中组织的部门信息和工资等级信息一般不变,但是员工的个人信息根据员工的个人特征不同而不同,数据的差异性较大,不能进行统一输入,所以在输入和管理的时候要注意核对。

(2)信息变化性大

随着时间的推移,员工的信息可能会随时发生变化,比如未婚员工结婚、薪资等级调动、集团内调动或员工离职,这些数据的变化具有无规律性,只能通过人工更改。尤其是针对员工的薪资信息,错误的薪资计算可能会使员工不满和绩效降低,薪资计算一定要准确且及时。

(3)数据隐私性强

人事信息中包含员工的个人信息,这些信息大部分属于员工的个人隐私,所以该部分数据的保密性要求较高。

4.答:职工薪酬管理的目标:

根据职工薪酬模块的上述特点,一个完善的职工薪酬管理的目标应该包括以下几方面:

(1)职工薪酬档案管理。管理职工薪酬档案的信息,以便在此基础上计算、分摊职工薪酬,并进行相关的统计分析;职工发生调入、调出或内部调动时,及时更新职工薪酬档案。

(2)职工薪酬的核算和管理。对职工薪酬项目中的固定数据进行计算,在固定数据发生调整时及时更新;及时、准确地输入每月变动的考勤记录、工时记录、产量记录、代扣款项,根据职工薪酬标准、职工薪酬等级等相关的规定,正确计算应付职工薪酬、代扣款合计、实发职工薪酬和个人所得税,编制职工薪酬单和职工薪酬汇总表;及时为职工薪酬的发放做好准备;月末根据职工所属的部门以及工作的性质对职工薪酬进行准确的分摊,并计提相关的费用,以正确反映企业的成本费用并传递数据给账务处理子系统和成本核算子系统。

(3)提供各种职工薪酬管理信息。辅助人力资源的相关决策和管理;提供职工档案与薪酬信息的动态查询和打印功能。

5.答:职工薪酬业务流程包括下列处理步骤:

(1)生产部门、车间科室、人事部门和综合行政部门输入有关资料,进行应付职工薪酬、代扣款项、代扣个人所得税和实发职工薪酬的计算,编制职工薪酬结算单,并作为与员工结算职工薪酬的依据。

(2)财务部门汇总职工薪酬结算单数据,编制职工薪酬汇总表,进行应付职工薪酬的分摊,职工薪酬汇总表作为职工薪酬现金发放或银行代发的依据,职工薪酬分摊的结果传送到成本核算子系统,更新成本记录。

(3)职工薪酬发放部门根据应付职工薪酬处理的结果发放职工薪酬,可以采用现金发放的方式,也可以委托银行代理发放。

(4)负责账务处理的职员根据职工薪酬分摊、职工薪酬发放的资料,定期过入总分类账户。

6.参见教材图 7-1。

第八章 固定资产子系统

一、名词解释

1.固定资产。指企业使用期限超过一年的房屋、建筑物、机器、运输工具以及其他与生产经营有关的设备、器具、工具等。

2.固定资产卡片。是固定资产子系统最为重要的管理工具,也是最为重要的数据文件,上面记载了固定资产的各种信息。

3.原始卡片。指卡片记录的资产开始使用日期的月份大于其录入系统的月份,即已经使用过并已计提折旧的固定资产卡片。

4.资产类别。是企业根据管理和核算的需要给资产所做的分类。可以参照国家标准分类,也可根据需要自己分类。

二、填空题

1.生产经营用　非生产经营用

2.平均年限法　工作量法　年数总和法　双倍余额递减法

3.固定资产卡片　设置的折旧方法　分摊折旧费用　减值准备处理

4.固定资产卡片　资产减少处理　增加变动单

5.折旧清单记录

6.业务数据　基础数据

7.不需用　在用

8.平均年限法/年数总和法/双倍余额递减法/五五摊销法/一次摊完法

9.折旧比例　基准账簿　多部门使用

10.管理工具　数据文件

11.原始卡片

12.内部调动通知单　资产调入　资产调出

13.折旧与摊销

14.按工作量

15.计提折旧额　部门折旧分配表　类别折旧分配表

16.总账系统　成本子系统

三、不定项选择

1.ABCDEFG　2.ABCD　3.ABCD　4.ABCD　5.ABC
6.GACBEF　7.ABC　8.ACDEF　9.D　10.ACAB

四、判断题

1.√

2.√

3.√

4.√

5.×

解析:根据固定资产减少的单据,要及时删除相应的卡片,但是要在备查簿中留下痕迹。

6.√

7.√

8.√

9.√

10.×

解析:当企业的固定资产采用按工作量计提折旧时,就需要在每次计提折旧之前,输入该固定资产的工作量,以提供系统自动计算折旧所需要的数据。

11.×

解析:折旧分配表有两种类型:部门折旧分配表和类别折旧分配表,系统会自动根据折旧分配表制作记账凭证。

12.×

解析:固定资产子系统中有两类主要的数据文件:一类是基础数据文件,另一类是业务数据文件。

13.×

解析:原始卡片是指卡片记录的资产开始使用日期的月份大于其录入系统的月份,即已使用过并已计提折旧的固定资产卡片。

14.√

五、问答题

1.答:固定资产子系统具有如下特点:

(1)数据量大,数据保存时间长。固定资产子系统为每一项固定资产设置卡片进行管理,卡片上有着许多的项目,记录着极其丰富的数据,数据量较大。已经淘汰的固定资产的数据也需要保留,以加强固定资产的管理,保留必要的审计线索。因此,固定资产子系统不仅数据量较大,而且数据的保存时间较长。

(2)数据处理频率较低。固定资产的增减变动并不是企业经常发生的业务,此类数据处理的频率极低。

(3)数据处理方式较为简单。固定资产的增减变动可以通过固定资产卡片的增加、删除以及编制各种固定资产变动单来处理,处理方法较为简单。固定资产每月计提折旧的处理,在计算机系统中,只需要在初始设置中定义好各种折旧方法的计算公式,并设置每一项固定资产的折旧方法,就可以在每月末执行折旧计算,由系统自动完成每项固定资产的折旧计提。

(4)管理要求高。固定资产是企业的重要资产,对之加强管理是非常必要的。

(5)与成本核算子系统和账务处理子系统存在数据传递关系。成本核算子系统中折旧费用的数据来自固定资产子系统折旧费用计提和分配的结果。固定资产增减变动、固定资产折旧的计提分配、固定资产减值准备的计提冲回等形成的记账凭证须传递到财务处理子系统中去。

2.答:固定资产子系统的目标是:

(1)固定资产卡片的数据管理。固定资产卡片是记录固定资产初始数据和增减变动的信息载体,卡片上的数据是进行折旧计提和分配,以及计提固定资产减值准备的依据。

(2)固定资产核算与管理。根据固定资产增加的单据,及时、准确地以固定资产卡片的方式录入新的固定资产的各项数据;根据固定资产减少的单据,及时地进行资产减少的处理;在固定资产发生变动时,系统应当根据相应的单据,及时、准确地编制变动单进行相关的处理,从而为下一个期间折旧的计提和分配做好准备。

(3)提供各种固定资产管理信息,辅助固定资产的相关决策和管理。

3.答:新增固定资产卡片与录入原始卡片的不同之处在于:

原始卡片的开始使用日期应在本月份之前,新增卡片的开始使用日期应在本月份;原始卡片中可以显示月折旧额和月折旧率,但是新增卡片对应的固定资产还没有经过折旧的计提,还不能显示月折旧额和月折旧率。

4.答:在固定资产子系统中,有两种情况不允许结账:

(1)选择了"应制单业务没有制单不允许结账"时,只要存在未制单的业务,该月不能结账,这可以通过批量制单来处理;

(2)如果没有选中"对账不平允许月末结账",这时只要两系统出现偏差,导致对账不平,就不能结账,应当予以调整。

5.答案参见教材图 8-2。

第九章　账务处理子系统

一、名词解释

1.账务处理子系统。以凭证为原始数据，通过对凭证的输入和处理，完成记账、结账、银行对账、账证表查询与打印、系统服务和系统管理等账务处理工作的会计信息系统。

2.机制凭证。指某些具有规律性且每月都发生的期末转账业务，或由其他子系统自动转账输出的记账凭证，它不需要录入人员输入数据。

3.静态屏幕审核法。指计算机自动依次将未审核的凭证显示在屏幕上，审核人员通过目测等方式对已输入的凭证进行检查。

4.二次输入校验法。是指将同一凭证输入两次，通过计算机比较两次输入的凭证是否相同，从而检查输入错误的一种审核方法。

5.数据保护。指记账前系统首先将有关数据库在硬盘上进行备份，一旦记账过程出现意外，系统将停止记账并自动利用备份文件将系统恢复到本次记账前的状态。

6.系统维护。指系统自动对磁盘空间进行管理、对数据库文件重建索引以及病毒防范等。

二、填空题

1.管理型软件

2.总账　应付管理　存货核算　总账

3.结算方式编码　结算方式名称　票据管理标志

4.审核　修改　记账

5.手工记账凭证　机制记账凭证

6.记账凭证　原始凭证　机制凭证

7.人工键盘　前台处理　后台处理　自动转账功能

8.日记账　部门辅助核算账　项目核算账

9.输入　审核　修改　记账

10.凭证审核

11.折算汇率　折算方法

12.修改记账凭证

13.总账输出　日记账输出　明细账输出

14.初始设置　记账凭证

15.定义自动转账业务　生成转账凭证

16.转账序号　数据来源　计算公式

17.凭证日期　凭证编号　凭证摘要　借贷方科目和金额　制单人　审核人

三、不定项选择

1.ABD	2.ABC	3.AC	4.CD	5.ABD
6.ABCD	7.AB	8.D	9.C	10.B
11.C	12.D	13.A	14.A	15.A
16.D	17.C	18.A		

四、判断题

1.√

2.√

3.×

解析:还可以定义为记账凭证。

4.×

解析:会计期间个数一般可设定为12个月或13个月,设13个月的目的是便于在第13个月进行审计调整。这样可以满足审计的要求,留下审计线索。

5.√

6.×

解析:辅助核算必须设置到末级科目上才有效,否则系统不予确认。一个科目可以同时设置两种辅助核算。

7.√

8.√

9.×

解析:作废凭证或已标错的凭证是不能被审核的。但是无论是手工凭证还是机制凭证都要经过审核程序。

10.×

解析:摊、提、结转记账凭证也必须经过审核才可以记账。对这些机制会计凭证的审核主要是检查分配、计提、结转是否正确。

11.√

12.√

13.√

14.×

解析:电算化会计信息系统中,虽然计算机会自动处理会计数据,但是会计基础工作规范化不仅需要,而且要求更高。

15.×

解析:会计电算化方式下流程处理与手工方式是有区别的。比如:电算化方式下账务处理子系统中不用账证、账账核对。

16.√

17.√

五、问答题

1.答:账务处理子系统的特点是以历史信息为主,涵盖所有能以货币表现的经济业务;规范性强,一致性好;以总括核算为主,在整个会计信息系统中起核心作用;控制要求严格,正确性要求高。

账务处理子系统的目标:及时、准确地采集和输入凭证,保证进入会计信息系统数据的正确性和完整性;高效、正确地完成记账等数据处理过程;随时输出某个期间内任意会计科目发生的所有业务,以及各个会计期间的各种报表;建立账务子系统与其他子系统的数据接口,实现会计数据的及时传递和数据共享;留有必要的审计线索,供企业内外部审计人员审计。

2.答:手工账务处理与计算机账务处理的异同分析:

相同处:二者账务处理的结果相同,其目的都是生成账簿或报表,处理过程都是从凭证到账簿,从账簿到报表。

不同处:

(1)数据处理的起点和终点不同。手工账务处理的起点为原始凭证,而计算机账务处理的起点是记账凭证、原始凭证和机制凭证;手工账务处理以会计人员编制并上报会计报表为终点,而计算机账务处理以计算机自动输出各种账簿和输出定制报表为终点,此外还可以编制除定制报表之外的其他报表。

(2)数据处理方式不同。手工账务处理中,会计数据是由不同会计人员将记账凭证分别登到不同的账簿中,并进行手工计算与汇总得出的。在计算机账务处理中,记账只是数据处理的过程,不需要由多人执行账簿登记工作,数据间的运算与归集由计算机自动完成。

(3)数据储存方式不同。手工方式下,会计数据储存在纸张介质中;计算机方式下,会计数据储存在数据文件中,需要时通过查询或打印输出。

(4)对账方式不同。手工账务处理中,按照复式记账的原则,必须采用平行登记法;计算机账务处理子系统中,没有必要进行对账,只要保证数据输入的正确即可。

(5)会计资料的查询与统计方式不同。手工方式下,查询某一类会计资料或编制一些简要的统计表要付出许多劳动;计算机方式下,只需通过选择各种查询功能,就可以以最快的速度完成数据的查询和统计工作。

(6)账务处理的效率、准确性、及时性不同。计算机账务处理相对于手工账务处理最大的优势在于能够准确、高效和及时地提供信息。

3.答:从手工账务处理流程分析中可以看出流程中的每一过程都需要人工,这就决定了手工账务处理流程的局限性。

(1)会计信息提供不够及时

信息的及时性与信息的有用性是相联系的,任何过时的信息,其信息有用性将大大降低。会计信息系统的最终产品是会计报表,是通过账务处理子系统对经济业务数据加工处理的结果。由于手工账务处理的工作量很大,手工对会计数据层层汇总、加工的速度很慢,在会计期间结束后往往还要延长一段相当长的时间才能编制出会计报表,这无疑大大削弱了会计信息所起的作用。

(2)准确性差

在长期的账务处理实践中,为了避免和发现手工会计核算的错误,人们总结出一套特有的方法。如明细账和总账采用平行登记法,以便相互核对发现明细账或总账中的过账错误和计算错误。又如实务中,会计人员在凭证过账后,一般在它上面用铅笔加注"√"号以防止重复登账。但无论会计人员的素质如何,在从记账凭证的编制到报表输出的每一个环节中,转抄错误和计算错误都难以完全避免。而根据复式记账原则,会计账目不允许有一分钱的差错,否则无法平账。会计人员往往为了几分钱的差错,多次进行手工汇总和核对,既费时又费力。特别是在月底,为了尽快报出各种会计报表而又保证账表相符,有时不得不根据报表来修改总账,其结果往往隐藏了巨大的金额的错报或漏报,严重影响到会计信息的准确性。

(3)数据大量重复登记

财务报表信息来源于明细账、总账的加工结果,而明细账、总账的数据又来源于记账凭证,因此,从数据流角度来看,记账凭证数据加工成会计信息要通过明细账和总账两条途径,记账凭证数据被多次转抄(包括二级账、三级账)。如当一笔反映费用报销业务的记账凭证编制完毕后,需要由不同的会计人员在现金日记账、费用明细账、二级账、总账上同时转抄凭证上的日期、凭证号、摘要、金额等数据。同一数据的大量重复,不仅造成时间上的浪费,还极易导致数据的不兼容。手工会计核算下有账证不符、账表不符、账实不符的现象,与数据大量重复登记有直接关系。

(4)工作强度大

为了提高会计信息质量,提供及时、可靠、相关的信息,在其他条件不变的情况下,只能靠加重会计人员的劳动强度或增加会计人员的方式来实现。传统财务部门人员"臃肿"的现象,也是手工进行账务处理的必然结果。

4.答:审核凭证一般有两种方法,分别是静态屏幕审核法和二次输入校验法。

静态屏幕审核法是指计算机自动依次将未审核的凭证显示在屏幕上,审核人员通过目测的方式对已输入的凭证进行检查。审核人员认为错误或有异议的凭证,应交给填制人员修改后,再审核;如果审核人员认为没有错误则可按签章键,这样审核人员的姓名即显示在凭证上的审核人位置,表明该凭证已通过审核。这是一种常用的审核方法,但这种方法受审核人员熟练程度的影响较大。

二次输入校验法是将同一凭证输入两次,通过计算机比较两次输入的凭证是否相同,从而检查输入错误的一种审核方法。重复输入时录入人员最好由不同的人担任,因为同一个操作人员由于习惯会重复同一错误,这样在检查时就不容易发现错误。采用这种方法可以检查出多输或漏输的凭证、数据不一致的凭证,查错率较高,但费时,不适合会计业务量大的企业。

5.答:账务处理系统针对不同的错误凭证提供了三种不同的修改方法:

(1)输入计算机,但没有审核的记账凭证发现错误,可以直接由录入人员利用凭证修改功能进行修改。这种修改可以不留痕迹。

(2)输入计算机,已通过审核人审核,但是还没有记账的记账凭证发现错误,这种情况应该由审核人在凭证审核模块中取消审核,然后再由录入人员在凭证修改功能中进行修改。这种修改也可以不留痕迹。

(3)输入计算机,已通过审核并已记账的记账凭证发现错误,则不能利用凭证修改功能进行修改。根据会计制度的规定,这种错误凭证的修改必须留有痕迹。因此只能采用红字冲销法或蓝字部分补充登记法来进行修正。对于涉及银行存款科目的错误凭证,为了计算机自动对账的需要,最好采用红字冲销法。

6.答:期末结账只是表明本月的数据已经处理完毕,不再增加新的凭证。期末结账工作只能在系统对账之后进行。

期末结账应注意如下事项:上月未结账,则本月不能结账;上月未结账,则本月不能记账,但可以填制凭证审核凭证;本月还有未记账凭证时,本月不能结账;已结账月份不能再填制凭证;结账只能由有结账权限的人进行;如果结 12 月份的账,必须产生下年度的空白账簿文件,并结转年度余额;结账前最好做一次备份。

7.答:账务处理子系统的账表输出方式有三种:

(1)通过屏幕直接显示输出。其输出的内容包括凭证、账簿、报表以及各种辅助项目的查询,使用的频率很高。

(2)打印机打印输出。通常凡能够在屏幕查询的内容都可以打印,但考虑打印输出的速度和成本,一般只有那些有必要或会计档案所要求的资料才通过打印机输出。打印输出又可分为套打和完全打印。

(3)通过软盘或网络输出。这种方式通常用于数据备份或向其他信息系统传输会计资料。

8.参见教材图 9-2。

第十章 会计报表子系统

一、名词解释

1.成本费用报表。指反映企业一定会计期间发生的生产经营成本和期间费用的报表,例如管理费用明细表、营业费用明细表、产品成本报表和主要产品单位成本表。

2.外部报表。指企业向外提供给政府部门和企业外部与企业有经济利益关系的集团单位和个人的会计报表。

3.汇总报表。是上级公司或行政管理部门根据所属企业报送的会计报表,连同本单位的会计报表,对报表各项目进行加总而编制的会计报表。

4.表元。指组成报表的最小基本单位,它可以由它所在的行标和列标来表示。

5.标志字段法。指按影响现金流量变化和不影响现金流量变化分别建立标志字段,在输入记账凭证时对于程序能够根据对应科目自动区分的业务分别加以标记,期末根据不同的标记分别进行汇总自动填列现金流量表的方法。

二、填空题

1.财务状况报表　经营成果报表　汇总报表　合并报表　简单报表　复合报表

2.表体　主要表现区域　报表栏目名称　报表数据单元

3.Excel　数据接口　取数公式

4.专用报表软件　通用报表软件

5.表体　表尾

6.报表设置　报表删除

7.定义报表格式　定义报表公式

8.报表审核　报表舍位平衡

9.舍去一定位数以后,重新建立原来的平衡关系

10.格式　数据

11.报表格式　公式定义

12.编制抵销分录

三、不定项选择

1.A　2.C　3.C　4.D　5.ABD
6.C　7.B　8.ABCD　9.DE;ABCF
10.ABCD　11.D　12.ABCD

四、判断题

1.×

解析:运用会计核算软件编制报表,应先进行报表设置,然后再填列报表数据。

2.√

3.×

解析:会计报表表元中填写的数据是报表中具有完整意义的最小信息单位。

4.×

解析:会计报表中的数据一方面可直接用会计科目的余额或发生额填列,另一方面可间接根据科目余额减去其备抵项目后的净额填列,或总账科目和明细科目余额分析计算填列,或本表其他项目计算填列。

5.√

6.×

解析:在记账凭证未完全记账的情况下,企业编制报表时可以选择是否包含。

7.√

8.√

9.√

10.×

解析:会计报表处理系统中,报表删除只删除某时期的报表,不删除报表的结构。

11.√

12.√

13.×

解析:会计报表的输出方式除了有屏幕显示输出、打印输出之外,还有磁盘输出和网络传输两种方式。

14.√

15.×

解析:在会计报表子系统中,一般只能根据审核以后的报表公式取数、计算各个数据单元格的数值,而不能直接修改,修改只能针对报表公式,并且由具有一定权限的人执行,由此才能保证报表数据的真实性。

16.×

解析:报表栏目名称定义了报表的列,报表项目名称定义了报表的行,横向表格线和纵向表格线形成的各个单元格的意义由报表项目名称和报表栏目名称共同决定。

17.√

18.√

五、问答题

1.答：会计报表子系统与其他子系统相比，具有以下特点：

(1)手工输入数据量少。报表子系统中，报表的主要数据来源是账务处理子系统、其他会计核算子系统、会计报表子系统自身，有时来自外部系统，只有少量数据来自手工输入。

(2)不设置报表数据的直接修改功能。在会计报表子系统中，一般只能根据审核以后的报表公式取数、计算各个数据单元格的数值，而不能直接修改，修改只能针对报表公式，并且由具有一定权限的人执行，由此才能保证报表数据的真实性。

(3)输出信息规范性强。对外法定报表输出的格式和内容应当符合企业会计准则、企业财务报告条例和企业会计制度的相关规定。

(4)通用性更强、适用面更广。通用会计报表子系统完全采用自定义的方式编制和分析会计报表，包括会计报表格式、会计报表公式和分析指标的自定义，因此能灵活地满足广大用户的多样化的需要。

(5)图表并用进行报表分析。会计报表子系统具有一定的图形处理功能，能结合图、表进行更直观、更深入的分析。

2.答：一般会计报表的数据来源有以下几种：账务处理系统的总账、明细账，以及其他子系统的辅助项目账取数；本表取数；其他报表取数；从系统外部取数，包括直接手工输入、软盘传入或通过通信线路传递等；从其他软件取数。

3.答：目前，国内报表软件按其制作方法分为三类：

(1)专用报表软件。使用系统或行业为特定需要而设计开发的报表软件，将会计报表的种类、格式和编制方法固化到程序中。优势是专用性强、运行速度快、使用简便；劣势是只能编制规定的专门报表，每增加一种报表，就需要编制相应的报表程序，因此通用性差，报表维护困难。

(2)通用报表软件。面向大多数用户的需求，采用符合财会人员习惯的方式，由用户定义报表格式和表内数据，而后生成需要的会计报表，同时针对不同行业编制了一系列常用的报表模板供用户选择。优势是通用报表软件在格式设计和数据处理方面，有着专用报表软件所不可比拟的灵活性、方便性和直观性，用户不需要懂得编制程序，就可以通过选择预制的报表模板或者自行定义的方式编制各种各样的报表；劣势是难以满足使用者的个性化需求。

(3)电子表软件。Excel 是大多数会计人员较为熟悉的表处理软件。优势是具有强大的数据分析、统计和图形处理能力；劣势是保密性差，存在数据外泄的风险。

4.答：在处理报表时，通过公式定义取数来源的情况有：

(1)报表数据主要来自账务处理子系统和其他核算子系统，这种取数主要通过账务函数和其他核算子系统的函数来实现数据的调用。

(2)有的数据来自表内，这种取数可以直接通过表页序号和单元格坐标来调用。

(3)有的数据来自同一报表文件的不同表页，这种取数可以通过表页序号和单元格的坐标来调用。

(4)有的数据来自不同报表文件,这种取数可以通过表名、表页序号和单元格的坐标来调用。

5.答:报表的审核可以通过命令窗的操作随时对部分数据进行审核,如果审核关系不等,将按照提示内容给出警告信息,也可以使用对话框输入审核公式进行审核,后一种方式设置的审核公式将随报表一起保存,随时可以对报表进行再次审核,而命令窗中的审核公式则不随报表保存。

6.答:计算机编制现金流量表的方法概括起来有以下几种:

(1)现金科目明细化法。现金科目明细化法是在现金科目下按现金流量表各项目设置明细科目,当每笔涉及现金业务发生时,按现金流量表的项目要求分析现金流向,然后选择相应的明细科目做账务处理,期末对各种现金明细科目进行汇总后,其发生额实际上就是现金流量表项目应分别填列的金额。

(2)辅助项目核算法。辅助项目核算法的思路是:将现金和现金等价物科目设置为辅助核算项目,其辅助核算项目可直接按现金流量表表外取数项目设置。在编制记账凭证时,将涉及现金流量变化和不涉及现金流量变化的事项按设定项目分类,期末根据项目总账统计表和项目明细统计表设置公式由计算机自动编制现金流量表。这种方法的原理实际上和第一种方法类似,不同之处在于它用账务处理中的辅助核算功能代替了现金科目下的明细账设置。

(3)标志字段法。设立标志字段方法的基本思路是:按影响现金流量变化和不影响现金流量变化分别建立标志字段,在输入记账凭证时对于程序能够根据对应科目自动区分的业务分别加以标记。对于计算机程序难以区分的一些涉及多借多贷的复杂业务,则由会计人员在输入凭证时或在编制现金流量表前手工操作计算机对相应内容加以标示。期末根据不同的标记分别进行汇总自动填列现金流量表。这种编制方法是一种非常简便而且数据精度较高的处理方法,一些通用会计软件都采用此种方法。

(4)凭证摘要标注法。凭证摘要标注法的基本原理是:在输入收、付现金及现金等价物的记账凭证时,在凭证摘要中标注所涉及的现金流量表行次,在设计现金流量表表外取数项目的取数公式时,直接按凭证库摘要字段中所涉及的现金流量表行次取数。其思路和上述三种方法类似。

7.答:通常的做法是由手工编制抵销分录,然后输入计算机,由计算机存储在机内的母、子公司个别会计报表数据进行汇总并和调整分录数据进行加减,得出合并数,最后根据合并数编制合并会计报表。

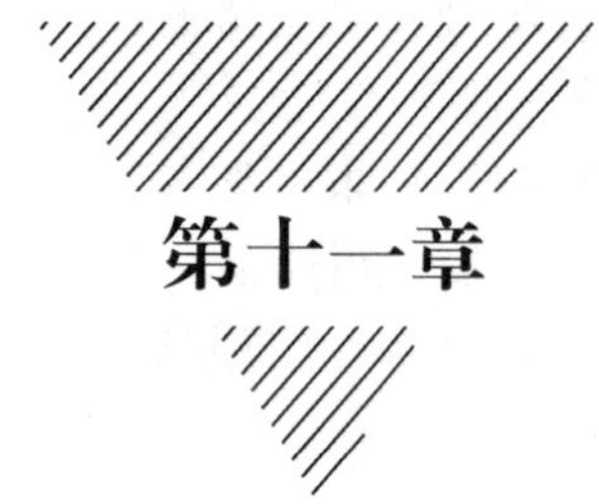

第十一章 会计信息系统开发与实施

一、名词解释

生命周期法。生命周期法是信息系统开发和设计的重要方式之一，该方法将软件工程学和系统工程的理论和方法引入计算机会计信息系统的研制开发中，按照用户至上原则，采用结构化、模块化、自顶向下的方法对系统进行分析和设计。

原型法。原型法是在获得用户基本需求的基础上快速地构造系统工作模型——初始模型，然后演示这个模型系统，在用户参与的情况下，按用户合理而又可行的要求，不断修改这一原型系统。每次修改都使系统得到一个完整的新原型，直到用户满意为止。原型法随着用户和开发者对系统理解的加深而不断地按更明确、更高要求进行补充和细化。系统的定义是在逐步加深认识的过程中进行的，而不是一开始就试图预见一切，它是系统的模型化和探索性的开发方法。

面向对象法。面向对象(object oriented，简称 OO)的系统开发方法是 20 世纪 80 年代以来从各种面向对象的程序设计方法逐渐发展起来的，它从面向对象的角度出发，为我们认识事物、开发系统提供了一种全新的方法。

计算机辅助开发方法。将计算机图形处理技术、程序生成技术、关系数据库和各类开发工具相结合，形成支持系统开发的综合计算机辅助软件工程(computer-aided software engineering，简称 CASE)。人们将计算机辅助软件工程的开发统称为 CASE 方法。

结构化分析法。结构化分析方法是进行会计信息系统分析的有利工具之一，是面向数据进行系统分析的方法。它采用对一个复杂系统进行“自顶向下，逐层分解”的分析方法，是具有较强的操作性和规范的描述方法。

高内聚低耦合。高内聚低耦合即提高模块内的聚合度，降低模块间的耦合度。

平行法。平行法是控制系统实施的最佳方法，应用平行法，新旧系统将同时运行一段时间，然后把两个系统的运行结果加以比较。如果新系统的运行情况令人满意，即可停止旧系统的运行；如果新系统的运行不太令人满意，则重新修改完善后再试运行。相对而言，这种系统实施方法的风险较小。

模块法。模块法是平行法和直接法两种系统实施方法的结合。新系统的安装与启用采用化整为零的方式，分为若干个子系统或应用模块依次安装与启用。每当一个子系统或者一个应用模块安装完毕，经过测试检查其运行良好后投入使用，然后再安装下一个子系统或应用模块。

二、填空题

1.内部结构　管理模式　经营管理过程　会计核算方法　计算机硬件　软件的管理与应用

2.体制　机构　人员　规章制度

3.方法　语言　工具　过程

4.系统和软件需求分析　数据结构设计　程序体系结构　测试和维护

5.系统分析　系统设计　程序设计　系统测试　运行和维护　系统评估

6.系统调查和需求分析　分析问题的性质和求解问题　整理问题　程序实现

7.初步调查　可行性分析　编写可行性报告

8.组织结构图　功能结构图　调查表

9.初步调查　技术可行性　经济可行性　环境可行性

10.工作量　业务处理流程　资源利用状况　管理方式　系统的内外部环境

11.总体目标　运行目标　技术目标　安全目标

12.功能需求　性能需求　运行环境　会计信息系统名称　系统目标分析　原系统数据流图和数据词典　新系统数据流图和数据词典　运行环境的规定

13.系统的总体结构设计　数据库文件设计　编码设计　输入/输出设计　编写总体设计说明书

14.自顶向下、层层分解　模块的单一性　独立性和高内聚低耦合

15.存储　加工　输入　输出　账务数据库文件　辅助性数据库文件　临时工作库文件

16.保密性　读写性　共享性

17.唯一性　系统性　稳定性　简明性　可扩性　合法合规性

18.顺序码　分区码　群码(组合码)

19.会计科目编码　部门编码　职工编码　产品编码　原材料编码　固定资产编码　客户或供应商编码

20.程序流程图　N-S 图　PAD 图　PDL 语言

21.平行法(parallel approach)　直接法(direct approach)　模块法(modular approach)

22.完成系统设计　编写使用说明书　测试新系统　新旧系统的转换

23.系统测试　认可性测试　操作测试

24.日常维修　护理　改善　改正性维护　完善性维护　适应性维护

25.单机结构　多用户结构　局域网结构　互联网结构

三、不定项选择

1.ABCD	2.ABC	3.ABCD	4.AD	5.AD
6.ACD	7.ABD	8.ABD	9.A	10.D
11.C	12.A	13.ABC	14.ABCD	15.C
16.A	17.D	18.D	19.B	20.C
21.ABD	22.BCD	23.ABCD	24.ABCD	25.ABD
26.ABC	27.ABD			

四、判断题

1.×

解析:期初数据核对无误后,可以记账,但不允许修改期初数据。

2.√

3.×

解析:废品回收表数据按部门生产的产品输入,可以查看以前已结账期间的数据,但不允许修改。如果没有废品回收金额冲减材料费用的情况,则本表可以不必输入数据。

4.×

解析:只有用户在产品分配率定义中选择了“按原材料占用”或“按产品约当产量”中的“每月变动”方法,才可以输入各产品的在产品约当系数。

5.×

解析:系统维护包括程序维护和使用维护。程序维护又包括了正确性维护和完善性维护,使用维护包含环境维护、意外事故维护、系统安全治理和维护。

6.×

解析:系统设计分为总体设计和详细设计两个阶段。总体设计又称为概要设计,它决定系统的模块结构和数据结构等,即进行总体结构及数据库设计。详细设计是总体设计的进一步细分,包括每一个模块的详细功能、实现的算法和采用的数据结构细节等。

7.×

解析:生命周期法是迄今为止会计信息系统开发方法中应用最普遍、最成熟的一种方法,但并不说明生命周期法是唯一的方法,除生命周期法之外,还有原型法、面向对象法等等。

8.×

解析:运行和维护阶段的工作不是由购买软件的企业财务人员承担的,仍由原来负责开发会计信息系统的企业负责,包括程序维护和使用维护。

9.×

解析:CASE方法的基本思想是,在实际开发一个系统时,CASE的应用必须依赖于一种具体的开发方法,例如,生命周期法、原型法、面向对象法等,并提供支持上述各种方法的开发环境。

10.×

解析：模块划分的原则应该为高内聚低耦合，即提高模块内的聚合度，降低模块间的耦合度。高内聚能使模块具有较强的独立性，使系统的修改和维护只能在指定的模块内进行，从而有效地防止系统各模块间的相互干扰，保证系统的稳定性。低耦合指的是模块与模块之间应有较少的联系，这样能减少模块间的影响，防止对某一模块修改所引起的“牵一发动全身”的水波效应，保证系统设计顺利进行。

五、问答题

1.答：会计信息系统的开发是一项具有技术内容和社会内容的系统工程，它的成败受多方面条件制约。一个企业在建设会计信息系统前应具备以下基本条件：

(1)高层领导对会计信息系统开发的了解和重视。由于会计信息系统的开发要涉及体制、机构、人员、规章制度的变化和调整，以及统一数据编码等很多协调工作。因此，领导的重视与否，对建立会计信息系统来说起着决定性的作用。高层领导对建立会计信息系统有足够的了解和重视，才能提出恰当的目标，提供必要的资金，抽出精干人员，制定合适的开发策略，以保证系统开发工作的顺利进行。

(2)科学合理的管理基础工作。科学合理的管理基础是开发会计信息系统的前提，只有在合理的管理体制、配套的科学管理方法和完整准确的原始数据的基础上，才能有效地开发会计信息系统。只有输入的数据准确、完整、及时，才能真实反映客观情况并具有指导意义。因此，组织的管理科学化、规范化，基础数据齐全是会计信息系统建立的基础和保证。

(3)要有需求牵引。企业会计信息系统的开发动力来自需求牵引，要有建立会计信息系统的实际需要和迫切要求，而不是一味地追赶潮流。比如，财务共享服务中心并不是每个企业都适合的。

(4)制定切实可行的开发策略。会计信息系统的开发受企业管理基础、管理模式等方面因素的影响。这些制约因素决定了会计信息系统开发是一项长期、复杂的工程，所以必须根据企业的具体情况，制定符合企业实际需要的开发策略。

2.答：(1)生命周期法也称结构化系统开发方法，是目前国内外较流行的信息系统开发方法，在系统开发中得到了广泛的应用和推广，尤其是在开发复杂的大系统时，显示出了无比的优越性。它也是迄今为止开发方法中应用最普遍、最成熟的一种。

生命周期法的基本思想是将软件工程学和系统工程的理论和方法引入计算机会计信息系统的研制开发中，按照用户至上原则，采用结构化、模块化、自顶向下的方法对系统进行分析和设计。具体来说，将整个会计信息系统开发过程划分为相对独立的六个阶段，包括系统分析、系统设计、程序设计、系统测试、运行和维护以及系统评估。在实际研制和开发过程中，为了保证信息系统的质量，每个阶段完成之后，都要进行复查，如果发现问题，就应停止前进，沿着所经历的阶段返回。当信息系统不能再使用时，系统的生命期即告结束，需要重新研制和开发新的系统。新系统的研制仍需经过上述六个阶段。

生命周期法的工作流程是研制和开发任何一个信息系统都要按顺序经历系统分析、系统设计、程序设计、系统测试、运行和维护、系统评估六个阶段。在系统生命周期的每一个阶段都有明确的任务，并生产校验的文档，作为下阶段工作的基础和依据。系统分析是信息系统开发第一阶段的任务。系统分析又分为系统调查(可行性研究)和系统需求分析两个阶段。系统设计是指在系统分析的基础上,根据目标系统的逻辑模型建立物理模型,确定系统的具体实现方案。程序设计的任务是按照详细设计说明书的要求,选择适当的程序设计语言把每个模块编码化,即编写程序。系统测试是指为了在系统的试运行阶段,尽可能地查出程序内部的各种错误,以保证系统质量而进行的调试和检验。当系统制成并交付使用后,便进入了软件生命周期的运行和维护阶段,其任务是运行软件、对程序进行修改扩充,以及修改有关文档。系统评估的任务是评估系统的优劣,评估的成果为评估报告书。

生命周期法的突出优点是强调系统开发过程的整体性和全局性,强调在整体优化的前提下来考虑具体的分析设计问题,即自顶向下的观点。它从时间角度把软件开发和维护分解为若干阶段,每个阶段有各自相对独立的任务和目标。这使得各个阶段的任务相对独立,降低了系统开发的复杂性,便于不同人员分工协作,提高了可操作性。另外,每个阶段都对该阶段的成果进行严格的审批,有清晰的文档,强调一步一步进行系统分析和设计,发现问题及时反馈和纠正。这就使开发工程有条不紊,保证了软件质量,特别是提高了软件的可维护性。实践证明,生命周期法大大提高了软件开发的成功率。

但是,采用生命周期法,开发的周期较长,因为开发顺序是线性的,各个阶段的工作不能同时进行。前阶段所犯错误必然带入后一阶段,而且越是前面犯的错误对后面工作的影响越大,更正错误所做的工作量就越多。而且,在功能经常要变化的情况下,难以适应变化要求,不支持反复开发。

(2)原型法是20世纪80年代随着计算机软件技术的发展,特别是在关系数据库系统(RDBS, relation data base system)、第四代程序生成语言(4GLS、4th generation language)和各种系统开发生成环境的基础之上,提出的一种设计思想、工具、手段都是全新的系统开发方法。与生命周期法相比,它扬弃了那种一步一步周密细致的调查分析,然后逐步整理出文字档案,最后才能让用户看到结果的烦琐做法。

原型法的基本思想是,在获得用户基本需求的基础上快速地构造系统工作模型——初始模型,然后演示这个模型系统,在用户参与的情况下,按用户合理而又可行的要求,不断修改这一原型系统。每次修改都使系统得到一个完整的新原型,直到用户满意为止。可以看出,原型法是随着用户和开发者对系统理解的加深而不断地按更明确、更高要求进行补充和细化的。系统的定义是在逐步加深认识的过程中进行的,而不是一开始就试图预见一切,它是系统的模型化和探索性的开发方法。

原型法是随着用户和开发人员对系统认识和理解的逐步深化,而不断地对系统进行修改和完善的过程。首先用户提出开发要求,例如对系统功能、性能的基本要求,实现这些要求的数据规范、输出报告等。开发人员归纳用户要求,研制一个初始的系统原型(即程序模块)。然后让用户使用原型,并和用户一起分析评价原型,进一步发现问题和不足,讨论并确定需要修改变动的部分。如果根本不行,则回到开发原型,重新构造原型;如果不满意,则修改原型,直到用户满意为止,可进行试运行。

与生命周期法相比,原型法具有如下特点:①用户参与了系统开发的所有阶段,从而使用户的需求可以及时地、较好地得到满足,系统的实用性强。而采用生命周期法,用户只介入了系统分析阶段，因此有可能造成最终系统问题很多，不能投入实际使用。②采用原型法，用户可以及早接触和使用未来系统的原型，有利于日后系统的使用和维护。而生命周期法往往要经过数月甚至几年的开发时间，用户才能见到最终系统。③采用原型法开发软件，其周期大为缩短，开发费用较少。而生命周期法周期长、费用高。

但是，原型法只是一种基于 4GLS 的快速模拟方法，要想将其用于一个大型信息系统开发过程中的所有环节就比较困难。因此，多应用于小型局部系统或处理比较简单的系统的设计环节到实现环节。

(3)面向对象(object oriented，简称 OO)的系统开发方法是 20 世纪 80 年代以来从各种面向对象的程序设计方法逐渐发展起来的。它从面向对象的角度出发，为我们认识事物、开发系统提供了一种全新的方法。

面向对象法的基本思想是：客观世界是由各种各样的对象组成的，每种对象都有各自的内部状态和运动规律，不同的对象之间的相互作用和联系就构成了各种不同的系统。当我们设计和实现一个客观系统时，如能在满足需求的条件下，把系统设计成由一些不可变的部分组成的最小集合，这个设计就是最好的。而这些不可变的部分就是所谓的对象。

以对象为主体的面向对象法可以简单解释为：①客观事物都是由对象组成的，对象是在原事物基础上抽象的结果。任何复杂的事物都可以通过对象的某种组合构成。②对象由属性和方法组成。属性(attribute)反映了对象的信息特征，如特点、值、状态等，方法(method)则是用来定义改变属性状态的各种操作。③对象之间的联系主要是通过传递消息(message)来实现的，传递通过消息模式(message pattern)和方法所定义的操作过程来完成。④对象可以按其属性进行归类(class)。类有一定的结构，类上可以有超类(superclass)，类下可以有子类(subclass)，这种对象或类之间的层次结构是靠继承关系来维持的。⑤对象上一个被严格模块化了的实体，称之为封装(encapsulation)，封装了的对象满足软件工程的一切要求，而且可以直接被面向对象的程序设计语言所接受。

按照上述思想，面向对象法开发的工作流程可分为四个阶段。①系统调查和需求分析。对系统将要面临的具体管理问题以及用户对系统开发的需要进行调查研究。②分析问题的性质和求解问题。在复杂的问题域中抽象地识别对象以及其行为、结构、属性、方法等。这一阶段一般称为面向对象分析，简称为 OOA。③整理问题。即对分析的结果做进一步的抽象、归类、整理，并最终以范式的形式将它们确定下来。这一阶段被称为面向对象设计，简称 OOD。④程序实现。即用面向对象的程序设计语言将上一步整理的范式直接映射为应用程序软件。这一阶段被称为面向对象的程序设计，简称 OOP。

面向对象法以对象为基础，围绕对象进行系统分析和设计，然后用面向对象的工具建立系统，这是其最主要的特点和成就。面向对象法的应用解决了传统生命周期法中客观世界描述工具与软件结构的不一致性问题，缩短了开发周期，解决了从分析和设计到软件模块结构之间多次转换映射的复杂过程。但这种方法不能涉及系统分析以前的开发环节，因此不能成为支持系统开发全过程的方法。并且 OOA 一开始就有很多计算机方面的术语和概念不容易被一般用户和参与应用软件开发的业务人员所了解，因而难以被普遍接受和推广使用。

(4)计算机辅助开发方法。自计算机在金融、会计等领域应用以来，系统开发过程中的系统分析、设计等过程就一直是制约信息系统发展的一个瓶颈。20 世纪 80 年代末，人们将计算机图形处理技术、程序生成技术、关系数据库和各类开发工具相结合，形成支持系统开发的综合计算机辅助软件工程，简称 CASE。在 CASE 环境中可以开发计算机辅助信息系统，这主要体现在它能够帮助开发者便捷、自动地产生系统开发过程中的各种图表(如数据流程图、结构图、层次化功能图)、程序和说明性文档。这样基本解决了信息系统开发的瓶颈问题。由于 CSAE 环境的出现从根本上改变了开发信息系统的物质基础，从而使得利用 CASE 开发一个系统时，在考虑问题的角度、开发过程的做法以及实现系统的措施等方面都与传统方法有所不同。人们将计算机辅助软件工程的开发统称为 CASE 方法。

CASE 方法的基本思想是，在实际开发一个系统时，CASE 的应用必须依赖于一种具体的开发方法，例如，生命周期法、原型法、面向对象法等，并提供支持上述各种方法的开发环境。如在生命周期法中，开发过程中的对应关系包括：业务流程分析→数据流程分析图绘制→功能模块设计→程序设计；在面向对象法中，开发过程中的对应关系包括：问题抽象→属性、结构和方法定义→对象分类→确定范式→程序实现等等。CASE 都提供专门的软件工具来支持系统开发过程，实现计算机辅助开发工作。

CASE 方法是一种除系统调查外全面支持系统开发过程的方法，同时也是一种自动化的系统开发方法。因此从方法学的特点来看，它具有其他方法的各种特点，同时又有其自身的独特之处——高度自动化的特点。但是，CASE 方法必须依赖于一种具体的开发方法，只是一种辅助开发方法。

3.答：会计信息系统调查，通常又可称为系统的可行性研究，旨在了解和初步评估待开发信息系统的可行性，并且为系统开发作出规划准备。

会计信息系统是企业信息系统中一个非常复杂的系统，它涉及账务处理、职工薪酬核算、固定资产核算和管理、存货核算和管理、销售核算和管理、报表编制等内容。同时又因企业的规模大小、地域分布、产品种类、生产流程的不同而千差万别。因此，早期对会计信息系统这样一个工程项目作出仔细、科学、谨慎的可行性分析和评估是十分重要的。如果在系统开发的初始阶段，能及时发现将来可能遇到的困难并作出相应的决定，可以避免人力、财力、物力及时间上的浪费。因此，系统调查、可行性分析实际上也是一种风险分析。

系统调查的目的，是用最小的代价在尽可能短的时间内确定问题是否能够解决。为此，必须详细了解现实系统和用户的需求，研究若干种可供选择的解决方案，并对其进行可行性论证。

系统调查工作因不同企业而异，一般而言，应包括如下三个基本步骤。

(1)初步调查。初步调查是指系统开发人员对企业的组织机构、管理体制、经济环境、会计业务、系统的开发条件等进行初步调查，掌握与系统有关的基本情况，作为可行性研究和制订开发计划的基础。

(2)可行性分析。在初步调查的基础上，分析企业在现有的具体条件下新系统开发工作是否可行。其主要是从技术可行性、经济可行性及环境可行性进行分析。

(3)编写可行性报告。可行性报告包括系统研发人员调查的资料、所需资金、工作量、开发计划、开发进度等内容。研发人员编写好报告后,提交有关部门审批。可行性研究报告批准后,便可着手进行系统分析工作。

4.答:系统分析,是指按照一定的方法对系统开发项目做进一步的分析研究,进而提出解决问题的各种可能办法。系统分析主要是研究系统的详细用户需求,又常称为需求分析。在系统分析过程中,需要使用一系列结构性工具和技术方法。

系统分析的目的。在完成了系统调查,可行性研究后,开发人员需要对会计信息系统做进一步的需求分析。系统分析是生命周期模型中关键的一步,只有通过需求分析才能对系统的功能和结构的总体概念有明确的认识,从而奠定系统开发的基础。

系统分析的研究对象是会计信息系统的详细用户需求,为此,开发人员应深入实际,对原会计信息系统进行全面细致的调查分析,运用一定的方法,描述出原会计信息系统的逻辑模型。再根据用户的需求和信息技术环境的特点,对原会计信息系统的逻辑模型中不合理之处进行修改和补充,建立新会计信息系统的逻辑模型,最终以系统分析说明书的形式提交文档,标志该阶段工作的结束。

系统分析的方法——SA 方法。结构化分析方法(structured analysis,简称 SA 方法),是进行会计信息系统分析的有力工具之一,是面向数据进行系统分析的方法。

结构化分析方法的基本思想是:由于人的理解力、记忆力有限,不可能一下触及问题的所有方面以及全部的细节,为了降低理解的复杂性,最常用的方法是把大问题分解成若干个小问题,称为“分解”。如果每个小问题还不够简单,可以继续分解,直到每个问题均可理解为止。结构化分析方法就是对一个复杂系统进行“自顶向下,逐层分解”的一种分析方法,它有较强的可操作性和规范的描述方法。

5.答:系统结构设计的任务就是以前阶段的数据流图和数据词典为基础,运用结构化设计方法导出新会计信息系统模块结构图,并进行子系统的划分。首先将会计信息系统划分为若干大模块,如账务处理模块、职工薪酬核算模块等;然后再将各大模块继续划分为较小的模块。

6.答:总体设计给出了计算机会计信息系统的总体结构图,将系统分解成许多个子系统和模块,并定义了模块的外部特征,即模块的功能集和输入/输出界面等。详细设计则将定义每个模块的内部特征,即定义每个模块内部的执行过程、具体实现方法和步骤。详细设计为编码工作制定了详细的框架、步骤和做法,编制详细设计说明书供程序设计使用。

在详细设计阶段要解决两个方面的问题,一个是决定实现每个模块的算法,另一个是用什么方法精确地表达这些算法。

详细设计方法有很多,如程序流程图、N-S 图、PAD 图和 PDL 语言。这些方法和内容都比较复杂,涉及编程、程序设计语言。由于这部分工作完全是由程序设计员来完成的,因此本书略之。

7.答:系统实施(system implementation)是按照已经审批的系统设计报告来安装、测试和启用新系统的一整套程序。系统实施是在系统调查与分析、系统设计之后的另一个系统开发主要阶段。

系统实施的目的。系统实施的目的包括如下几个方面：

(1)尽快按照已批准的系统设计把新系统安装起来。

(2)编写、测试和记录已批准系统设计的计算机操作与应用程序操作步骤。

(3)保证在使用说明书编写完毕和人员培训之后，有关人员能够胜任新系统的操作与维护。

(4)通过全面的系统测试，确定新系统是否满足使用者的需求。

(5)计划、控制和有条不紊地启用新系统，并且保证新旧系统的顺利转换。

系统实施的方法。选择适当的实施方法对新旧系统的顺利转换至关重要。系统实施可以通过下列三种主要方法：(1)平行法(parallel approach)，(2)直接法(direct approach)，(3)模块法(modular approach)。

系统实施在系统设计之后，它主要包括两个部分：一是软硬件研究阶段所提出的系统实体构成规划的实施，这一部分限定了新系统所需要的软件和硬件设备；二是系统设计阶段所制定的系统设计报告，该报告列明了系统设计的细则、系统实施计划、系统测试计划、使用说明书的起始部分和人员培训计划等，根据系统设计报告将依次完成系统的设计，计算机程序的编写，人员培训，新系统的运作测试，最后启用新系统。一般而言，系统实施的主要步骤及其顺序包括如下八个方面：(1)完成系统设计。(2)计算机硬件设备和系统软件的购置和安装。(3)编写、测试和描绘计算机程序。(4)挑选与培训操作人员。(5)编写使用说明书。(6)测试新系统。测试的方法有多种。从使用者角度来说，下列三种测试最为重要：①系统测试，②认可性测试(acceptance test)，③操作测试(operation test)。(7)获取高层主管的批准，高层主管审批要检查或履行下列步骤：①新系统的使用说明书是否内容完整和实用，新旧系统的转换计划是否切实可行，人员培训计划是否按时完成。②新系统已经全部安装完毕且运行良好，资料处理人员已对新系统执行全面的技术检查，验证设计是否有效，程序是否符合标准。③高层主管进一步审查新系统的日的、成本和预期效益，以确定新系统的实施能否实现企业的最大利益。④信息系统审计师是否已检查系统的测试结果，并提供相关的报告。(8)新旧系统的转换。

8.答：新系统的实施并不表示系统开发周期的结束，企业仍然需要对信息系统的运作加以经常性的维护与评估，以确保信息系统能够按照原定要求正常运作，及时发现潜在的问题或因经营环境与管理目的变动而产生的信息处理与使用的新需要。所以，系统开发周期的最后一个阶段就是系统维护和评估。

系统维护。系统维护指的是对系统的日常维修、护理和改善。系统维护并非都是因为系统出现故障，任何信息系统都要通过不断的改进以满足企业经营环境和管理需要的变化。一般而言，系统维护主要有三种类型：

(1)改正性维护(corrective maintenance)

改正性维护是在软件运行中发生异常或故障时进行的。这种异常现象常常是由于遇到了从未用过的输入数据组合情况或与其他软件或硬件的接口出现了问题，这些问题在开发测试过程中没有暴露出来。改正性维护的修改工作应在严密的控制下进行，以防造成不良的后果。

(2)完善性维护(improving maintenance)

完善性维护是为了扩充信息系统的功能。使用者在原来的需求中未提及,但使用一段时间后,又提出了新要求,希望在原系统上加以扩充。

(3)适应性维护(adaptive maintenance)

适应性维护是使运行中的软件能适应外部环境的变化。计算机技术是变化最快的一种新技术,无论是硬件还是操作系统都可以用日新月异来形容。为了适应新的环境变化,跟上新技术的发展,就要对原软件进行必要的修改。随着行业竞争加剧和经营环境的变化,适应性维护显得越来越重要。

维护系统的费用一般占系统开发成本的一半以上,因此,如何有效地控制维护成本也是企业所关心的问题。此外,系统维护还应注意如下几点:

(1)对系统维护中的某些重要步骤,如对现有系统功能的变更,必须经过反复测试才能实施,以保证这些变更既可解决现有的问题,又不会引发新的问题。

(2)系统维护尽可能采取有偿服务的原则,尤其是对完善性维护和适应性维护。收费有助于制止使用者提出某些不合理或不必要的系统维护要求,同时又可以明确软件供应商和使用者之间的责任,提高维护的效率和效果。

(3)系统维护作业必须尽可能快速完成,尽量不影响其他相关系统的运行。

(4)尽量避免产生因系统维护作业可能引起的控制失效或系统运作中断现象。

(5)可要求审计师对系统开发周期和应用系统的运作进行审计,以减少系统开发过程中可能出现的缺陷问题,并对系统的效率和效益作出全面的评估。

系统实施后评估。系统实施后评估是指在新系统正式使用一段时间后对其运作状况进行检查与评估。一般在新系统正式运作后数月或一年后进行。

系统实施后评估的目的如下:

(1)确定使用者对新系统的总体满意度;

(2)确定新系统的实际结果与预期目的的吻合程度;

(3)评估新系统的运作效率,必要时提出改进建议;

(4)评估新系统资料、培训和系统描述记录的质量;

(5)确定新系统开发过程是否符合本企业的系统开发周期;

(6)检查系统实施后的实际成本效益是否符合成本效益分析结果;

(7)检查整个系统开发的预算开支和实际开支是否一致;

(8)提出任何有助于改进新系统运作的建议。

内部审计师、外部审计师和系统分析师都可参与系统实施后评估。如果企业缺乏必要的人员,也可从外部聘请独立的咨询机构执行评估。

9.答:计算机硬件与网络结构的选择

计算机硬件设备与网络结构有多种组合方式,不同的组合方式构成了不同信息系统结构体系,也决定了不同的计算机工作方式的总体功能。因此,企业在配置相关硬件和选择网络结构时应结合本企业的特点和企业战略目标来决定。

(1)单机结构

单机结构由单独一台计算机和相应的外部设备组成。在单机结构中,所有的数据集中输入和输出，并且只能在一台计算机上完成，其工作方式属于单用户方式。单机结构方式一般适用于核算简单、规模很小的公司。

(2)多用户结构

多用户结构系统需要配置一台计算机主机(小型机或中型机)和多个终端。数据通过各终端分散输入，主机集中处理来自各个终端的数据。这种分散输入、集中处理方式，很好地实现了数据共享，提高了系统效率且具有良好的安全性。这种结构一般适用于会计业务量大、地理分布较集中、具有相当的系统维护能力的中小型企业。

(3)局域网结构

局域网(LAN)技术是目前最成熟的网络技术之一，以 Netware 和 Windows NT、Windows Server 为代表的网络操作系统很好地解决了网络环境下的数据共享和数据交换等问题。局域网网络操作系统基本上是采用客户—服务器(C/S)方式，可扩充性强、性价比高，并且较好地解决了网络环境下数据交换过程中的瓶颈问题。局域网网络系统是那些内部部门较多、各部门所处的地理位置相对较集中、部门之间数据交换频繁、数据共享要求比较高的企业首选的网络操作系统。目前，许多大中型企业都建立企业内部局域网，而会计信息系统也是该局域网中的一个组成部分。

(4)互联网结构

国际互联网技术是一门新兴的用于远程共享、异地交换的通信技术，其最大特点是企业在不增加或少增加投资的情况下实现数据异地共享和交换，为那些在全国或全世界范围内建有分支机构的企业提供了一个非常方便、有效的数据通信手段和方式。在 Internet 环境下可以实现会计信息系统的凭证异地录入、异地审核及异地信息与汇总，因而是集团公司和跨国公司首选的网络结构。随着移动互联网的普及以及 5G 技术的应用，将来的会计信息系统也可以适应移动终端的业务处理。

系统软件与应用软件的选择

系统软件主要包括计算机操作系统、计算机语言系统和数据库管理系统。应用软件则是指通用商品化软件、量身定做式定点开发软件、通用和定点开发相结合的软件三种。企业也应根据硬件结构体系与企业发展的要求进行适当选择。

(1)操作系统。它是一种有效地管理计算机软件资源和硬件资源的软件，它能够合理地组织计算机的整个工作过程，提高资源的利用率，并给用户提供强大的使用功能和灵活的使用环境。对于采用单机结构作为会计信息系统硬件结构的企业，通常都采用 Windows 操作系统；对于采用客户机/服务器体系的企业，可采用 Windows NT 操作系统，它已成为网络版财务软件的主流操作平台；对于采用多用户、分时体系结构的单位，可采用开源性的 UNIX 操作系统，该系统是全球闻名的强功能的多用户、多任务、分时操作系统，具有良好的可移植性和支持大量的程序设计语言等特点，广泛应用于大中型计算机上。

(2)程序设计语言。程序设计语言是进行程序设计的语言系统，它是计算机与人交流的工具，可分为机器语言、汇编语言、高级语言三类。在计算机会计信息系统中应选择表达能力强、表达方式灵活及生成代码效率高、可移植性好的程序设计语言，如 C 语言。

(3)数据库管理系统。数据库管理系统是对大量复杂的数据进行有效管理的软件，在会计信息系统中用它来进行数据的管理工作。常用的数据库管理系统有：Foxpro、Clipper、Oracle、SQL Server、Sybase、Informix 等。过去一般小型企业会计信息系统常用 Foxpro 来编程和管理数据；大型数据库（Oracle、Sybase、Informix）在大中型企业中应用很广；而在 Windows NT 操作系统中将以 SQL Server 最为流行。

(4)企业自行开发会计软件。这种方式是国际性跨国公司和银行系统所惯用的方法，这种方法所开发的会计软件具有适应性好、容易维护、服务及时以及安全性能好等优点，但其缺点是开发周期长、软件开发的水平受到开发人的技术限制等。因此，这种方法不适用于小型企业。

(5)购买通用会计软件。这种方法的优点是能在很短的时间内以较低的成本建立计算机会计信息系统，而且企业内部不必专设软件开发部门，会计人员只要学会使用软件就可完成一些基本的会计工作。但通用会计软件其功能有限，扩展、维护比较困难。因此，只适用于一些规模小、业务相对简单或管理要求不高的企业。

(6)企业自身技术力量与外部的软件开发机构联合开发会计软件。联合开发的机构一般是指高校和科研单位，也可以是一些通用软件开发商。利用这种方式实现的会计软件具有如下优点：外部技术力量可选择，从而可保证所开发的会计软件具有较高水平和较强的功能；所开发的会计软件能适应企业的环境和管理的要求。其缺点是开发费用可能较高，而且开发周期也可能很长。这种联合开发方式一般适用于中大型企业。

认识管理咨询在企业实施会计信息系统中的作用

对于一般的小型应用软件，软件开发、经销、实施与技术支持一般都由软件开发商一体化完成，而对于大型会计软件而言，软件开发和经销一般还是由开发商完成，但在软件实施与服务阶段则需要一支专业化咨询服务队伍。这些咨询专家组成独立的管理咨询公司，应软件开发商和企业的要求，负责双方的沟通、协调和指导，为企业建设大型会计信息系统提供有偿的专业化咨询服务。

组织软件实施的咨询顾问一般具备多方面综合能力与素质，主要包括：财务知识与财务管理能力、对各行各业企业实际管理模式与业务处理流程的理解能力与经验、对计算机技术的综合运用能力、与客户交往及对客户心理的把握、培训与讲解能力等，这些综合能力与素质是专门从事计算机软件产品开发的技术人员不完全具备的。管理咨询公司拥有一支专业化实施顾问队伍，可以为多家企业管理软件组织实施，进而可以掌握各家企业管理软件产品的特点，从而可以根据企业特定的业务需求为企业选择合适的软件产品。

管理咨询公司作为大型会计软件开发商与应用企业之间的桥梁，不仅对大型会计软件开发商在推出软件产品之后的进一步发展起推动作用，而且对推动大型会计软件能够在企业进行成功应用，以及实现企业业务流程优化重组和管理规范化起到非常重要的作用。目前国际四大会计师事务所都有从事这方面的业务。

六、小组讨论题

1.略。

2.略。

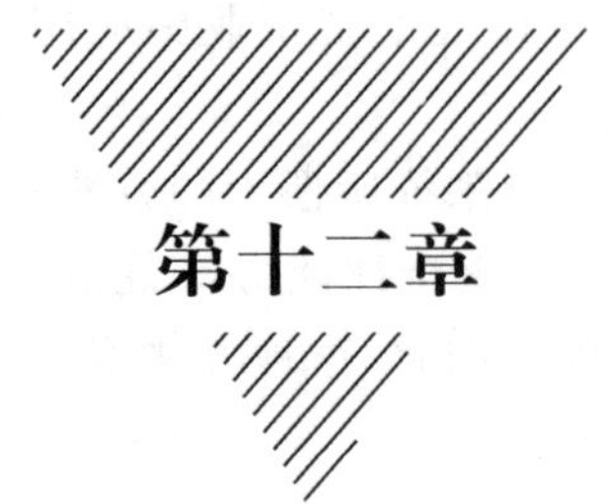

第十二章

会计信息系统内部控制

一、名词解释

1.内部控制。内部控制概念的发展经历了四个阶段,即:内部牵制、内部控制制度、内部控制结构和内部控制整合框架。当前比较流行的内部控制概念是由COSO委员会在1992年颁布的报告《内部控制——整体框架》中提出来的。即,内部控制是一个提供合理保证的过程,受企业董事会、管理当局和其他员工影响,旨在保证财务报告的可靠性、经营的效果和效率以及现行法规的遵循,其构成要素来源于管理阶层经营企业的方式,并与管理的过程相结合。

2.内部会计控制。内部会计控制是指有关保护企业资产和保证会计记录可靠性的组织谋划和业务处理程序,包括经济业务的授权审批,企业资产的限制接触,保证会计分类、记录和报告体系准确可靠的一系列措施,如现金、银行存款内部控制制度,成本、费用内部控制制度,存货、固定资产内部控制制度以及会计处理内部控制制度等等。

3.内部管理控制。内部管理控制是指督促目标责任的落实与业务效率的提高的内部控制制度,如劳动人事制度、新产品研究开发制度、产品生产内部控制制度、产品销售内部控制制度以及电子信息和情报资料内部控制制度等。

4.一般控制。一般控制是指与企业的会计信息系统和其他资料相关的控制,包括内部控制环境和内部控制架构等要素,包括组织控制、系统开发与维护控制、计算机操作控制、硬件与软件资源控制和系统安全控制。

5.应用控制。应用控制是指运用计算机系统进行会计数据处理过程中所实施的内部控制,包括输入控制、处理控制和输出控制。

6.顺序控制方式。顺序控制方式指将反映业务事项的凭证记录按一定的规则(如发生日期的先后)进行排列,并用连续的编号进行标注,通过编号保持记录的系统性和完整性。支票、发票、重要的日记账、订购单等许多商业凭证都可采用这种方式来控制。

7.总计数控制方式。总计数控制方式是指在顺序控制的基础上,对已入账事项的、分别产生于不同数据处理过程的两组总计数进行比较,以反映可能的遗漏、重复或错误。如明细账和总分类账的总计数相比较;复式记账凭证的借贷方总计数相比较等。

8.进程控制方式。进程控制是指将同一性质的经济业务按要求完成的先后进行排列，并按日程表的指示去执行。如一些购销业务需要经多道审批，一些面向高级管理人员的综合报告则来自下属各级经营业绩的逐级汇总。

9.平行运作控制方式。平行运作控制方式是指对同一经济业务的数据采用不同的处理方式，或由不同的人员来做相同或类似的处理，看是否得到相同或预期的结果。如核对银行存款日记账与银行对账单，将辅助账和控制账相比较等。

10.控制环境。控制环境是反映董事会、最高管理当局和企业所有者对内部控制及其重要性的整体态度的控制政策、措施和行为。控制环境是一种氛围，它能增强或弱化企业各种方针政策的作用，直接影响其他内部控制成分。

11.信息和沟通。信息与沟通指管理当局通过所建立的对经济活动数据进行加工处理的信息系统为经营管理者提供信息，并通过该系统实现信息传递的内部控制措施。这些系统使企业内部的员工取得他们在执行、管理和控制企业经营过程中所需的信息，并交换这些信息。

二、填空题

1.内部会计控制　内部管理控制

2.预防性控制　查错性控制　更正性控制

3.不相容职务　利用职权舞弊

4.组织控制　系统开发与维护控制　硬件与软件资源控制　系统安全控制

5.输入　处理　输出

6.控制环境　风险评估　控制活动　信息和沟通　监督

7.内部环境　目标设定　事件识别　风险评估　风险回应

8.开发　运行　维护

9.加密措施

10.企业负责人

11.归口管理部门　开发需求　关键控制点

12.信息系统　计算机硬件　软件　人员　信息流　运行规程

三、不定项选择

1.B	2.B	3.ABCD	4.AC	5.ABCD
6.ABCD	7.ACD	8.ABCD	9.CD	10.C
11.B	12.AB	13.B	14.D	15.BCD
16.ABCD	17.AC	18.AD	19.ACD	20.AB

四、判断题

1.×

解析：预防性控制着重于事先防止不利事项（如差错或弊端损失）的发生，但属于被动性控制，因为其不是针对及时发现不利事项的发生。

2.×

解析：任何系统的有效运作都有赖于健全的内部控制。但内部控制不是万能的，它本身存在一定的局限性，所以，只有内控并不能保证企业的一切运行良好。

3.×

解析：虽然两种环境下内控的目标是一致的，但是各项规章制度、组织措施、管理方法、业务处理手续等方面是不相同的。

4.×

解析：内部控制不是固定不变的，当企业的情况发生了变化，原先设定的内部控制有可能不再适合新的情况。

5.×

解析：电算审计岗位可以由会计稽核人员兼任，也可在企业内部审计部门设置，但不可以由电算会计兼任，二者属于不相容岗位。

6.×

解析：内部管理控制是建立内部会计控制的基础。

7.×

解析：进程控制是指将同一性质的经济业务按要求完成的先后进行排列，并按日程表的指示去执行。而档案系统控制方式是指在各项经济业务发生前，先建立一个原始文件副本的系统档案，当所有业务开始执行后，每完成一个项目，就勾销一项，最后在档案系统中的未勾销项目就是没有完成控制目标的项目。

8.×

解析：限制接近控制方式是指对某些行为，只限于已被授权的人员接近，未经批准的人员禁止接触。

9.×

解析：只有当一项控制所能给企业带来的效益大于其所花费的成本时，企业管理当局才会考虑设置并实施该项控制。

10.√

11.×

解析：董事会是内部环境中最关键的因素，它显著地影响着其他内部要素。

12.√

五、问答题

1.答：手工会计信息系统与计算机会计信息系统环境下各作业流程的风险与控制的差异分析列示如下表：

作业流程或要素	手工系统	计算机系统		
		特征	风险暴露	控制程序
资料搜集	资料记录于书面凭证； 由人工检查资料来源的正确性。	资料获取可能不通过书面凭证； 输入资料不需经操作员检查。	丧失部分审计脉络； 某些疏忽或故意的差错可能进入系统。	由计算机系统打印多联式原始凭单； 由计算机系统的编辑程序执行检查。
资料处理	由会计人员判断处理； 处理作业由不同部门或职员分别执行； 需要人工登录日记账和分类账，处理过程缓慢。	由计算机依据指令自动处理； 全部处理集中由计算机完成； 不需要人工登录账簿，处理过程快速。	指令差错可能导致不正确的处理结果； 可能产生未授权资料处理； 丧失部分审计脉络。	认真设计和检查计算机处理指令程序； 限制接近计算机设备； 程序变更必须经过明确的审批并记录； 利用控制总和检查处理结果。
资料储存与读取	交易文件或凭证存置于不同部门； 各个部门仅能接近部分或个别交易资料。	资料储存于磁性媒体； 资料易被删除或不留痕迹修改； 可能经由终端机从不同地点接收全部的储存资料。	未经授权可能接近盗窃或更改资料记录； 资料可能无法直接使用； 资料记录可能因疏忽或系统故障而被消除。	计算机硬件和软件的保安防护； 限制对资料记录的接近(口令、密码)； 定期打印资料文件； 定期备份。
信息形成与输出	手工输出信息，数量一般较少； 基本是书面形式输出。	快速产生信息输出，数量较多； 产生多种形式的信息输出。	整洁打印输出可能使使用者忽略处理差错； 储存于磁性媒体资料较之书面形式更易于被篡改。	由使用者检查输出，包括复核有关计算结果； 对各种资料备份； 定期把储存资料打印输出。
信息传送	一般经邮寄或人工传送。	通过电子通信或网络传送。	未经授权人员可能接近篡改或毁损资料。	建立电子传送安全防护； 资料编码后传送； 检验已传送资料的正确性。
系统设备	简单、价格低廉、便于移动。	复杂、成本较高且安装于固定地点。	经营过程可能因系统故障而中断； 系统运作因交易量小而低效运作。	紧急电源供应，必要的硬件配件； 建立系统设备的安全防护； 记录系统使用状况及作业状态。

2.答：内部控制是一个体系，不同的内部控制方式有着不同的作用范围，它们在纵横多个层次上协调工作，共同发挥其功能。内部控制方式主要有以下几种：

(1)授权控制方式。指任命一个恰当的管理人员来负责交易的授权，只有经授权人审核和确定的业务事项才可以进行会计记录和处理，那些未经授权人批准的会计事项，则不允许进入会计信息系统。

(2)顺序控制方式。指将反映业务事项的凭证记录按一定的规则(如发生日期的先后)进行排列，并用连续的编号进行标注，通过编号保持记录的系统性和完整性。支票、发票、重要的日记账、订购单等许多商业凭证都可采用这种方式来控制。

(3)总计数控制方式。指在顺序控制的基础上，对已入账事项的、分别产生于不同数据处理过程的两组总计数进行比较，以反映可能的遗漏、重复或错误。如对明细账和总分类账的总计数进行比较；对复式记账凭证的借贷方总计数进行比较等。

(4)档案系统控制方式。指在各项经济业务发生前，先建立一个原始文件副本的系统档案，当所有业务开始执行后，每完成一个项目，就勾销一项，最后在档案系统中的未勾销项目就是没有完成控制目标的项目。

(5)进程控制方式。一些经济业务的完成要经过多个步骤或办理多道手续，这些步骤或手续承前启后，一环扣一环，下一个环节工作的开始是以上一环节正常结束为前提。进程控制是指将同一性质的经济业务按要求完成的先后进行排列，并按日程表的指示去执行。

(6)限制接近控制方式。指对某些行为，只限于已被授权的人员接近，未经批准的人员禁止接触。

(7)平行运作控制方式。指对同一经济业务的数据采用不同的处理方式，或由不同的人员来做相同或类似的处理，看是否得到相同或预期的结果。

(8)职责分工控制方式。职责分工控制方式的核心在于将不相容职务进行分离，对每一个职能部门或人员的职责进行明确的界定。各职能单元之间相互牵制，相互监督。

3.答：COSO委员会于2004年颁布了《企业风险管理框架》(ERM)，认为其1992年发布的《内部控制——整体框架》只是包含在企业风险管理框架中的一体化部分，而企业风险管理框架是一个受到企业董事会、管理层和其他人员影响并在战略决策和整个企业中贯穿实施的过程。企业风险管理框架这个概念包含了以下基本内容：

(1)企业风险管理是一个过程。ERM不是一个事件或状态，而是贯穿于企业营运过程中的一系列活动，它是与企业的各种经营活动紧紧“缠绕”在一起的，是基于基本的商业目的而存在的。

(2)企业风险管理受到人的影响。ERM不只是一些政策、手册和表格，而是包括了企业中的每一个人。只有人才可能制定企业的目标，并设置风险管理的机制。反过来，企业风险管理又影响着人的行动。

(3)企业风险管理用于战略决策。ERM有助于企业管理层在战略决策时考虑与各种替代战略有关的风险。

(4)ERM是在整个企业中贯穿实施的。ERM既要考虑企业层面的活动，又要考虑部门层面的活动，同时还包括一些具体的经营过程。

(5)强调“风险偏好”(risk appetite)的概念。风险偏好是指一个企业在追求价值的过程中愿意接受风险的量，它直接与企业的战略相连。在战略决策中应用风险管理，可以帮助管理层选择与企业的风险偏好一致的战略。

(6)明确企业风险管理职能做到“合理”保证。ERM认为,不论设计及执行有多么完善,企业风险管理都只能为管理层及董事会提供达成企业目标的合理保证。

(7)与IC-IF相比,ERM提出了战略、经营、报告和遵循性四种目标,将IC-IF中内部控制的目标进行了拓展。

4.答:任何系统的有效运作都有赖于健全的内部控制。也就是说,必须建立一套必要的机制或程序,进行衡量、监控、调节,从而保证各系统实现其既定的目标。但内部控制不是万能的,它本身存在一定的局限性,表现在以下几个方面:

(1)内部控制措施的制定和实施要考虑成本效益原则。只有当一项控制所能给企业带来的效益大于其所花费的成本时,企业管理当局才会考虑设置并实施该项控制。

(2)因经营环境、业务性质的改变使内部控制削弱或失效。企业已有的内部控制是针对重复发生的业务设计的,而且一旦设置就具有相对稳定性。如果出现不经常发生或未预计到的经济业务,就会对该类业务缺乏控制能力,从而影响内部控制的效果。

(3)设计人原因引起的局限性。任何“完美”的内部系统,都会因设计人经验和知识水平的限制而带有缺陷;也可能由于制定者从局部利益出发,造成“控外不控内,控下不控上”的局面,使内部控制大打折扣。

(4)执行人原因引起的局限性。企业内部行使控制职能的管理人员滥用职权、蓄意营私舞弊;或者企业内部行使控制职能的人员素质不适应岗位要求,都将限制内部控制作用的发挥。

5.答:项目计划通常包括项目范围说明、项目进度计划、项目质量计划、项目资源计划、项目沟通计划、风险对策计划、项目采购计划、需求变更控制、配置管理计划等内容。项目计划不是完全静止、一成不变的,在项目启动阶段,可以先制订一个较为原则的项目计划,确定项目主要内容和重大事项,然后根据项目的大小和性质以及项目进展情况进行调整、充实和完善。项目计划环节的主要风险是:信息系统建设缺乏项目计划或者计划不当,导致项目进度滞后、费用超支、质量低下。

主要控制措施:

第一,企业应当根据信息系统建设整体规划提出分阶段项目的建设方案,明确建设目标、人员配备、职责分工、经费保障和进度安排等相关内容,按照规定的权限和程序审批后实施。

第二,企业可以采用标准的项目管理软件(比如office project)制订项目计划,并加以跟踪。在关键环节进行阶段性评审,以保证过程可控。

第三,项目关键环节编制的文档应参照《GB8567—88计算机软件产品开发文件编制指南》等相关国家标准和行业标准进行,以提高项目计划编制水平。

6.答:需求分析的目的是明确信息系统需要实现哪些功能。该项工作是系统分析人员和用户单位的管理人员、业务人员在深入调查的基础上,详细描述业务活动涉及的各项工作以及用户的各种需求,从而建立未来目标系统的逻辑模型。这一环节的主要风险是:第一,需求本身不合理,对信息系统提出的功能、性能、安全性等方面的要求不符合业务处理和控制的需要。第二,技术上不可行、经济上成本效益倒挂,或与国家有关法规制度存在冲突。第三,需求文档表述不准确、不完整,未能真实全面地表达企业需求,存在表述缺失、表述不一致甚至表述错误等问题。

主要控制措施：

第一，信息系统归口管理部门应当组织企业内部各有关部门提出开发需求，加强系统分析人员和有关部门的管理人员、业务人员的交流，经综合分析提炼后形成合理的需求。

第二，编制表述清晰、表达准确的需求文档。需求文档是业务人员和技术人员共同理解信息系统的桥梁，必须准确表述系统建设的目标、功能和要求。

第三，企业应当建立健全需求评审和需求变更控制流程。依据需求文档进行设计（含需求变更设计）前，应当评审其可行性，由需求提出人和编制人签字确认，并经业务部门与信息系统归口管理部门负责人审批。

7.答：系统设计是根据系统需求分析阶段所确定的目标系统逻辑模型，设计出一个能在企业特定的计算机和网络环境中实现的方案，即建立信息系统的物理模型。系统设计包括总体设计和详细设计。系统设计环节的主要风险是：第一，设计方案不能完全满足用户需求，不能实现需求文档规定的目标。第二，设计方案未能有效控制建设开发成本，不能保证建设质量和进度。第三，设计方案不全面，导致后续变更频繁。第四，设计方案没有考虑信息系统建成后对企业内部控制的影响，导致系统运行后衍生新的风险。

主要控制措施：

第一，系统设计负责部门应当就总体设计方案与业务部门进行沟通和讨论，说明方案对用户需求的覆盖情况；存在备选方案的，应当详细说明各方案在成本、建设时间和用户需求响应上的差异；信息系统归口管理部门和业务部门应当对选定的设计方案予以书面确认。

第二，企业应参照《GB8567—88 计算机软件产品开发文件编制指南》等相关国家标准和行业标准，提高系统设计说明书的编写质量。

第三，企业应建立设计评审制度和设计变更控制流程。

第四，在设计系统时应当充分考虑信息系统建成后的控制环境，将生产经营管理业务流程、关键控制点和处理规程嵌入系统程序，实现手工环境下难以实现的控制功能。

第五，应充分考虑信息系统环境下的新的控制风险。

第六，应当针对不同的数据输入方式，强化对进入系统数据的检查和校验功能。

第七，设计系统时应当考虑在信息系统中设置操作日志功能，确保操作的可审计性。对异常的或者违背内部控制要求的交易和数据，应当设计由系统自动报告并设置跟踪处理机制。

第八，预留必要的后台操作通道，对于必需的后台操作，应当加强管理，建立规范的操作流程，确保足够的日志记录，保证对后台操作的可监控性。

8.答：编程阶段是将详细设计方案转换成某种计算机编程语言的过程。编程阶段完成之后，要进行测试，测试主要有以下目的：一是发现软件开发过程中的错误，分析错误的性质，确定错误的位置并予以纠正。二是通过某些系统测试，了解系统的响应时间、事务处理吞吐量、载荷能力、失效恢复能力以及系统实用性等指标，以便对整个系统作出综合评价。测试环节在系统开发中具有举足轻重的地位。这一环节的主要风险是：第一，编程结果与设计不符。第二，各程序员编程风格差异大，程序可读性差，导致后期维护困难，维护成本高。第三，缺乏有效的程序版本控制，导致重复修改或修改不一致等问题。第四，测试不充分。单个模块正常运行但多个模块集成运行时出错，开发环境下测试正常而生产环境下运行出错，开发人员自测正常而业务部门用户使用时出错，导致系统上线后可能出现严重问题。

主要控制措施：

第一，项目组应建立并执行严格的代码复查评审制度。

第二，项目组应建立并执行统一的编程规范，在标识符命名、程序注释等方面统一风格。

第三，应使用版本控制软件系统（例如 CVS），保证所有开发人员基于相同的组件环境开展项目工作，协调开发人员对程序的修改。

第四，应区分单元测试、组装测试（集成测试）、系统测试、验收测试等不同测试类型，建立严格的测试工作流程，提高最终用户在测试工作中的参与程度，改进测试用例的编写质量，加强测试分析，尽量采用自动测试工具提高测试工作的质量和效率。具备条件的企业，应当组织独立于开发建设项目组的专业机构对开发完成的信息系统进行验收测试，确保在功能、性能、控制要求和安全性等方面符合开发需求。

9.答：系统上线是将开发出的系统（可执行的程序和关联的数据）部署到实际运行的计算机环境中，使信息系统按照既定的用户需求来运转，切实发挥信息系统的作用。这一环节的主要风险是：第一，缺乏完整可行的上线计划，导致系统上线混乱无序。第二，人员培训不足，不能正确使用系统，导致业务处理错误，或者未能充分利用系统功能，导致开发成本浪费。第三，初始数据准备设置不合格，导致新旧系统数据不一致、业务处理错误。

主要控制措施：

第一，企业应当制订信息系统上线计划，并经归口管理部门和用户部门审核批准。上线计划一般包括人员培训、数据准备、进度安排、应急预案等内容。

第二，系统上线涉及新旧系统切换的，企业应当在上线计划中明确应急预案，保证新系统失效时能够顺利切换回旧系统。

第三，系统上线涉及数据迁移的，企业应当制订详细的数据迁移计划，并对迁移结果进行测试。用户部门应当参与数据迁移过程，对迁移前后的数据予以书面确认。

10.答：(1)选择外包服务商

这一环节的主要风险是：由于企业与外包服务商之间本质上是一种委托—代理关系，合作双方的信息不对称容易诱发道德风险，外包服务商可能会实施损害企业利益的自利行为，如偷工减料、放松管理、信息泄密等。

主要控制措施：

第一，企业在选择外包服务商时要充分考虑服务商的市场信誉、资质条件、财务状况、服务能力、对本企业业务的熟悉程度、既往承包服务成功案例等因素，对外包服务商进行严格筛选。

第二，企业可以借助外包业界基准来判断外包服务商的综合实力。

第三，企业要严格进行外包服务审批及管控流程，对信息系统外包业务，原则上应采用公开招标等形式选择外包服务商，并实行集体决策审批。

(2)签订外包合同

这一环节的主要风险是：由于合同条款不准确、不完善，可能导致企业的正当权益无法得到有效保障。

主要控制措施：

第一，企业在与外包服务商签约之前，应针对外包可能出现的各种风险损失，恰当拟定合同条款，对涉及的工作目标、合作范畴、责任划分、所有权归属、付款方式、违约赔偿及合约期限等问题作出详细说明，并由法律部门或法律顾问审查把关。

第二，开发过程中涉及商业秘密、敏感数据的，企业应当与外包服务商签订详细的“保密协定”，以保证数据安全。

第三，在合同中约定付款事宜时，应当选择分期付款方式，尾款应当在系统运行一段时间并经评估验收后再支付。

第四，应在合同条款中明确要求外包服务商保持专业技术服务团队的稳定性。

(3)持续跟踪评价外包服务商的服务过程

这一环节的主要风险是：企业缺乏外包服务跟踪评价机制或跟踪评价不到位，可能导致外包服务质量水平不能满足企业信息系统开发需求。

主要控制措施：

第一，企业应当规范外包服务评价工作流程，明确相关部门的职责权限，建立外包服务质量考核评价指标体系，定期对外包服务商进行考评，并公布服务周期的评估结果，实现外包服务水平的跟踪评价。

第二，必要时，可以引入监理机制，降低外包服务风险。

11.在外购调试方式下，一方面，企业面临与委托开发方式类似的问题，企业要选择软件产品的供应商和服务供应商、签订合约、跟踪服务质量，因此，企业可采用与委托开发方式类似的控制措施；另一方面，外购调试方式也有其特殊之处，企业需要有针对性地强化某些控制措施。

(1)软件产品选型和供应商选择

这一环节的主要风险是：第一，软件产品选型不当，产品在功能、性能、易用性等方面无法满足企业需求。第二，软件供应商选择不当，产品的支持服务能力不足，产品的后续升级缺乏保障。

主要控制措施：

第一，企业应明确自身需求，对比分析市场上的成熟软件产品，合理选择软件产品的模块组合和版本。

第二，企业在软件产品选型时应广泛听取行业专家的意见。

第三，企业在选择软件产品和服务供应商时，不仅要评价其现有产品的功能、性能，还要考察其服务支持能力和后续产品的升级能力。

(2)服务提供商选择

这一环节的主要风险是：服务提供商选择不当，削弱了外购软件产品的功能发挥，导致无法有效满足用户需求。

主要控制措施：在选择服务提供商时，不仅要考核其对软件产品的熟悉、理解程度，也要考核其是否深刻理解企业所处行业的特点、是否理解企业的个性化需求、是否有过相同或相近的成功案例。

12.答:日常运行维护的目标是保证系统正常运转,主要工作内容包括系统的日常操作、系统的日常巡检和维修、系统运行状态监控、异常事件的报告和处理等。这一环节的主要风险是:第一,没有建立规范的信息系统日常运行管理规范,计算机软硬件的内在隐患易于爆发,可能导致企业信息系统出错。第二,没有执行例行检查,导致一些人为恶意攻击会长期隐藏在系统中,可能造成严重损失。第三,企业信息系统数据未能定期备份,可能导致损坏后无法恢复,从而造成重大损失。

主要控制措施:

第一,企业应制定信息系统使用操作程序、信息管理制度以及各模块子系统的具体操作规范,及时跟踪、发现和解决系统运行中存在的问题,确保信息系统按照规定的程序、制度和操作规范持续稳定运行。

第二,切实做好系统运行记录,尤其是对于系统运行不正常或无法运行的情况,应对异常现象、发生时间和可能的原因做详细记录。

第三,企业要重视系统运行的日常维护,在硬件方面,日常维护主要包括各种设备的保养与安全管理、故障的诊断与排除、易耗品的更换与安装等,这些工作应由专人负责。

第四,配备专业人员负责处理信息系统运行中的突发事件,必要时应会同系统开发人员或软硬件供应商共同解决。

13.答:系统变更主要包括硬件的升级扩容、软件的修改与升级等。系统变更是为了更好地满足企业需求,但同时应加强对变更申请、变更成本与进度的控制。这一环节的主要风险是:第一,企业没有建立严格的变更申请、审批、执行、测试流程,导致系统随意变更。第二,系统变更后的效果达不到预期目标。

主要控制措施:

第一,企业应当建立标准流程来实施和记录系统变更,保证变更过程得到适当的授权与管理层的批准,并对变更进行测试。信息系统变更应当严格遵照管理流程进行操作。信息系统操作人员不得擅自进行软件的删除、修改等操作;不得擅自升级、改变软件版本;不得擅自改变软件系统的环境配置。

第二,系统变更程序(如软件升级)需要遵循与新系统开发项目同样的验证和测试程序,必要时还应当进行额外测试。

第三,企业应加强紧急变更的控制管理。

第四,企业应加强对将变更移植到生产环境中的控制管理,包括系统访问授权控制、数据转换控制、用户培训等。

14.答:这一环节的主要风险是:第一,硬件设备分布物理范围广,设备种类繁多,安全管理难度大,可能导致设备生命周期短。第二,业务部门信息安全意识薄弱,对系统和信息安全缺乏有效的监管手段。少数员工可能恶意或非恶意滥用系统资源,造成系统运行效率降低。第三,对系统程序的缺陷或漏洞安全防护不够,导致遭受黑客攻击,造成信息泄露。第四,对各种计算机病毒防范清理不力,导致系统运行不稳定甚至瘫痪。第五,缺乏对信息系统操作人员的严密监控,可能导致舞弊和利用计算机犯罪。

主要控制措施：

第一，建立信息系统相关资产的管理制度，保证电子设备的安全。

第二，企业应成立专门的信息系统安全管理机构，由企业主要领导负总责，对企业的信息安全做总体规划和全方位严格管理。企业应当建立信息系统安全保密制度和泄密责任追究制度。

第三，企业应当按照国家相关法律法规以及信息安全技术标准，制定信息系统安全实施细则。根据业务性质、重要程度、涉密情况等确定信息系统的安全等级，建立不同等级信息的授权使用制度，采用相应技术手段保证信息系统运行安全有序。

第四，企业应当有效利用 IT 技术手段，对硬件配置调整、软件参数修改严加控制。

第五，企业委托专业机构进行系统运行与维护管理的，应当严格审查其资质条件、市场声誉和信用状况等，并与其签订正式的服务合同和保密协议。

第六，企业应当采取安装安全软件等措施防范信息系统受到病毒等恶意软件的感染和破坏。企业应当特别注重对服务器等关键部位的防护；应当严密防范来自互联网的黑客攻击和非法侵入；应当采取必要的技术手段确保信息传递的保密性、准确性、完整性。

第七，企业应当建立系统数据定期备份制度，明确备份范围、频度、方法、责任人、存放地点、有效性检查等内容。

第八，企业应当建立信息系统开发、运行与维护等环节的岗位责任制度和不相容职务分离制度，防范利用计算机舞弊和犯罪。

第九，企业应积极开展信息系统风险评估工作，定期对信息系统进行安全评估，及时发现系统安全问题并加以整改。

六、小组讨论题(略)

第三部分

实验教程

实验说明

《会计信息系统》实验教程设计的初衷是让学生在学习和掌握了会计专业理论知识的基础上，了解和熟悉会计在实践中的操作和运用。通过对会计实务的观察可以发现，在信息技术日新月异、管理理念层出不穷、业务模式不断创新的大环境下，业财融合的会计信息系统越来越普及，单机或中小型版会计软件已无法满足企业的需求；会计信息化和系统智能化已逐步替代原先烦琐的传统手工会计工作，且替代程度越来越深；在 ERP 系统环境下，会计流程经过重组，业务财务实现一体化，会计环境发生了根本性的变化，传统的“凭证、账簿、报表”三位一体的会计流程在实务中已经被“融化”在 ERP 的业务流程中，会计信息系统在 ERP 环境下的边界变得模糊不清。因此，现代会计教育不能再局限于传统会计流程，而应该将业务与财务相结合，从业财融合的角度去探究现代会计信息系统。

本实验教程以用友 ERP-NC 6.5 为操作平台，以供应链企业为实验对象展开。教程设计是以“小组合作、仿真模拟”的形式，即每小组可由 5～10 人组成，承担一个虚拟公司的会计全流程工作。小组成员在公司中担任不同的角色，共同探讨、各自操作，合力完成全部实验。实验以供应链业务为主体业务，以固定资产业务和人力资源业务为辅助业务，最终将多方业务数据转化为财务和报表信息输出，以期达到模拟真实企业日常运作的效果，让小组各成员全面了解业财融合 ERP 系统的会计流程。实验内容分为八个章节，实验一为动态建模，主要包括用户新增及权限分配、少量期初基础设置等。实验二、三、四分别为采购业务、销售业务、存货管理及核算业务，购、销、存相互关联，共同构成了供应链业务。实验五为固定资产业务，实验六为人力资源业务，这两部分业务相对独立，但又是企业运营中必不可少的环节。实验七为总账日常业务，实验八为期末业务及会计报表，实验七和实验八由系统自动汇集前面所有业务数据，并将这些业务数据转化为财务数据，最终通过会计报表输出提供给相关信息者。各章节的实验内容及相互之间的关系可如下图所示。

本实验内容综合、全面，每个实验都考虑到了业务的各种情况，一方面是为了让学生更好地了解业务，理解业务与财务在实务中的关系；另一方面也是为了让学生更好地熟悉 ERP 系统的操作，掌握数据信息在不同模块中的传递路径，了解公司的经营运作。由于信息技术日新月异、企业运营模式日益复杂，加上实验设计者水平、能力和知识的有限，本实验教材难免有设计上的缺陷和编写上的偏误，敬请读者批评指正。

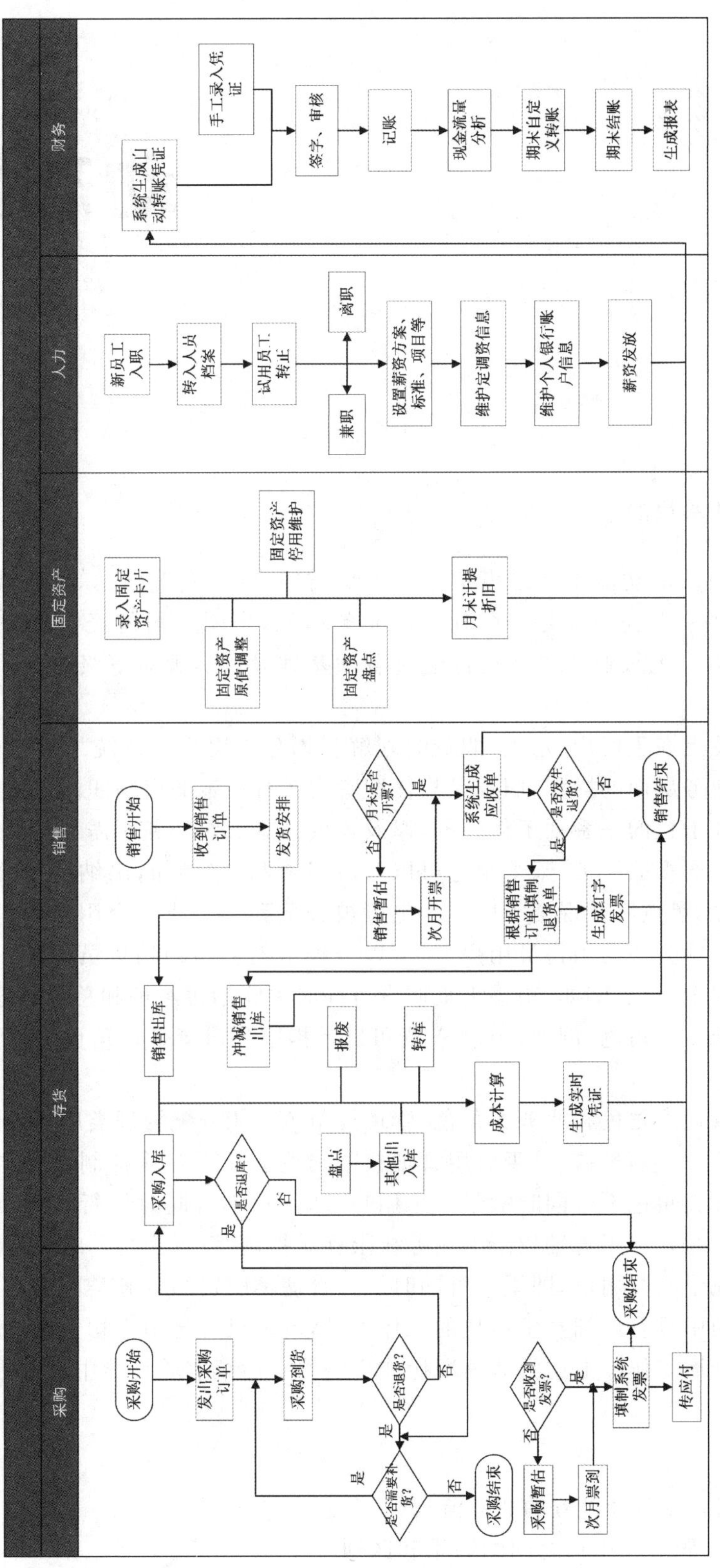

图1 各章节实验内容及相互关系

实验一 动态建模

实验摘要及实验目的

动态建模模块的功能主要是搭建集团组织结构、设置基础档案等，是其他模块开展业务的基础。每一个公司都是一个独立的业务单元，集团公司的经济业务是以业务单元为主体开展的。上级业务单元可以通过各项基础设置实现对下级业务单元的管理控制。

本模块的重点在于用户、角色、职责的理解和划分。用户是系统最直接的使用者，承担所有管理及业务层面的操作；职责是指任职者为履行一定的组织职能或完成工作使命，所负责的范围和承担的一系列工作任务，以及完成这些工作任务所需承担的相应责任；角色是连接用户和职责的纽带，某个角色可以对应多项职责（例如，出纳这个角色可以对应登记现金日记账，盘点库存现金等职责），也可被分配到一个或多个用户（例如，销售的角色既可以分配给甲公司的销售员用户，又可以分配给乙公司的销售员用户）。同时，某个职责也可关联多个角色（例如，销售审批职责可同时关联销售经理和总经理这两个角色）；某个用户可承担多个角色（例如，用户 A 既可以承担甲公司董事长角色，也可以承担甲公司总经理角色）。

角色分为管理类角色和业务类角色，管理类角色职能分配管理类职责，业务类角色职能分配业务类职责。当参数"是否启用管理权限与业务权限互斥控制"设置为"是"时，管理类角色和业务类角色不可同时赋予一个用户，即用户不可同时执行管理类职责和业务类职责；当参数"是否启用管理权限与业务权限互斥控制"设置为"否"时，可将管理类角色和业务类角色赋予同一用户，即用户可同时执行管理类职责和业务类职责。

员工是公司中具有详细身份信息的工作人员，员工只有与用户相关联，才能以用户的身份在系统中开展工作。上述具体情况操作方法将在后续实验指导中具体展开。

实验要求

1.掌握集团企业基础设置的业务流程

2.了解角色、职责和用户之间的联系和区别

3.了解企业管理中的内部控制与权责分离

实验资料

1.新建用户并分配角色

为小组所有成员新建用户，将新建的用户关联到相应的角色(具体内容参照表1)。

表 1

小组成员	用户名称（姓名）	用户编码（学号）	关联角色
张三(组长)	张三	17520170001001	博学子公司01_核算会计、博学子公司01_成本会计
李四(组员一)	李四	17520170001002	博学子公司01_核算会计、博学子公司01_成本会计
王五(组员二)	王五	17520170001003	博学子公司01_人事专员、博学子公司01_资产会计
赵六(组员三)	赵六	17520170001004	博学子公司01_采购专员、博学子公司01_应付管理
孙七(组员四)	孙七	17520170001005	博学子公司01_销售专员、博学子公司01_应收管理
周八(组员五)	周八	17520170001006	博学子公司01_核算会计、博学子公司01_总账会计
吴九(组员六)	吴九	17520170001007	博学子公司01_核算会计、博学子公司01_出纳岗位

2.新建"角色"和"职责"并相互关联

3.存货期初余额建账

4.总账期初余额建账

操作指导

1.新建用户并分配角色

(1)设定用户名称和用户编码

负责动态建模的张三以用户"BX01"(提前分配指定为小组管理员)进入系统，双击【动态建模平台】—【权限管理】—【用户】，打开"用户"对话框，点击【新增】按钮，点击【所属组织】项目框中的放大镜，选择"BX01 博学子公司01"。点击【所属用户组】项目框中的放大镜，选择"01 group student"，填写"用户编码"和"用户名称"，修改生效日期为"20××年1月1日"，点击【保存】按钮。

常用功能
动态建模平台
集成平台
应用管理平台
共享服务
企业绩效管理
资产管理
供应商管理
组织管理
权限管理
基础数据
流程管理
会计平台
客户化配置
系统管理
开发配置
应用资产管理
报表平台
计划平台
用户管理
用户组
用户
待处理用户
职责管理
职责-集团
业务活动权限启用
角色管理
角色组
管理类角色
业务类角色

图 1

功能导航
消息中心
用户
新增
修改
删除
复制
查询
刷新
过滤
辅助功能
分配权限
所属组织
所属用户组
用户编码
用户名称
身份类型
身份

图 2

功能导航
消息中心
用户
保存
保存新增
取消
返回
所属组织
BX01
所属用户组
用户名称
ZH
身份类型
员工
身份
认证类型
静态密码验证
密码安全级别
数据格式
中文简体
内容语种
失效日期
启用状态
已启用
备注
审计信息
集团内共享
集团间共享
所属组织
用户组编码
用户组名称
业务单元+集团
BX01 博学子公司01

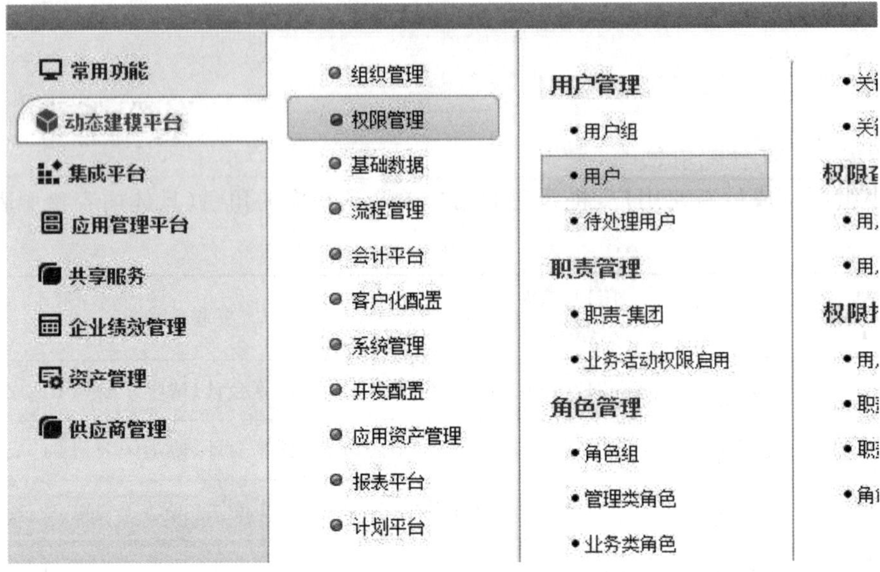

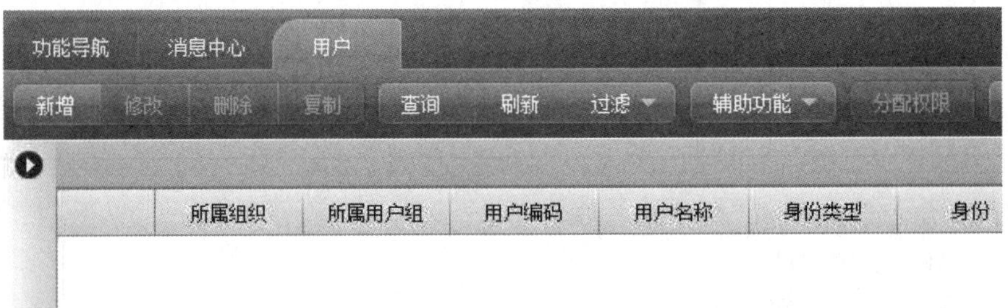

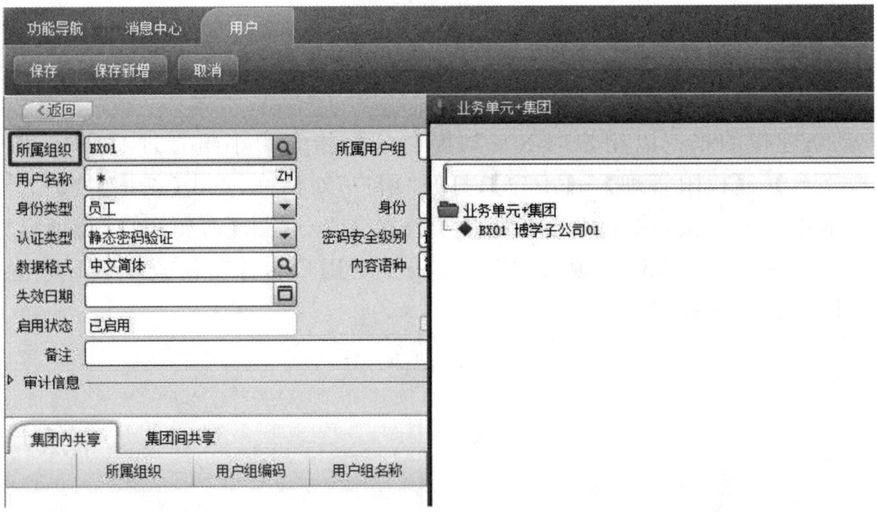

图 3

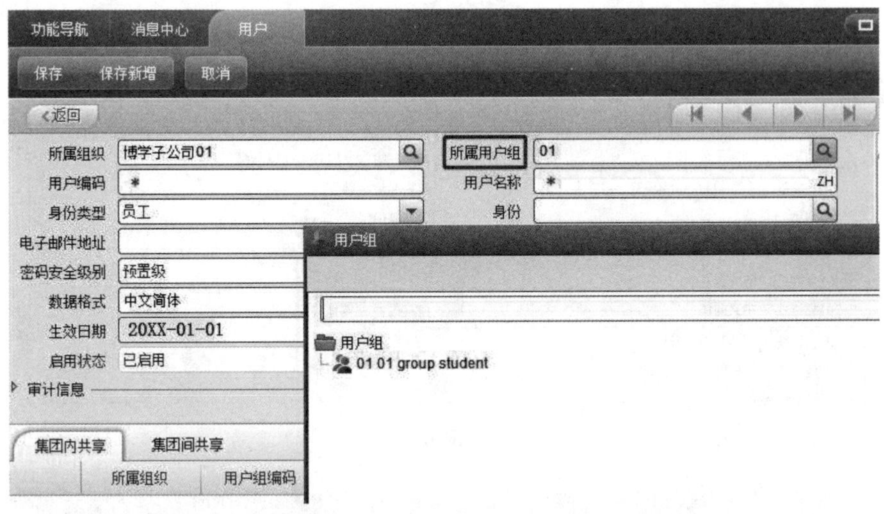

图 4

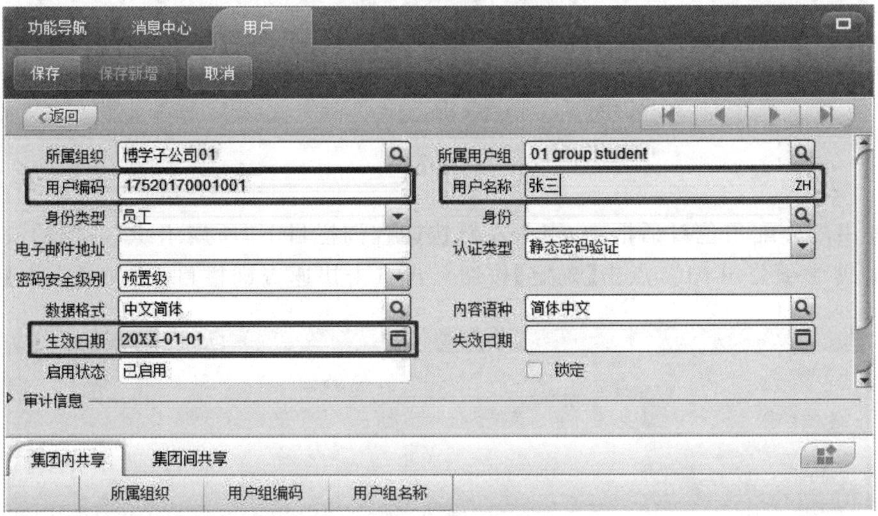

图 5

(2)分配角色和权限

保存成功后，在功能栏点击【分配权限】按钮，进入分配权限的界面后点击【分配角色】按钮。

图 6

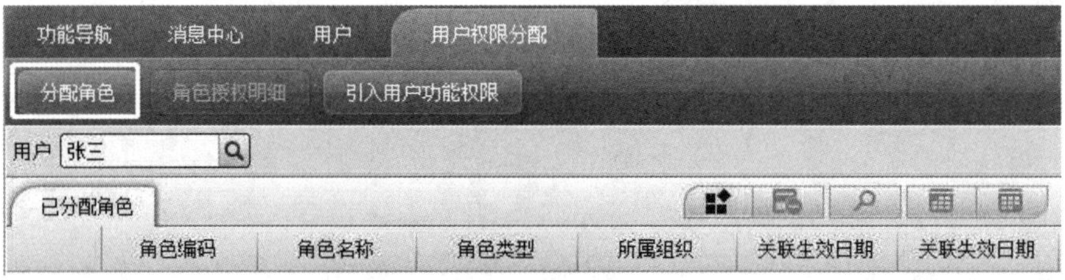

图 7

在弹出的分配角色对话框中，点击左侧快速查询栏目下“所属组织”右侧的放大镜，勾选“BX01 博学子公司 01”，点击【确定】按钮。再点击快速查询栏目下方的【查询】按钮。

图 8

在分配角色对话框右上方的“待选择角色”中勾选“博学子公司 01_成本会计”和“博学子公司 01_核算会计”。将“新委派用户角色时限”的生效时间设置为“20××年 1 月 1 日”。点击【确定】按钮。

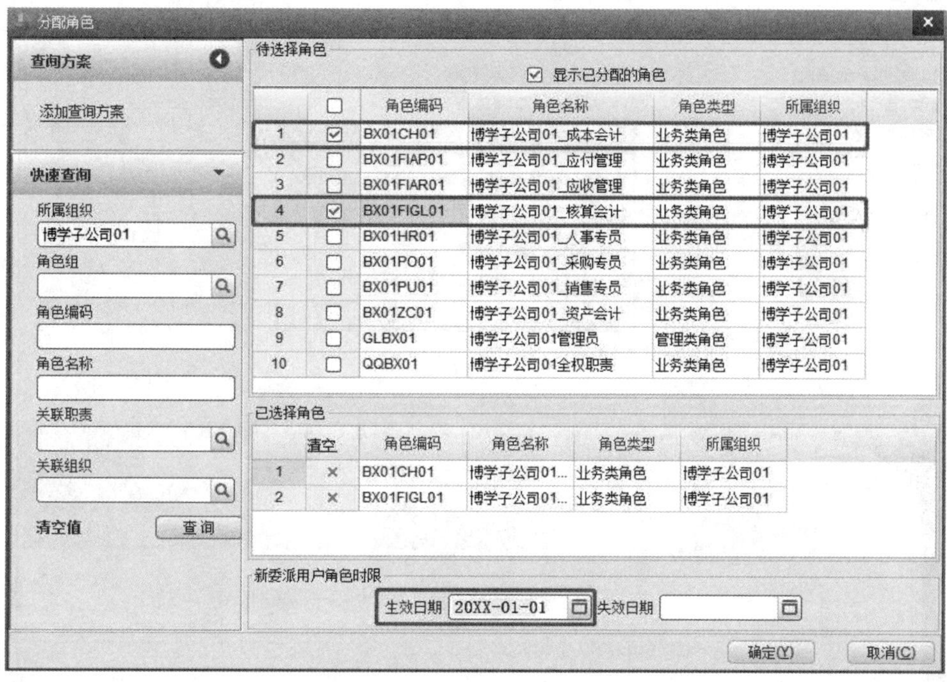

图 9

(3)修改用户密码

返回用户界面，给用户“张三”修改密码。点击【密码重置】，以重置的密码登录系统，即可修改该用户密码。

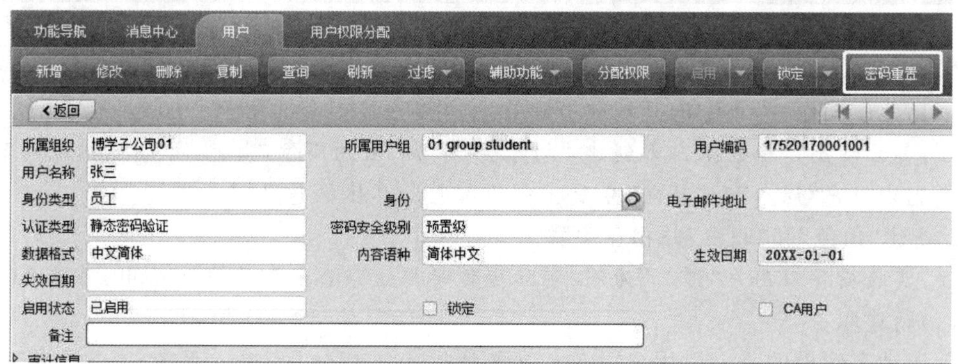

图 10

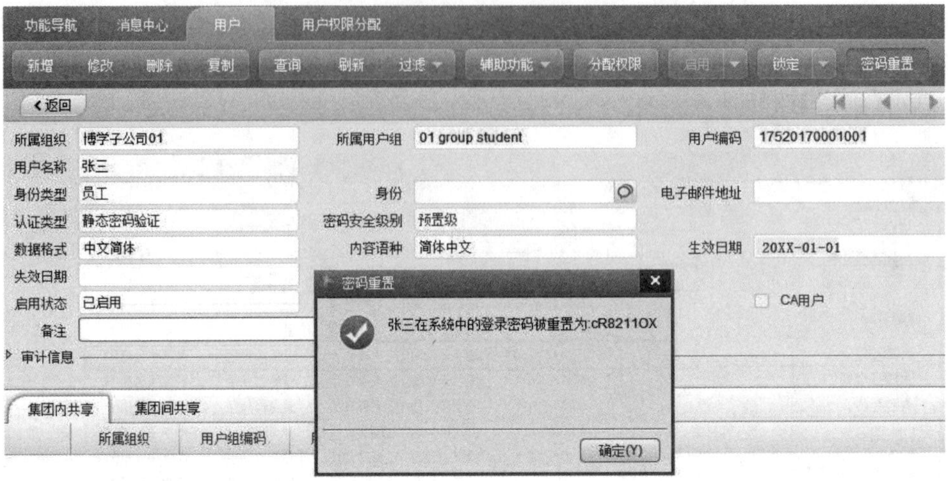

功能导航
消息中心
用户
用户权限分配
新增
修改
删除
复制
查询
刷新
过滤
辅助功能
分配权限
启用
锁定
密码重置
返回
所属组织 博学子公司01
所属用户组 01 group student
用户编码 17520170001001
用户名称 张三
身份类型 员工
身份
电子邮件地址
认证类型 静态密码验证
密码安全级别 预置级
数据格式 中文简体
内容语种 简体中文
生效日期 20XX-01-01
失效日期
启用状态 已启用
CA用户
备注
审计信息
集团内共享
集团间共享
所属组织
用户组编码
密码重置
张三在系统中的登录密码被重置为:cR8211OX
确定(Y)

图 11

NC
系统 会计虚拟仿真教学实验系统
用户 17520170001001
密码
更新密码
不能使用系统重置的密码，请修改!
新密码
新密码确认
确定
取消

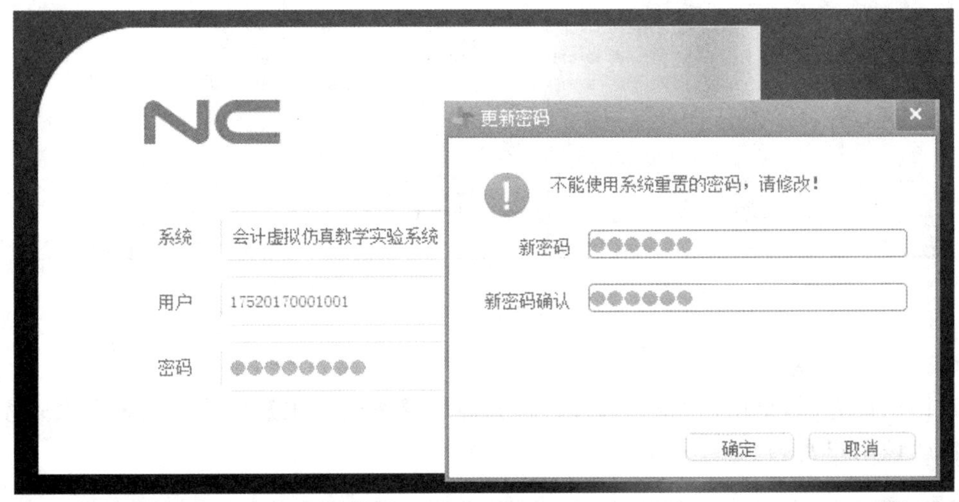

图 12

重复上述操作，为小组内其他成员建立用户并分配相应的角色。

注：负责动态建模的张三需创建“总账会计”和“出纳岗位”角色，并分配相应的职责，之后才能为用户“周八”和“吴九”分配相应的角色。具体操作见下一步。

2.新建“角色”和“职责”并相互关联

注：实验指导以用户“张三”为例；实际操作时将该角色和职责分配给用户“吴九”。

(1)新建职责

负责动态建模的张三以用户“BX01”(老师提前进行分配)进入系统，双击【动态建模平台】—【权限管理】—【职责-集团】，打开“职责-集团”对话框，点击【新增】按钮；

图 13

在以下界面输入职责编码“BX01 CN”，职责名称“博学 01 出纳”，职责类型选择“业务类型”，录入完成后，点击【保存】。

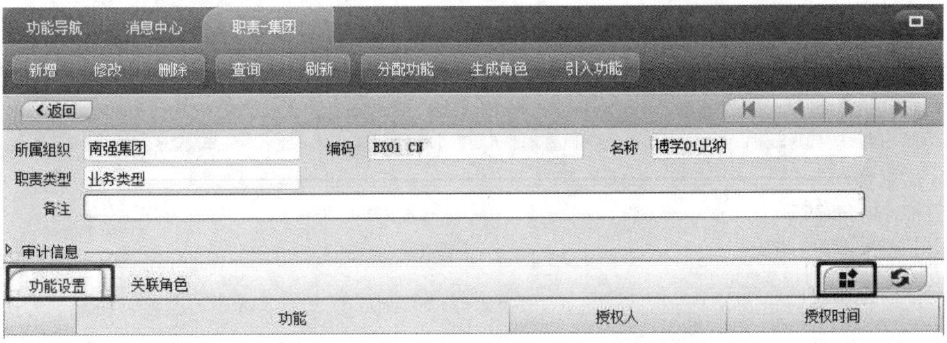

功能导航 消息中心 职责-集团
新增 修改 删除 查询 刷新 分配功能 生成角色 引入功能
返回
所属组织 南强集团 编码 BX01 CN 名称 博学01出纳
职责类型 业务类型
备注
审计信息
功能设置 关联角色
功能 授权人 授权时间

图 14

保存后，“功能设置”界面右侧的按钮“  ”由灰色变成蓝色，表示可操作。点击该按钮，进入“功能分配”对话框，选择出纳职责相应的功能，点击【确定】按钮，回到职责界面即可。

功能分配
待选功能
已选功能
功能资源树
10 动态建模平台
12 集成平台
13 应用管理平台
17 共享服务
18 企业绩效管理
20 财务会计
36 资金管理
40 供应链
45 资产管理
48 项目管理
4S 供应商管理
60 人力资本
A0 移动应用
C0 质量管理
CH 渠道管理
EC 电子商务
功能资源树
20 财务会计
2002 总账
200210 凭证管理
20021010 签字
20021025 查询
36 资金管理
3607 现金管理
360705 初始设置
360710 收款业务
360715 付款业务
360720 划账业务
360721 现金业务
360722 外币兑换业务
360723 到账通知
360724 结算
360726 网上付款
360728 单位支付信息变更
360730 银行对账
360735 空白票据
360740 期末处理
360745 现金管理查询
360750 现金管理报表
360755 财务组织-业务回单
3610 银企直联
确定(Y)
取消(C)

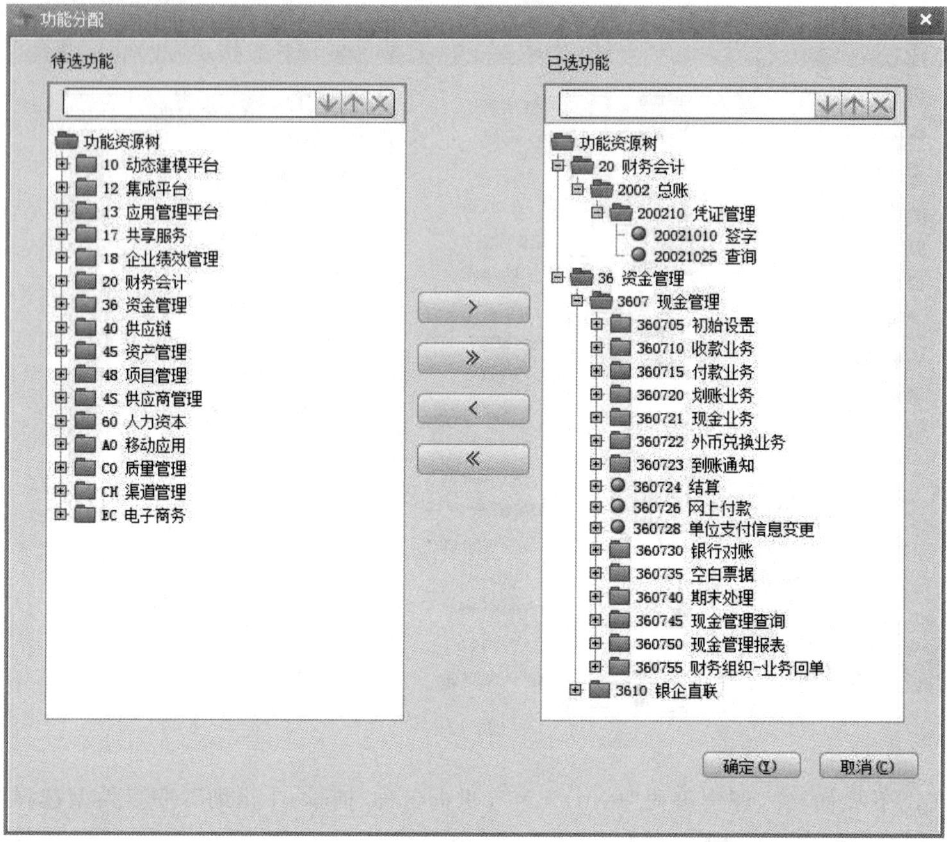

图 15

图 16

(2)新建角色

负责动态建模的张三以用户“BX01”进入系统，双击【动态建模平台】—【权限管理】—【业务类角色】，打开“业务类角色”对话框，点击【新增】按钮；

图 17

在以下界面选择角色所属的组织“博学子公司 01”，角色编码“BX01CN01”，角色名称“博学子公司 01 出纳”，角色组选择“博学子公司 01”；录入完成后，点击【保存】。

图 18

(3)为角色关联用户

在以下界面，点击方框按钮；

图 19

在以下界面选择对应组织“博学子公司 01”，在待关联角色列表选择“张三”，点击箭头，并点击【确定】。

关联用户
组织 博学子公司01
待关联角色用户
已关联角色用户
用户列表
17520170001001 张三
17520170001002 李四
17520170001003 王五
17520170001004 赵六
17520170001005 孙七
17520170001006 周八
17520170001007 吴九
用户列表
用户关联角色时限
生效日期 20XX-01-01
失效日期
确定(Y)
取消(C)

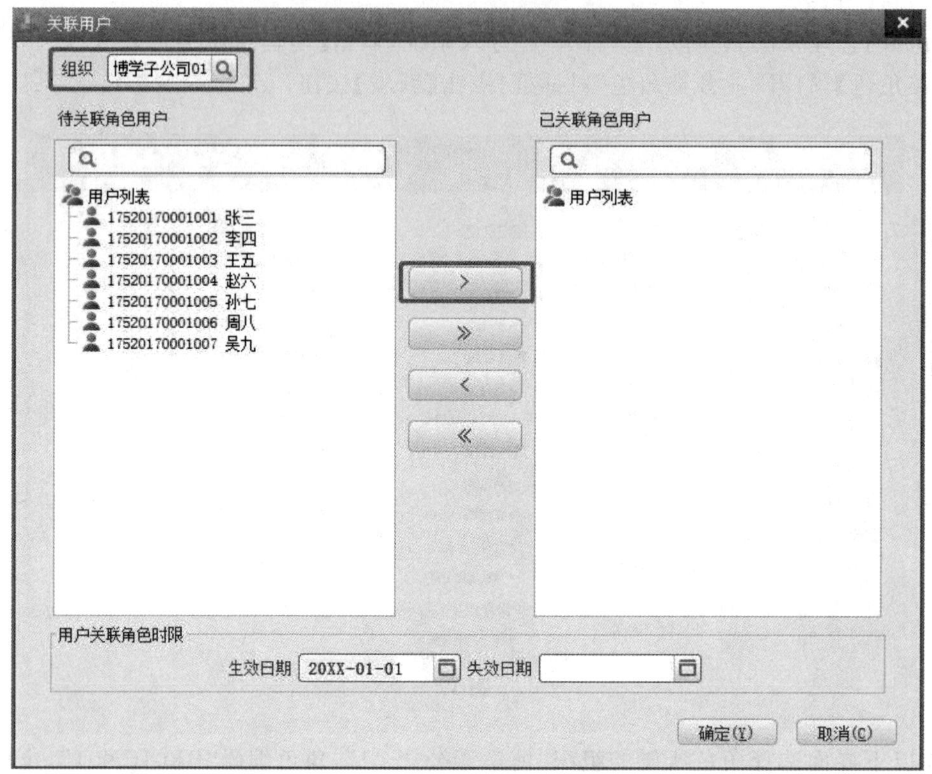

图 20

完成设置后出现以下界面，关联用户成功。

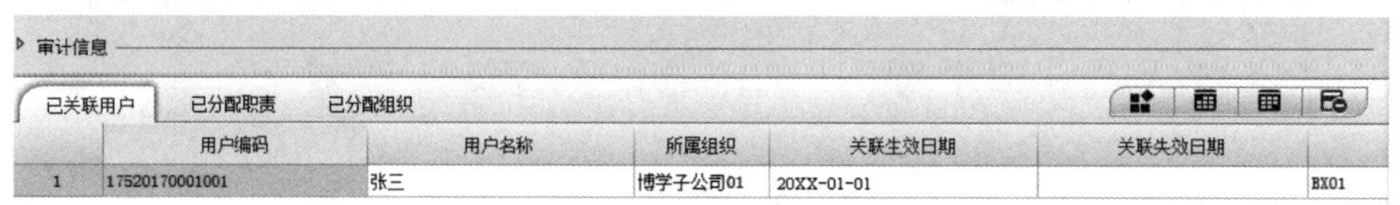

审计信息
已关联用户
已分配职责
已分配组织
用户编码
用户名称
所属组织
关联生效日期
关联失效日期
1
17520170001001
张三
博学子公司01
20XX-01-01
BX01

图 21

(4)为角色分配职责

在以下界面，将选项卡调至“已分配职责”，点击方框按钮；

已关联用户
已分配职责
已分配组织
职责编码
职责名称
职责类型
授权人
授权时间

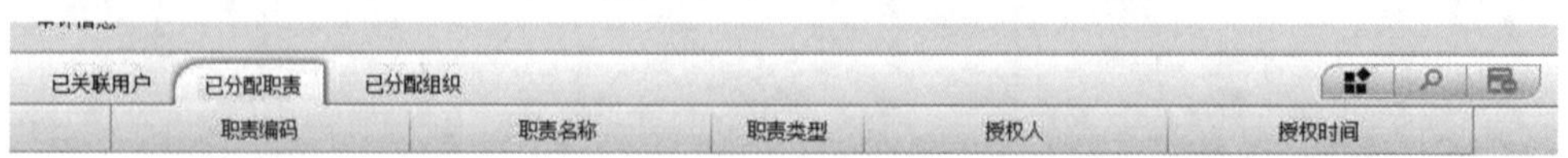

图 22

在以下界面找到对应的职责“BX01 CN 博学 01 出纳”；点击箭头，并点击【确定】；

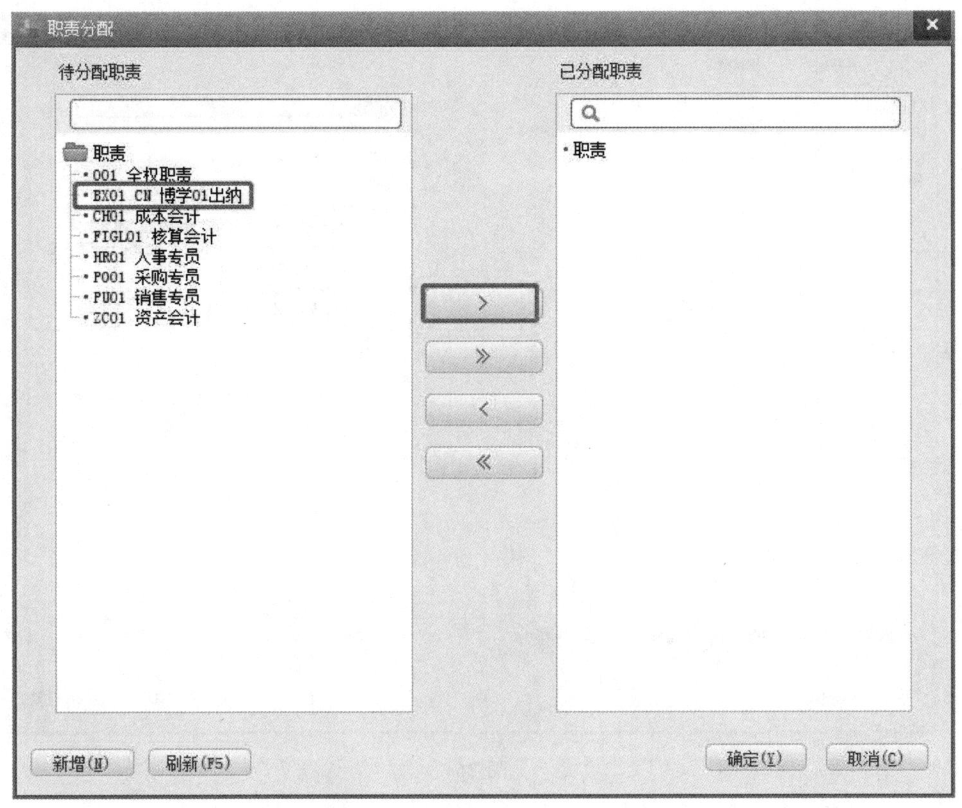

图 23

分配成功将会出现以下界面。

图 24

(5)为角色分配组织

在以下界面,将选项卡调至“已分配组织”,点击方框按钮;

图 25

根据以下示例,将待分配的组织依次移动到右侧;并点击【确定】;

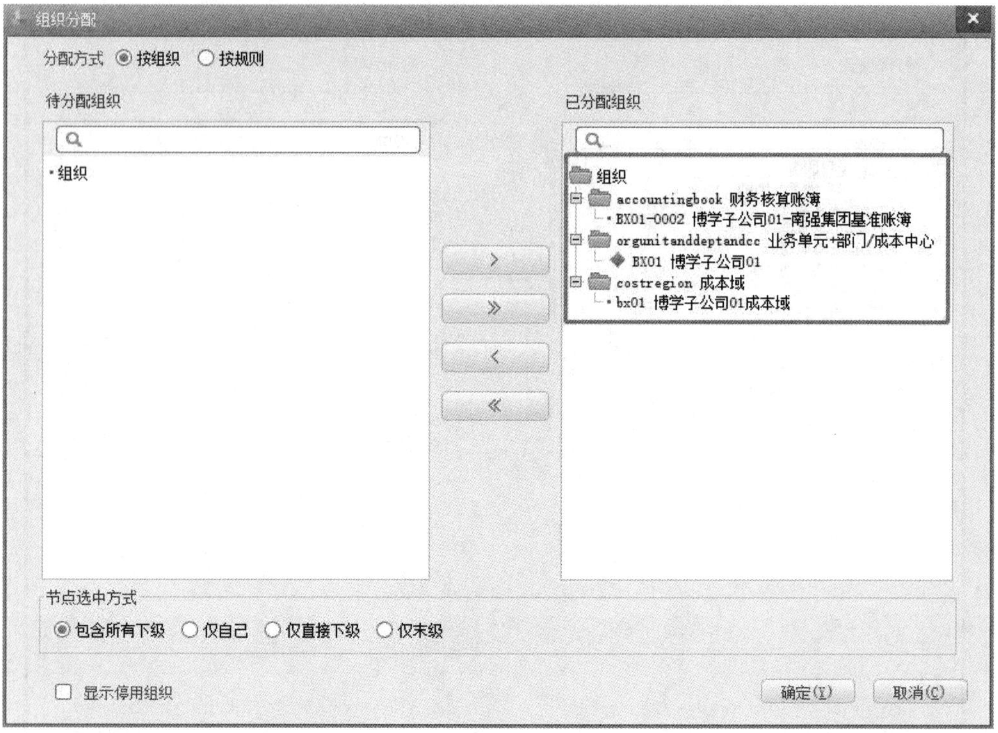

图 26

分配成功会出现以下界面。

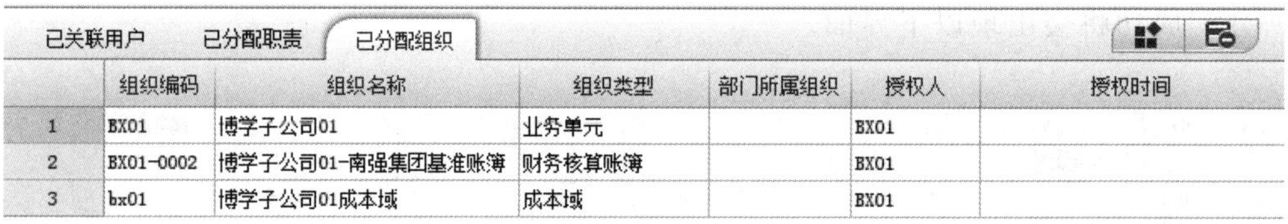

	组织编码	组织名称	组织类型	部门所属组织	授权人	授权时间
1	BX01	博学子公司01	业务单元		BX01	
2	BX01-0002	博学子公司01-南强集团基准账簿	财务核算账簿		BX01	
3	bx01	博学子公司01成本域	成本域		BX01	

图 27

注："总账会计"角色的创建及相应操作参考"出纳"角色。

3.存货期初余额建账

负责动态建模的张三以用户"BX01"进入系统，双击【财务会计】—【存货核算】—【期初记账】，打开"期初记账"对话框，点击"成本域"栏目右侧的放大镜，在弹出的"成本域"对话框中选择"bx01 博学子公司 01 成本域"，点击【确定】。再点击【期初记账】，即完成了存款期初建账。

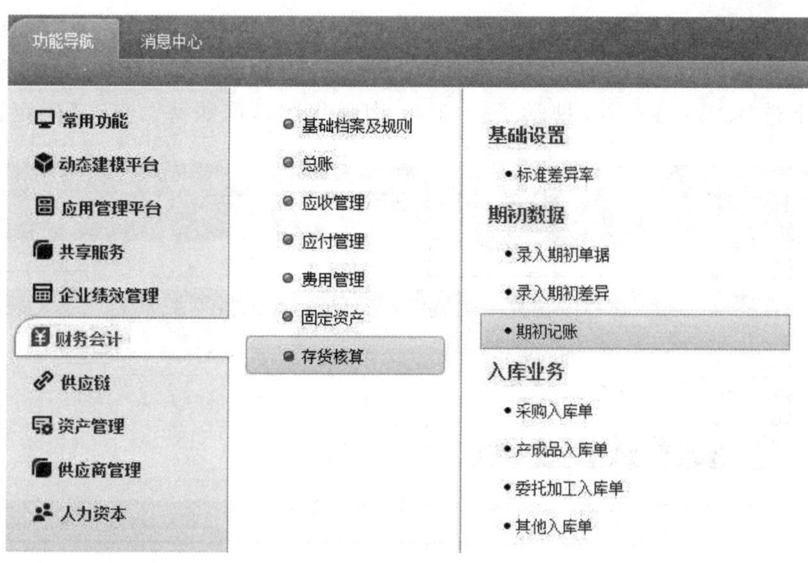

功能导航
消息中心
常用功能
动态建模平台
应用管理平台
共享服务
企业绩效管理
财务会计
供应链
资产管理
供应商管理
人力资本
基础档案及规则
总账
应收管理
应付管理
费用管理
固定资产
存货核算
基础设置
标准差异率
期初数据
录入期初单据
录入期初差异
期初记账
入库业务
采购入库单
产成品入库单
委托加工入库单
其他入库单

图 28

功能导航
消息中心
期初记账
期初记账
取消期初记账
成本域(Q)
当前会计期间
请审核是否已录入所有期初数据，录入所有数据是否正确
成本域
过滤(Alt+F)
编码
名称
1
bx01
博学子公司01成本域
确定(Y)
取消(C)

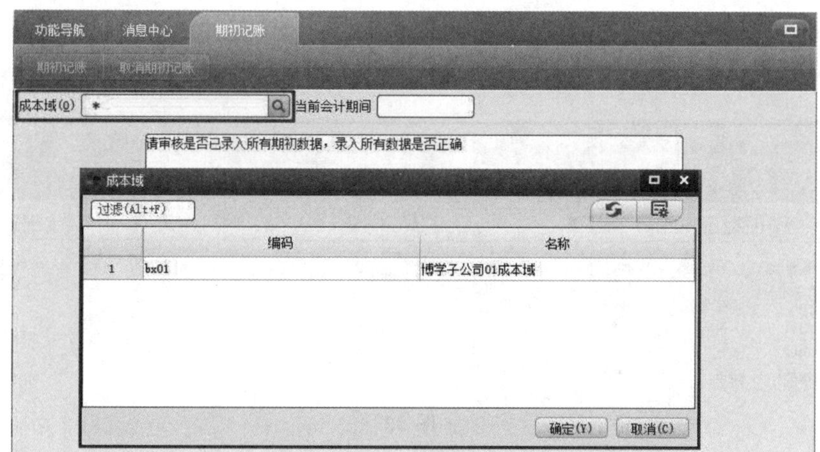

图 29

功能导航
消息中心
期初记账
期初记账
取消期初记账
成本域(Q)
博学子公司01成本域
当前会计期间
20XX-01
请审核是否已录入所有期初数据，录入所有数据是否正确

图 30

4.总账期初建账

总账期初建账前应先确定账簿启用日期是否正确以及期初数据是否导入，如已完成，

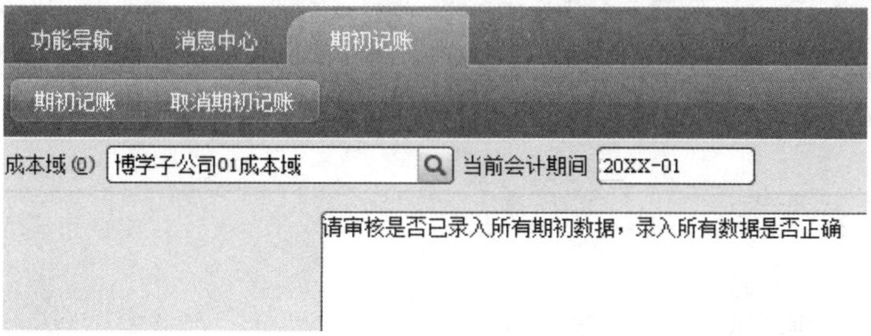

则由负责动态建模的张三以用户“BX01”进入系统，双击【财务会计】—【总账】—【期初余额】，打开“期初余额”对话框点击“核算账簿”栏目右侧的放大镜，在弹出的“财务核算账簿”对话框下选择“BX01-0002 博学子公司 01-南强集团基准账簿”，点击【确定】按钮。

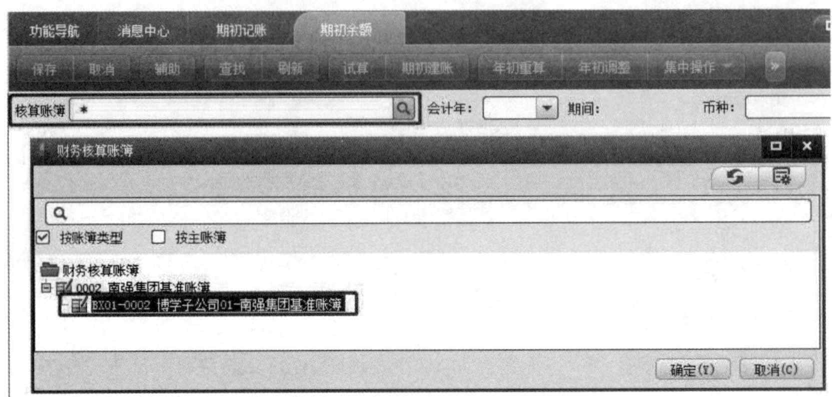

图 31

点击【期初建账】，再点击【下一步】，试算平衡后再点击【下一步】，点击【建账】即可完成总账期初建账。

功能导航 消息中心 期初余额

保存 取消 辅助 查找 刷新 试算 期初建账 年初重算 年初调整 集中操作

核算账簿 博学子公司01-南强集团基准账簿 会计年: 20XX 期间: 20XX年01月 币种: 组织本币

科目编码	科目名称	方向	计量单位	期初余额	
				数量	组织本币
1001	库存现金	借			25,282.65
100101	人民币	借			25,282.65
100102	美元	借			
100103	港币	借			

图 32

图 33

功能导航
消息中心
期初余额
上一步
下一步
试算报告
组织本位币金额试算结果平衡
第一步：
试算平衡
第二步：
建账
组织本币
核算账簿
博学子公司01-南强集团基准账簿
会计年度
20XX
会计期间
01
币种
组织本币
贷方
方向
余额
科目类型
借方
贷方
借
6,399,935,459.93
负债
平
权益
平
平
借
6,399,935,459.93
合计
试算结果平衡

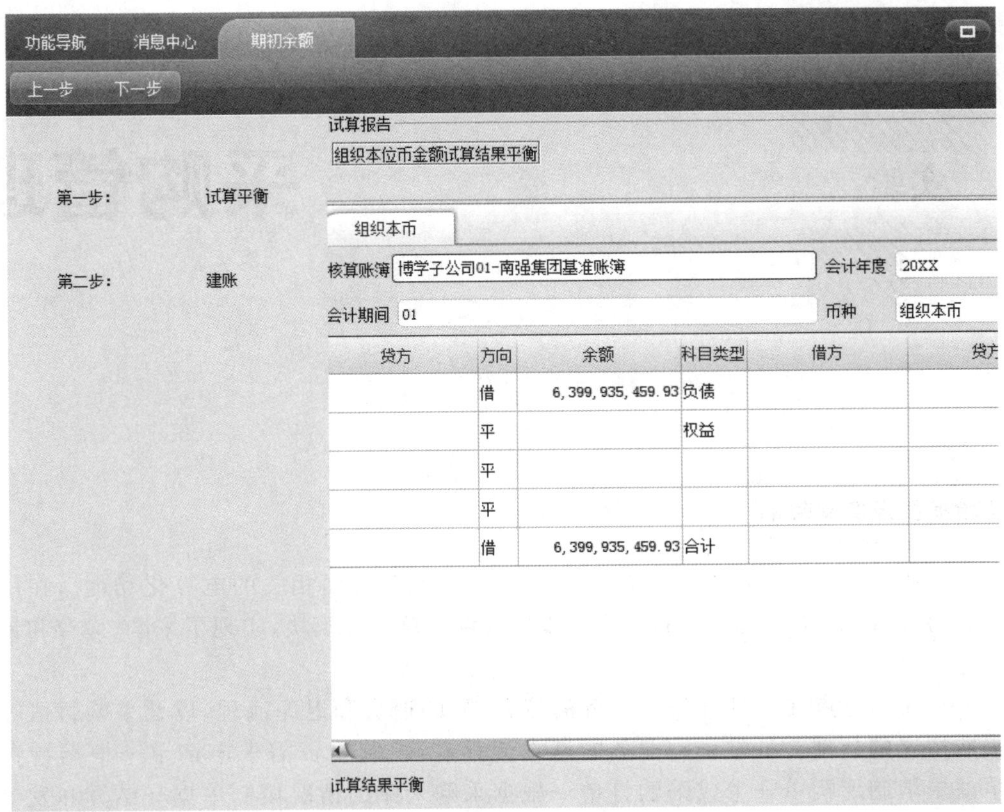

图 34

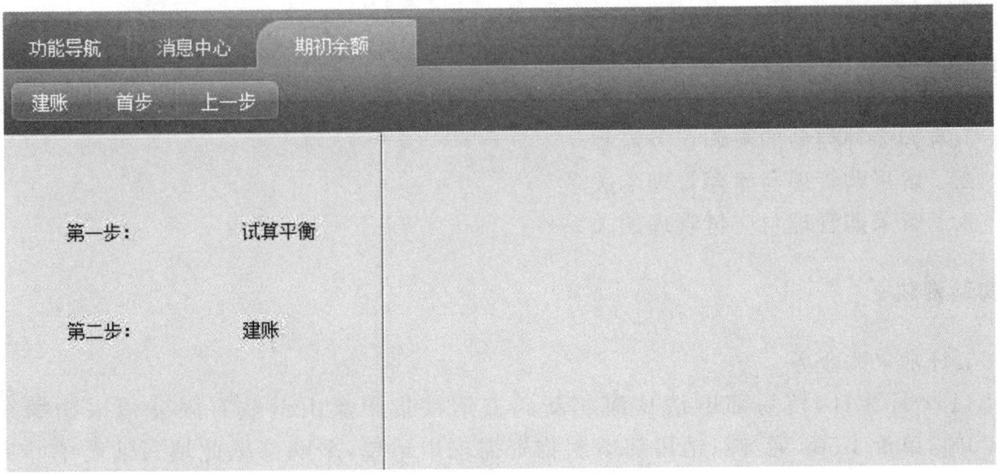

功能导航
消息中心
期初余额
建账
首步
上一步
第一步：
试算平衡
第二步：
建账

图 35

实验二 采购管理

实验摘要及实验目的

采购业务模块的主要功能是提供与企业采购业务方面相关的电算化功能。在用友NC 6.5 系统中，传统采购模块的职能被添加到供应链管理模块，实现了采购、库存和销售的统一。

本模块的重点在于日常采购业务的流程、采购退货和退库流程，以及采购暂估等特殊采购情况的处理。日常采购业务的基本流程是：填制物资需求申请单→根据物资需求申请单填制请购单→生成采购订单→根据采购入库的情况填制单据→结算和发票维护。采购退货和退库的基本流程略有不同：仅退货的情况，将未退货的部分与补货的部分一同做采购入库即可；而涉及退库的有先入库后出库的过程（具体操作见后续实验资料）。

实验要求

1.掌握多种类型的采购业务流程

2.了解采购管理与库存管理的关系

3.了解采购管理与应付管理的关系

实验资料

1.日常采购业务

(1)1 月 3 日，贸易部申请从河北新武安钢铁集团鑫山钢铁有限公司采购螺纹钢 1 000吨，单价 4 500 元/吨；销售部填制物资需求申请单，采购部据此填写请购单并审批通过，并形成采购订单。

(2)1 月 3 日，采购部核实发现线材 D8 CB240－T 产品短缺 300 吨，决定填制请购单并做审批，从河北新武安钢铁集团东山冶金有限公司购买 300 吨线材，单价 2 000 元/吨，并据此形成采购订单。

(3)1 月 5 日，采购的螺纹钢和线材 D8 CB240－T 两种产品先后被运到产成品库；在系统中进行到货单维护，根据到货单验收入库。

(4)以上采购业务均为赊购，1 月 10 日收到采购发票，生成应付单据。

2.采购暂估业务

(1)1 月 5 日，贸易部发现项目需要球团矿 2 800 吨，目前库存 2 084 吨。考虑到产品损耗等因素，贸易部填写了物资需求申请单，申请采购 800 吨球团矿。采购部根据该物资需求申请单生成了请购单，领导审批通过。

(2)由于当前市场需求的减少，贸易部发现实际需要的采购数量有所下降，仅需 2 700 吨，立即通知采购部修订请购单，将采购数量由 800 吨改为 700 吨。

(3)采购部当天向淄博张钢钢铁有限公司下达采购订单，无税单价为 700 元/吨。领导审批通过。

(4)1 月 10 日，货物运到，质检合格后，这批货存入产成品仓库。由于月末尚未收到淄博张钢钢铁有限公司的发票，于是对该批货物进行了暂估处理。考虑到最近球团矿价格上涨，该批货物的暂估无税单价为 750 元/吨。两天后，收到了淄博张钢钢铁有限公司的增值税专用发票(单价 700 元/吨，数量 700 吨)。

3.采购退货、补货业务

(1)1 月 5 日，总经理办公室下达采购指令，向淄博张钢钢铁有限公司采购球团矿 400 吨和铸造生铁 500 吨。由总经理办公室填写物资需求申请单，并审批通过。采购部根据该物资需求申请单生成了请购单，领导审批通过。

(2)采购部当天向淄博张钢钢铁有限公司下达采购订单，球团矿无税单价为 700 元/吨，铸造生铁无税单价为 3 200 元/吨。采购部领导审批通过。

(3)当天中午，货物运到，通知质检，质检发现有 5 吨的球团矿和 10 吨的铸造生铁质量不合格，对此进行退货。当天下午，补发的 5 吨球团矿和 10 吨铸造生铁到货，采购部确认后经领导审批，且质检合格。

(4)这批货物(含补货)存放到产成品仓库。与此同时，收到淄博张钢钢铁有限公司的发票(球团矿无税单价为 700 元/吨，数量为 400 吨，铸造生铁无税单价为 3 200 元/吨，数量为 500 吨)。

4.采购退库、补货业务

(1)1 月 10 日采购部下达采购订单，向苏州金隆宇贸易有限公司采购电脑桌 300 张，电脑桌的无税单价为 200 元/张。领导审批同意。

(2)当天中午苏州金隆宇贸易有限公司将货物运达，通知质检，质检合格。随即将这批货物存放到办公用品仓库中。

(3)入库后质检部及时发现有 30 张电脑桌质量不合格，退库。当天下午苏州金隆宇贸易有限公司又重新运到 20 张电脑桌补充退库的部分。

(4)退库补货的 20 张电脑桌质检合格后，放到办公用品仓库中。领导签字确认无误。

(5)1 月 11 日，收到苏州金隆宇贸易有限公司开出的发票。

5.采购退库、不补货业务

(1)1 月 13 日，采购部下达采购订单，向上海百为金属有限公司采购插板 200 个，无税单价 80 元/个，领导审批同意。

(2)当天中午上海百为金属有限公司将货物运达,采购部负责填写单据,领导审批通过后通知质检,质检合格。随即将这批货物存放到办公用品仓库中。与此同时,收到上海百为金属有限公司的货物发票。

(3)由于某些原因需要退库50个插板,无须补货。

注:上述物料的增值税税率均假定为16%,在具体操作过程中,输入物料编码时,系统会自动带出一个税率,可手动修改。

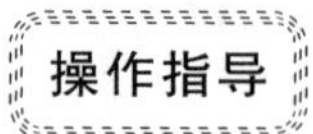

1.日常采购业务

(1)填制物资需求申请单

负责采购业务的"赵六"登录系统。双击【供应链】—【采购管理】—【物资需求申请单维护】,打开"物资需求申请单维护"对话框,点击【新增】按钮,在下拉选项中选择"自制"。选择库存组织、需求类型、物资需求申请类型。本实验默认所有的库存组织均为业务发生的公司,所有的需求类型均为"净需求",所有的物资需求申请类型均为"普通物资需求申请"。根据实验资料输入申请日期、申请部门、物料编码、数量。单据信息输入完成后,点击【保存】按钮。

在填制单据时,物料编码等信息可通过点击栏目右侧放大镜来选择,这样可以避免输入失误而导致系统无法识别的情况。

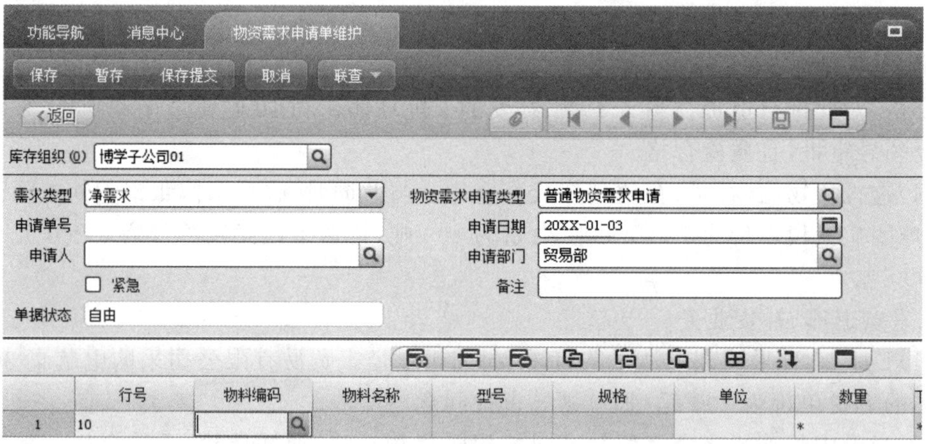

图 1

保存后系统自动生成申请单号,点击【审批】按钮。实务操作中,制单和审批应由不同的人操作。本实验为了简化,都由制单人直接审批。

注意:审批后,【审批】按钮为灰色状态,单据不可修改或删除。如单据信息错误,点击审批按钮右侧的倒三角,在下拉选项中选择【取消审批】,即修改或删除单据。若单据没有审批,则在下一环节无法根据该单据生成下游单据。

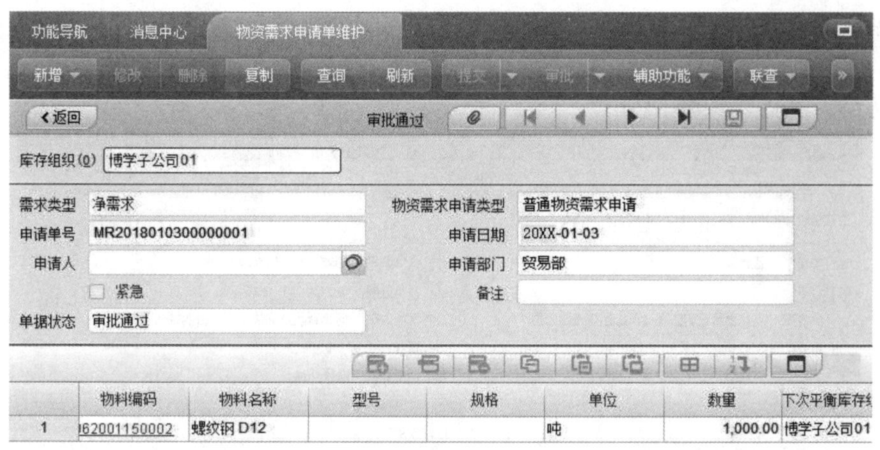

图 2

(2)填制请购单

双击【供应链】—【采购管理】—【请购单维护】，打开“请购单维护”对话框，点击【新增】按钮，下拉选项选择“物资需求申请单”，即可根据上游单据生成请购单。在没有上游单据的情况下，也可以在下拉选项中选择“自制”，即手工填制请购单。根据实验资料输入请购日期，检查物料名称、数量等信息无误后，点击【保存】按钮。保存后系统自动生成请购单号，点击【审批】按钮。

注意：已经根据上游单据生成了下游单据，则上游单据不可取消审批，也不可修改或删除。只有先删除下游单据，才可改动上游单据。

功能导航　消息中心　请购单维护

新增　修改　删除　复制　查询　刷新　提交　审批　辅助功能　联查

返回　审批通过

库存组织(O) 博学子公司01

请购单号 QG2018010300000001　请购日期 20XX-01-03　委外

请购来源 物资需求申请　请购类型 普通请购　计划员

计划部门　直运　单据状态 审批通过

版本号 1　备注

	行号	物料编码	物料名称	型号	规格	单位	数量
1	10	062001150002	螺纹钢 D12			吨	1,000.00

图 3

(3)填制采购订单

双击【供应链】—【采购管理】—【采购订单维护】，打开“采购订单维护”对话框，点击【新增】按钮，下拉选项选择“请购单”，即可根据上游请购单生成采购订单。在没有上游单据的情况下，也可以在下拉选项中选择“自制”，即手工填制采购订单。

根据实验资料，输入供应商、采购部门、订单日期、无税单价等后，点击【保存】按钮。

保存后系统自动生成订单编号，点击【审批】按钮。

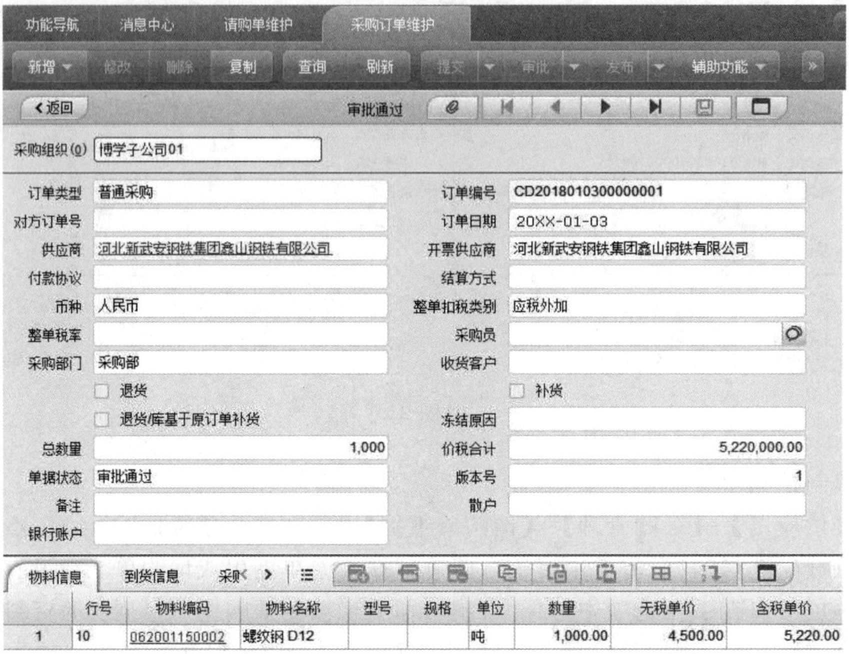

图 4

(4)填制到货单

双击【供应链】—【采购管理】—【到货单维护】，打开“到货单维护”对话框，点击【新增】按钮，下拉选项选择“采购订单”，即可根据上游采购订单生成到货单。

根据实验资料，输入到货日期、采购员信息后，点击【保存】按钮。保存后系统自动生成到货单号，点击【审批】按钮。

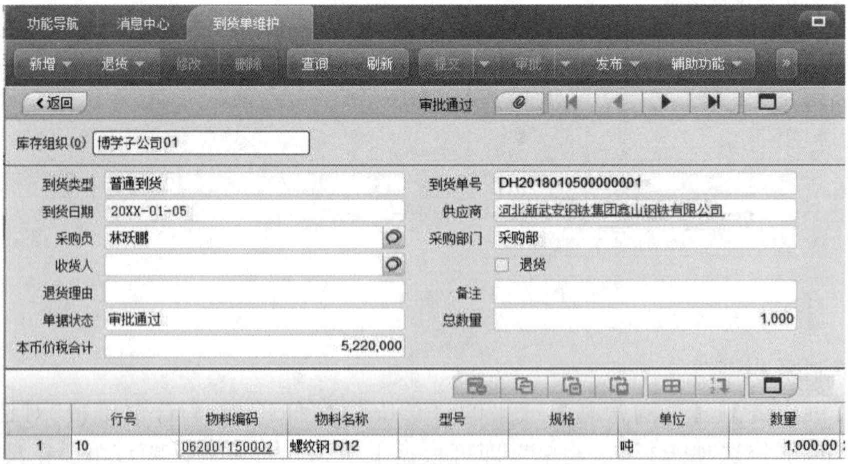

图 5

（5）填制入库单

双击【供应链】—【库存管理】—【采购入库】，打开“采购入库”对话框，点击【新增】按钮，下拉选项选择“到货单”，即可根据上游到货单生成采购入库单。

根据实验资料，输入仓库、实收数量、入库日期后，点击【保存】按钮。保存后系统自动生成入库单号，点击【签字】按钮。若未填写实收数量，该单据仍可保存，但不能签字。

注意：采购管理、销售管理和库存管理统称为供应链，三者不可分割。

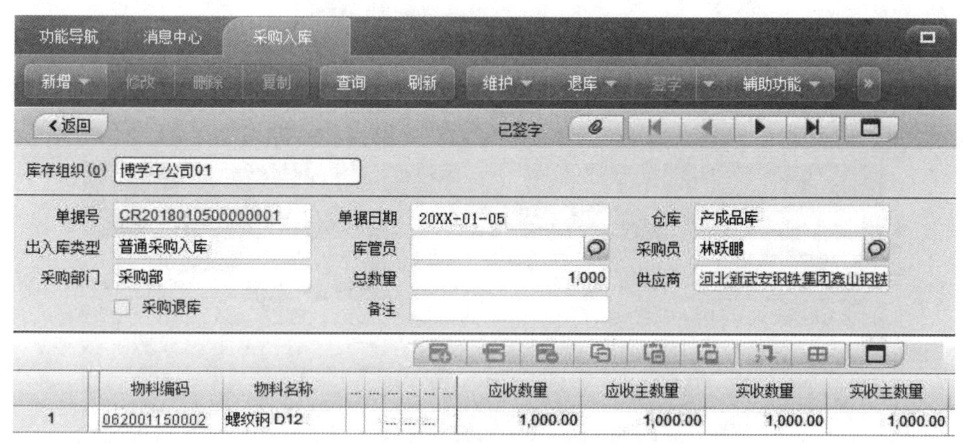

图 6

（6）填制发票

双击【供应链】—【采购管理】—【采购发票维护】，打开“采购发票维护”对话框，点击【新增】按钮，下拉选项选择“采购入库单”，即可根据上游采购入库单生成采购发票。

根据实验资料，输入发票日期、票到日期、纸质发票号、无税单价后，点击【保存】按钮。保存后系统自动生成系统发票号，点击【审批】按钮。

生成采购发票后，系统会自动生成结算单。双击【供应链】—【采购管理】—【结算单维护】，打开“结算单维护”对话框，即可查询。

注：生成结算单的结算日期默认为系统当前的业务日期，且不可修改。

（7）传应付

在采购发票维护界面，审批发票后，点击【关联功能】按钮，下拉选项选择“传应付”，即可根据该发票生成应付单。双击【财务会计】—【应付管理】—【应付单管理】，打开“应付单管理”对话框，可查询到上述应付单。

注：生成应付单的单据日期和起算日期默认为系统当前的业务日期，可手动修改单据日期，但起算日期必须与业务日期保持一致。

功能导航 消息中心 采购发票维护
新增 修改 删除 复制 查询 刷新 提交 审批 辅助功能 联查 关联功能 打印
返回 审批通过
传应付 Ctrl+1
取消传应付 Ctrl+2
费用发票

财务组织(Q) 博学子公司01

发票类型	通用发票	发票分类	增值税发票	系统发票号	CF2018011000000001
发票日期	20XX-01-10	票到日期	20XX-01-10	供应商	河北新武安钢铁集团鑫山钢铁有限
散户		银行账户		币种	人民币
折本汇率	1.00	采购员	林跃鹏	采购部门	采购部
	期初标志		虚拟发票	冻结原因	
库存组织	博学子公司01	付款单位	河北新武安钢铁集团鑫山钢铁有限	结算方式	
整单扣税类别	应税外加	总数量	1,000	价税合计	5,220,000.00
备注		纸质发票号	33326543	单据状态	审批通过

图 7

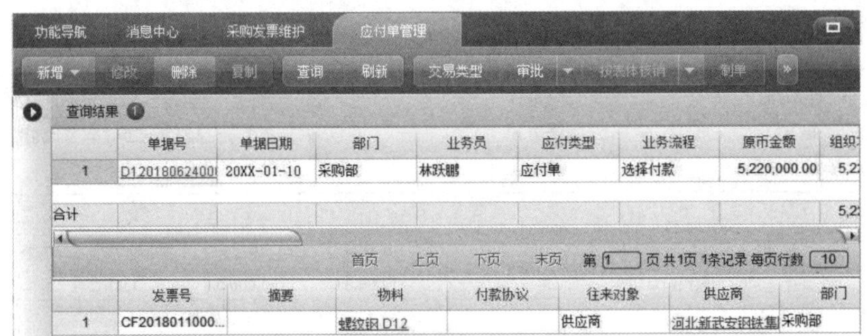

图 8

2.采购暂估业务

(1)填制物资需求申请单、请购单

操作步骤参考日常采购业务。

(2)请购单修订

双击【供应链】—【采购管理】—【请购单修订】,打开“请购单修订”对话框,查询到需要修订的请购单,点击【修订】按钮,根据实验资料修改请购单信息,点击【保存】按钮。

注意:在“请购单修订”对话框进行修订的好处在于既修订了请购单,同时又保留了原请购单的内容,实现了有痕迹的修改。修订时的版本号数字代表修订的次数。

功能导航 消息中心 请购单修订
修订 查询 刷新 辅助功能 联查 打印
查询结果 1

	库存组织	请购单号	请购日期	委外	请购来源	请购类型	计划员
1	博学子公司01	QG2018010500000003	20XX-01-05	☐	物资需求申请	普通请购	

首页 上页 下页 末页 第 1 页共1页 1条记录 每页行数 10

	行号	物料编码	物料名称	型号	规格	单位	数量
1	10	062001010002	球团矿			吨	

图 9

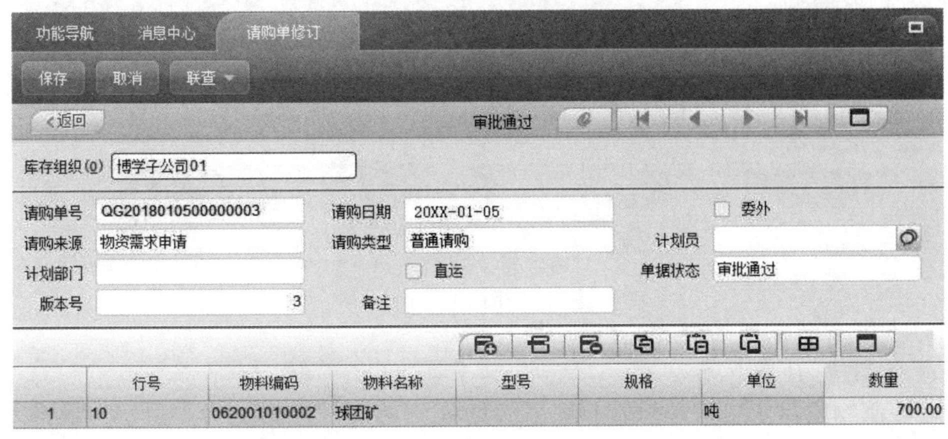

图 10

(3)填制采购订单、到货单、入库单

操作步骤参考日常采购业务。

(4)暂估处理

双击【供应链】—【采购管理】—【暂估处理】,打开“暂估处理”对话框,点击【查询】按钮,找到要进行暂估的入库单并勾选。由于暂估的无税单价和采购订单中的约定单价不一致,故需先修改暂估本币无税单价,再点击【暂估】按钮。若不修改暂估本币无税单价,默认暂估单价为采购订单中的约定单价。

功能导航　消息中心　暂估处理

查询　刷新　暂估　费用分摊　优质优价取价　单据追溯　打印

		供应商	入库日期	暂估日期	…	物料编码	…	入库主数量	暂估主数量	税率	币种	税额	暂估本币无税单价
1	☑	钢铁有限	2018-01-10	2018-01-31	…	球团矿	…	700.00	700.00	16.00	人民币	84,000.00	750.00

图 11

注意:暂估完成后,系统会自动在存货核算模块生成一张采购入库单。具有存货核算权限的用户登录系统后,双击【财务会计】—【存货核算】—【采购入库单】,可在“采购入库单”对话框中查询到上述采购入库单。该采购入库单的单据日期默认为系统当前的业务日期,可修改。存货核算模块中的采购入库单与库存管理模块中的采购入库单据不是同一个单据,两者主要信息相近,但存货核算中的采购入库单侧重于金额的记录,而库存管理中的采购入库单据侧重于实收入库数量的记录。

(5)填制采购发票、传应付

操作步骤参照日常采购业务。若采购发票中的无税单价与暂估本币无税单价不一致,系统会自动生成一张入库调整单。双击打开【财务会计】—【存货核算】—【入库调整单】,在“入库调整单”对话框中即可查询。

注:该入库调整单的单据日期默认为系统当前的业务日期,可修改。

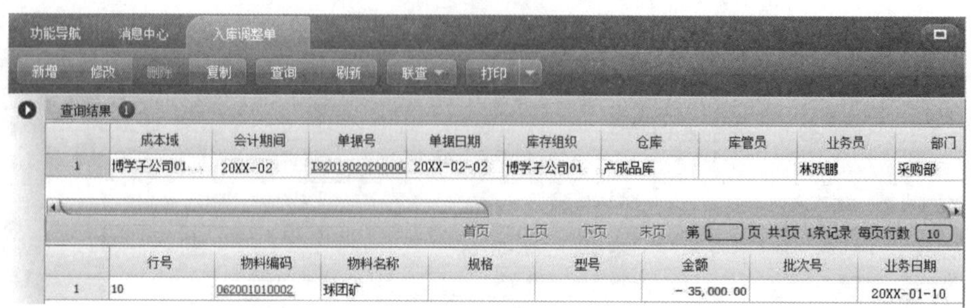

图 12

3.采购退货、补货业务

(1)填制物资需求申请单、请购单、采购订单

操作步骤参考日常采购业务。在填制采购订单时,勾选“退货/库基于原订单补货”,则补货运到后可参照原来的采购订单生成到货单。

功能导航 消息中心 采购订单维护

新增 修改 删除 复制 查询 刷新 提交 审批 发布 辅助功能

返回 审批通过

采购组织(O) 博学子公司01

订单类型	普通采购	订单编号	CD2018010500000004
对方订单号		订单日期	20XX-01-05
供应商	淄博张钢钢铁有限公司	开票供应商	淄博张钢钢铁有限公司
付款协议		结算方式	
币种	人民币	整单扣税类别	应税外加
整单税率		采购员	林跃鹏
采购部门	采购部	收货客户	
☐ 退货		☐ 补货	
☑ 退货/库基于原订单补货		冻结原因	
总数量	900	价税合计	2,180,800.00
单据状态	审批通过	版本号	1
备注		散户	
银行账户			

物料信息 到货信息

	物料编码	物料名称	单位	数量	无税单价	含税单价	无税金额	价税合计
1	062001010002	球团矿	吨	400.00	700.00	812.00	280,000.00	324,800.00
2	062001010004	铸造生铁	吨	500.00	3,200.00	3,712.00	1,600,000.00	1,856,000.00

图 13

(2)填制到货单

双击【供应链】—【采购管理】—【到货单维护】,打开“到货单维护”对话框,点击【新增】按钮,下拉选项选择“采购订单”,即可根据上游采购订单生成到货单。

根据实验资料,输入到货日期、采购员信息后,点击【保存】按钮。保存后系统自动生成到货单号,点击【审批】按钮。

(3)填制退货单

打开“到货单维护”对话框，点击【退货】按钮，下拉选项选择“采购订单”，即可根据采购订单生成退货单。根据实验资料修改退货数量，点击【保存】按钮。退货单虽然在“到货单维护”对话框中生成，但系统会自动在单据的“退货”栏前面打钩，且退货单数量不能为正。

功能导航　消息中心　采购订单维护　到货单维护

保存　保存提交　取消　联查

返回

库存组织(0)　博学子公司01

到货类型　普通到货　　到货单号
到货日期　20XX-01-05　　供应商　淄博张钢钢铁有限公司
采购员　林跃鹏　　采购部门　采购部
收货人　　☑ 退货
退货理由　　备注
单据状态　自由　　总数量
本币价税合计

	物料编码	物料名称	型号	规格	单位	数量	计划到货日期
1	062001010002	球团矿			吨	-5.00	20XX-01-05
2	062001010004	铸造生铁			吨	-10.00	20XX-01-05

图 14

(4)补货到货

补货到达后，制补货的到货单。双击【供应链】—【采购管理】—【到货单维护】，打开“到货单维护”对话框，点击【新增】按钮，下拉选项选择“采购订单”，生成补货的到货单，根据实验资料输入数量，保存并审批。

功能导航　消息中心　采购订单维护　到货单维护

保存　保存提交　取消　联查

返回

库存组织(0)　博学子公司01

到货类型　普通到货　　到货单号
到货日期　20XX-01-05　　供应商　淄博张钢钢铁有限公司
采购员　林跃鹏　　采购部门　采购部
收货人　　☐ 退货
退货理由　　备注
单据状态　自由　　总数量
本币价税合计

	物料编码	物料名称	型号	规格	单位	数量	计划到货日期
1	062001010002	球团矿			吨	5.00	20XX-01-05
2	062001010004	铸造生铁			吨	10.00	20XX-01-05

图 15

(5)填制入库单

双击【供应链】—【库存管理】—【采购入库】,打开“采购入库”对话框,点击【新增】按钮,下拉选项选择“到货单”,根据到货单生成入库单。在弹出“到货单 生成库存采购入库单”对话框中,勾选原始到货单和补货到货单,生成采购入库单。输入实收数量,保存并签字。

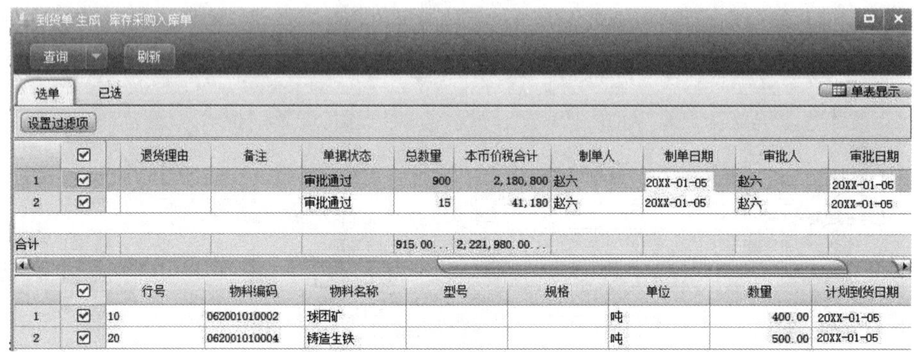

图 16

图 17

(6)填制采购发票、传应付

操作步骤参考日常采购业务。

4.采购退库、补货业务

(1)填制采购订单

双击【供应链】—【采购管理】—【采购订单维护】,点击【新增】按钮,下拉选项选择“自制”。根据实验资料输入订单日期、供应商、物料编码、数量、无税单价,并勾选“退货/库基于原订单补货”。保存并审批。

(2)填制到货单、入库单

操作步骤参考日常采购业务。

(3)退库

当物料入库后，因质量问题或其他原因需退库，双击【供应链】—【库存管理】—【采购入库】，打开“采购入库”对话框，点击【退库】按钮，下拉选项选择“采购订单”。系统生成一张应收数量为负数的采购入库单，并自动勾选“采购退库”。根据实验资料在“实收数量”栏中输入实际退库数量。保存并签字。

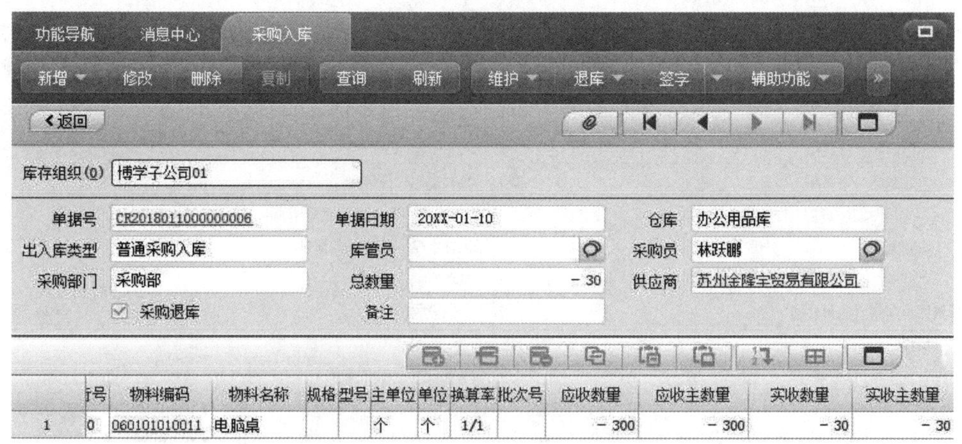

图 18

注意：如果退货补货所涉及业务已经完成并在系统中关闭，则需要先双击【供应链】—【采购管理】—【采购订单关闭】，打开“采购订单关闭”对话框，点击【整单打开】，下拉选项选择“到货打开”，否则在到货单维护中无法参照补货的订单。

(4)补货到货

补货运到后，参照日常采购业务生成到货单，保存并审批。

(5)补货入库

参照日常采购业务生成入库单，根据实验资料输入实收数量，保存后签字。

(6)填制发票

双击【供应链】—【采购管理】—【采购发票维护】，打开“采购发票维护”对话框，下拉选项选择“采购入库单”，即可根据上游采购入库单生成采购发票。在选择采购入库单时，需同时勾选三张采购入库单：未退库部分的入库单、退库后生成的负数入库单、补货的入库单。根据实验资料，输入发票信息，保存并审批。

图 19

(7)传应付

操作步骤参考日常采购业务。

注意:采购退货与退库是两种不同的业务。退货发生在入库前,而退库发生在入库后。

5.采购退库、不补货业务

(1)填制采购订单、到货单、入库单及采购发票,操作步骤参考日常采购业务。

(2)退库

双击【供应链】—【库存管理】—【采购入库】,打开“采购入库”对话框,点击【退库】按钮,下拉选项选择“采购订单”。系统生成一张应收数量为负数的采购入库单,并自动勾选“采购退库”。根据实验资料在“实收数量”栏中输入实际退库数量。保存并签字。

(3)填制退库发票

双击【供应链】—【采购管理】—【采购发票维护】,打开“采购发票维护”对话框,下拉选项选择“采购入库单”,勾选上一步骤退库业务的入库单,生成数量为负的采购发票。

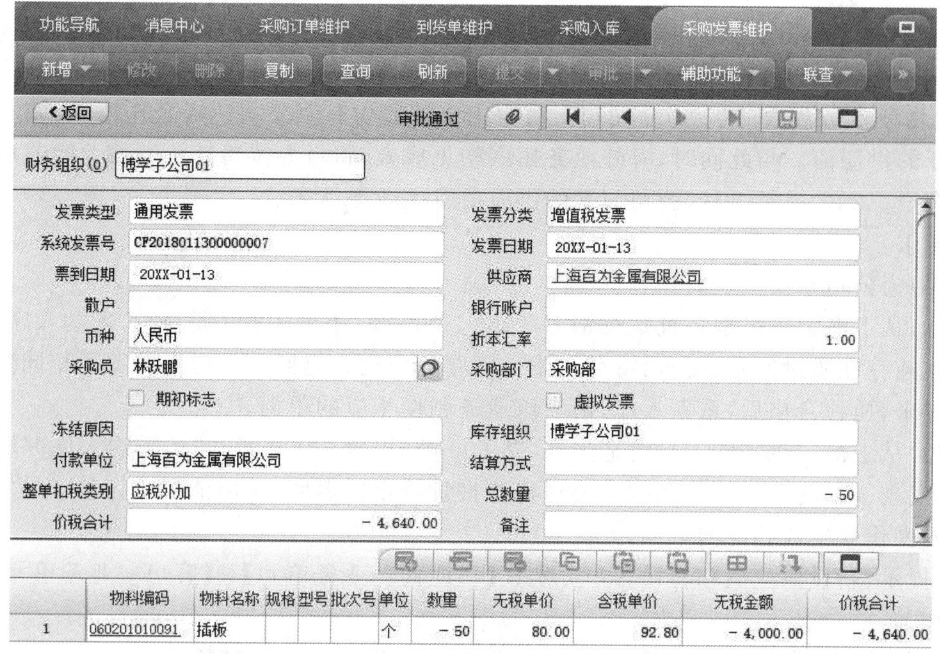

图 20

(4)传应付

点击【关联功能】,下拉选项选择“传应付”。本次传应付,生成的应付单金额为负,可冲抵原应付单金额。

采购订单维护 到货单维护 采购入库 采购发票维护 应付单管理

新增 修改 删除 复制 查询 刷新 交易类型 审批 按表体核销 制单

返回　提交态

财务组织(O) 博学子公司01

期初标志

单据号 D12018062400000013

单据日期 20XX-01-13

起算日期 20XX-01-13

往来对象 供应商

供应商 上海百为金属有限公司

部门 采购部

业务员 林跃鹏

应付类型 应付单

业务流程 选择付款

币种 人民币

组织本币汇率 1

原币金额 -4,640.00

组织本币金额 -4,640.00

红冲标志

收支项目

制单人 赵六

单据状态 已保存

审批状态 提交态

生效状态 未生效

	组织本币金额	原币余额	组织本币余额	单价	含税单价	贷方数量	贷方原币无税金额
1	-4,640.00	-4,640.00	-4,640.00	80.00	92.80	-50	-4,000.00

图 21

思考题

1.由于业务规模的扩大，公司与上海宝山钢铁股份有限公司达成合作协议，使其成为公司新的供应商。与此同时，海外业务拓展初见成效，将世界零售巨头麦德龙吸收成为公司的客户。20××年1月，公司与新的供应商发生业务往来。

要求：

(1)为公司新设供应商和客户；

(2)从上海宝钢采购一批螺纹钢D12，共1 000吨，单价4 300元/吨。采购入库后，发现400吨存在质量问题。公司将存在质量问题的螺纹钢退回。供应商补发了相同数量的产品过来，质检合格后，重新入库，请为该业务制作相应的单据。

(3)从上海宝钢采购一批铸造生铁，共600吨，单价3 000元/吨。采购入库并收到发票后，发现300吨存在质量问题。公司将该批货物全数退回，并取消了该订单。请完成该业务的操作并生成相应的单据。

(提示：新设供应商和新设客户分别在【供应商—业务单元】和【客户—业务单元】节点下操作。)

2.为了拓展业务，公司决定拓宽产品线，现需采购部分电气材料。

要求：

(1)自行寻找一家供应商；

(2)1月，公司从该供应商处采购了1 200个多功能插板，单价65元/个。货物到达后，有200个验收不合格，立即退回不合格产品，供应商重新发货。1 200个插板全部合格后，统一入库。到了月末，尚未收到该公司的发票。次月1日，发票寄到。请完成该业务的操作并生成相应的单据。

实验三 销售管理

实验摘要及实验目的

销售业务模块的主要功能是提供与企业日常销售业务相关的电算化功能；在用友NC 6.5系统中，传统的会计销售业务与采购管理一样被添加到了供应链管理的模块，实现了采购到销售的统一。

本模块的重点在于日常的销售业务流程，其中主要涵盖三个基本的销售场景：货票并行；先发货后开具销售发票；先开具销售发票后发货。日常销售业务中先发货后开票的基本流程涉及的主要单据流程是：销售订单→发货单→出库→销售发票；而先开票后发货的基本流程相对简单：销售订单→销售发票→应收单→出库。这些业务的具体操作将在后续实验指导中展开。

实验要求

1.掌握多种类型的销售业务流程

2.了解销售管理与库存管理的关系

3.了解销售管理与应收管理的关系

实验资料

1.日常销售业务

(1)子公司贸易部于20××年1月5日，向客户河北新武安钢铁集团东山冶金有限公司销售铸造生铁200吨，不含税的单价为3 800元/吨，税率16%。

(2)当天贸易部联系相关仓储部门进行销售发货，并为客户开具增值税专用发票。

2.分次发货的销售业务

(1)20××年1月5日上午，子公司贸易部收到外部客户淄博张钢钢铁有限公司订单，订购100吨螺纹钢D12，不含税的单价为5 000元/吨，税率16%。

(2)20××年1月5日下午，子公司贸易部接到外部客户淄博张钢钢铁有限公司电话，要求在原订单基础上再订购50吨螺纹钢D12，贸易部员工孙七对此销售订单做了修订。

(3)子公司的仓储部门对此次发货作出安排,将150吨螺纹钢分三次发货,每次发出50吨;并在系统中办妥了出库手续。由“产成品仓库”发货,出入库类型选择“普通销售出库”,并对此次业务开具增值税专用发票。

3.销售退货业务

(1)子公司于20××年1月10日,由其贸易部向新兴铸管股份有限公司销售一批线材,数量为15吨线材,不含税的单价为3 500元/吨,税率16%。于当日安排发货,一次性全部发出,并对此开具增值税专用发票。

(2)下月,客户由于自身原因,对采购的线材退回1吨,子公司由于长久的业务往来,欣然接受退货申请,并在系统中做了相应处理。

操作指导

1.日常销售业务

(1)填制销售订单

负责销售业务的孙七登录系统。双击【供应链】—【销售管理】—【销售订单维护】,打开“销售订单维护”对话框,点击【新增】按钮,在下拉选项中选择“自制”。选择销售组织、订单类型、单据日期、客户、部门、币种。本实验默认所有的销售组织均为业务发生的公司,所有订单类型均为“普通”。根据实验资料输入物料信息、单据日期、部门、客户、数量、税率和金额。

注意:在填制单据时,物料编码等信息可通过点击栏目右侧放大镜来选择,这样可以避免输入失误而导致系统无法识别的情况。

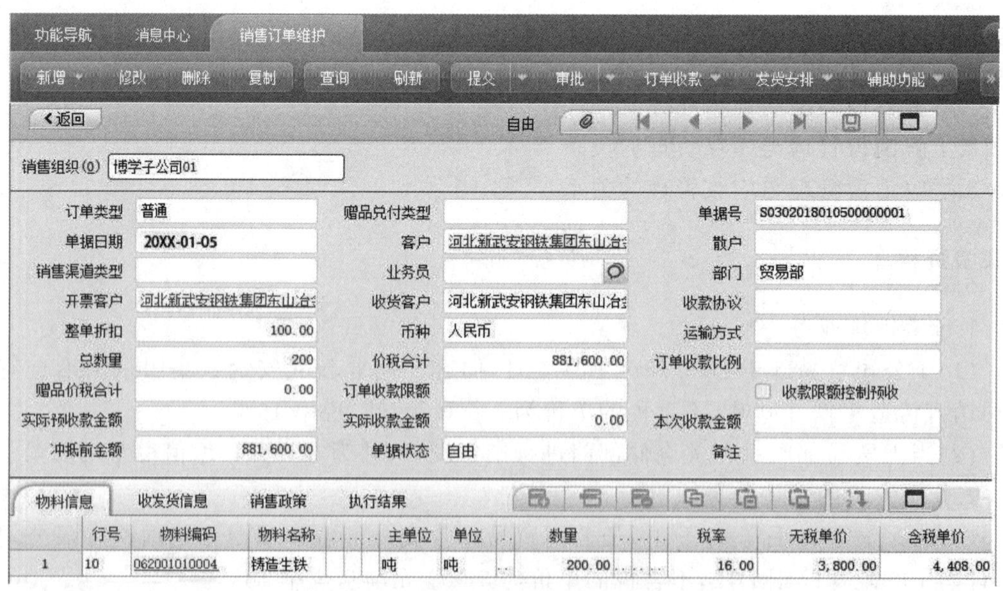

图1

单据信息输入完成后，点击【保存】按钮。保存后系统自动生成单据号，点击【审批】按钮。实务操作中，制单和审批应由不同的人操作。本实验为了简化，都由制单人直接审批。

注意：审批后，【审批】按钮为灰色状态，单据不可修改或删除。如单据信息错误，点击审批按钮右侧的倒三角，在下拉选项中选择【取消审批】，即可修改或删除单据。若单据没有审批，则在下一环节无法根据该单据生成下游单据。

(2)生成销售出库单

双击【供应链】—【库存管理】—【销售出库】，打开“销售出库”对话框，点击【新增】按钮，下拉选项选择“销售订单”，即可根据上游单据生成销售出库单。

根据实验资料输入单据日期，仓库、实发数量和金额等信息无误后，点击【保存】按钮，对此单据点击【签字】按钮。

注意：只有填写实发数量和金额，才能对单据进行保存和签字。已经根据上游单据生成了下游单据，则上游单据不可取消审批，也不可修改或删除。只有先删除下游单据，才可改动上游单据。

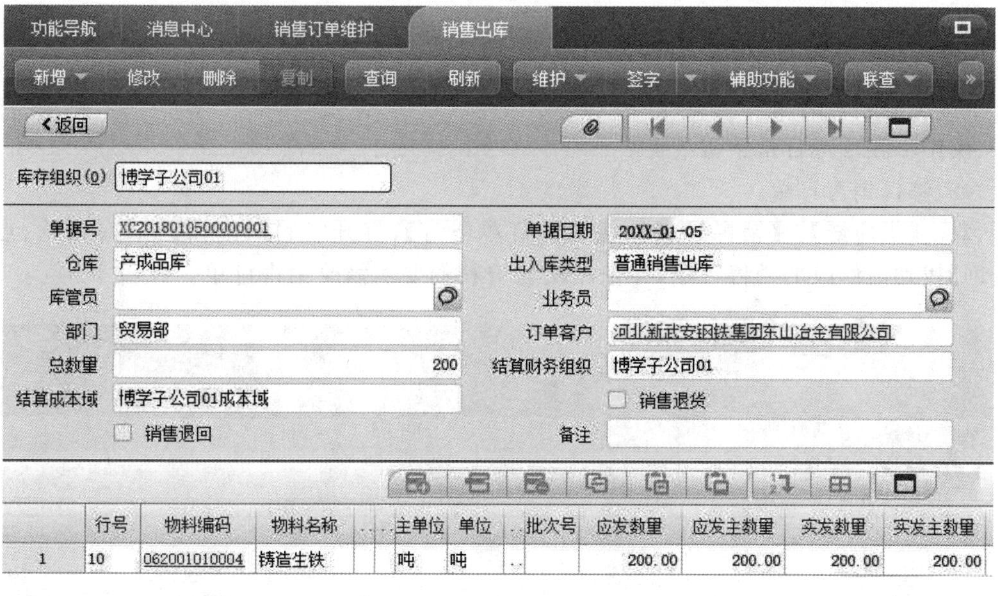

图 2

(3)填写销售发票

双击【供应链】—【销售管理】—【销售发票维护】，打开“销售发票维护”对话框，点击【新增】按钮，下拉选项选择“销售出库单”，即可根据上游单据生成销售发票。

根据实验资料，输入开票组织、发票类型、客户名称和开票日期后，点击【保存】按钮，核对无误后点击【审批】。

功能导航 消息中心 销售订单维护 销售出库 销售发票维护

新增 修改 删除 查询 刷新 显示汇总 提交 审批 辅助功能 联查

返回

开票组织(O) 博学子公司01

发票类型	增值税专用发票	结算方式		发票号	SI2018010500000001
客户名称	河北新武安钢铁集团东山冶	开票日期	20XX-01-05	客户电话	
客户打印名称		客户税号		客户开户银行	
客户银行账号		客户地址		币种	人民币
折本汇率	1.00	发票折扣	100.00	发票总金额	881,600.00
冲抵金额	0.00	价税合计	881,600.00	对冲标记	正常
备注		单据状态	自由		

	行号	物料编码	物料名称	数量	含税单价	税率	无税单价	含税净价	无税净价	税额
1	10	062001010004	铸造生铁	200.00	4,408.00	16.00	3,800.00	4,408.00	3,800.00	121,60

图 3

2.分次发货的销售业务

(1)填制销售订单

操作步骤参考日常销售业务。

(2)修订销售订单

双击【供应链】—【销售管理】—【销售订单修订】,打开"销售订单修订"对话框,点击【查询】找到需修改的销售订单,并依据实验资料的要求修改销售订单。

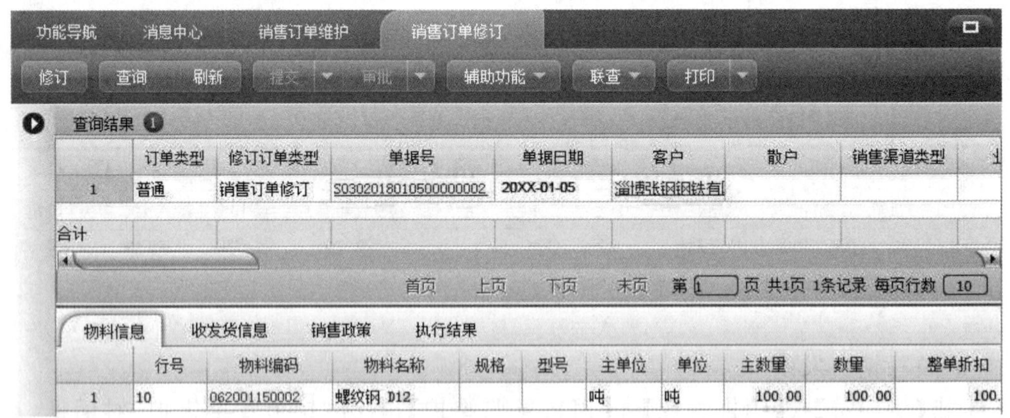

图 4

点击【修订】,从而按照客户的要求在原有的基础上增加50吨螺纹钢。在"主数量"处修改数量,系统会自动调整价税合计数额。完成以上步骤后,对修改后的销售订单进行保存和审批。

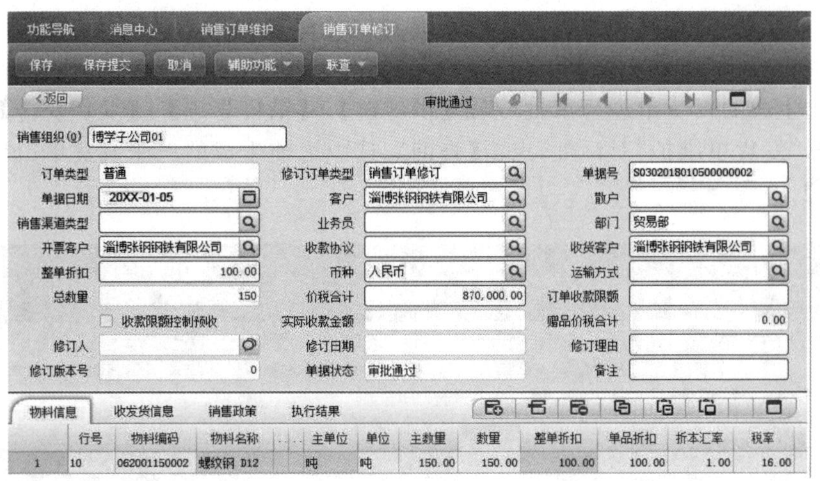

	行号	物料编码	物料名称	主单位	单位	主数量	数量	整单折扣	单品折扣	折本汇率	税率
1	10	062001150002	螺纹钢 D12	吨	吨	150.00	150.00	100.00	100.00	1.00	16.00

图 5

(3)进行发货安排

双击【供应链】—【销售管理】—【发货安排】,打开“发货安排”对话框,点击【查询】找到需进行发货处理的销售订单;选中对应的单据,点击【安排】,(按一次“安排”出现一行,一共点击三次安排)分别修改每一行的“数量”可以实现分三次发货的功能,参考实验资料的要求“150 吨的物料分成三次发货,每次 50 吨”。

功能导航　消息中心　销售订单维护　销售订单修订　发货安排

查询　刷新　安排

销售订单　调拨订单

	☑	订单类型	单据号	客户	开票客户	运输方式	备注	总数量	制单人
1	☑	普通	S03020180105...	淄博张钢钢铁有限	淄博张钢钢铁有限			150.00000000	孙七

发货单

	☐	客户名称	物料编码	物料名称	规格	型号	单位	数量	主单位	主数量
1	☐	淄博张钢钢铁...	062001150002	螺纹钢 D12			吨	50.00	吨	50.00
2	☐	淄博张钢钢铁...	062001150002	螺纹钢 D12			吨	50.00	吨	50.00
3	☐	淄博张钢钢铁...	062001150002	螺纹钢 D12			吨	50.00	吨	50.00

图 6

在“发货安排”对话框下,选择三张数量为“50 吨”的发货单,点击【生成发货单】。系统会据此生成一张对应的发货单。

发货单

	☑	发货库存组织	客户编码	客户名称	物料编码	物料名称	规格	型号	单位	数量
1	☑	博学子公司01	JT100010	淄博张钢钢铁...	062001150002	螺纹钢 D12			吨	50.00
2	☑	博学子公司01	JT100010	淄博张钢钢铁...	062001150002	螺纹钢 D12			吨	50.00
3	☑	博学子公司01	JT100010	淄博张钢钢铁...	062001150002	螺纹钢 D12			吨	50.00

删行　生成发货单　存量查拣

图 7

注意：发货安排，还存在快捷操作的方法，即在“销售订单维护”对话框下，点击【发货安排】按钮也可实现安排发货的操作。

对刚才生成的发货单进行审批，双击【供应链】—【销售管理】—【发货安排】—【发货单维护】，打开“发货单维护”对话框，点击【查询】，选中之前生成的三张发货单；核对无误后，点击【审批】。

功能导航 消息中心 销售订单维护 销售订单修订 发货安排 发货单维护

新增 修改 删除 查询 刷新 提交 审批 退货处理 辅助功能 联查 打印

查询结果 1

	物流组织	单据号	发货类型	单据日期	发货计划员	发货部门	运输方式	运输路线	总数量
1	博学子公司01	DN2018010500000	普通	20XX-01-05					150
合计									150

首页 上页 下页 末页 第 1 页 共1页 1条记录 每页行数 10

物料信息 发货信息 运输信息

	行号	客户编码	客户名称	物料编码	物料名称	规格	型号	单位	数量
1	10	JT100010	淄博张钢钢铁...	062001150002	螺纹钢 D12			吨	50.00
2	20	JT100010	淄博张钢钢铁...	062001150002	螺纹钢 D12			吨	50.00
3	30	JT100010	淄博张钢钢铁...	062001150002	螺纹钢 D12			吨	50.00

图 8

(4)填制销售出库单

双击【供应链】—【库存管理】—【销售出库】，打开“销售出库”对话框，点击下拉选项选择“发货单”，即可根据对应的发货单进行销售出库。

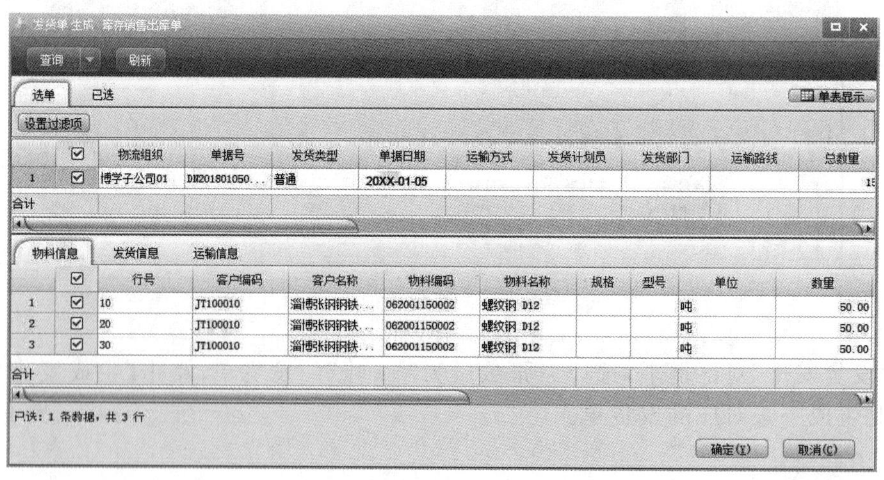

图 9

在“销售出库”对话框下，录入库存组织、单据日期、仓库和出入库类型的相关信息；出入库类型填写“普通销售出库”。除了填写以上信息外，还应当在界面下方填写“实发数量”等数据，全部填写完毕，点击【保存】之后对单据进行【签字】。

注意：信息填写不完整无法签字。

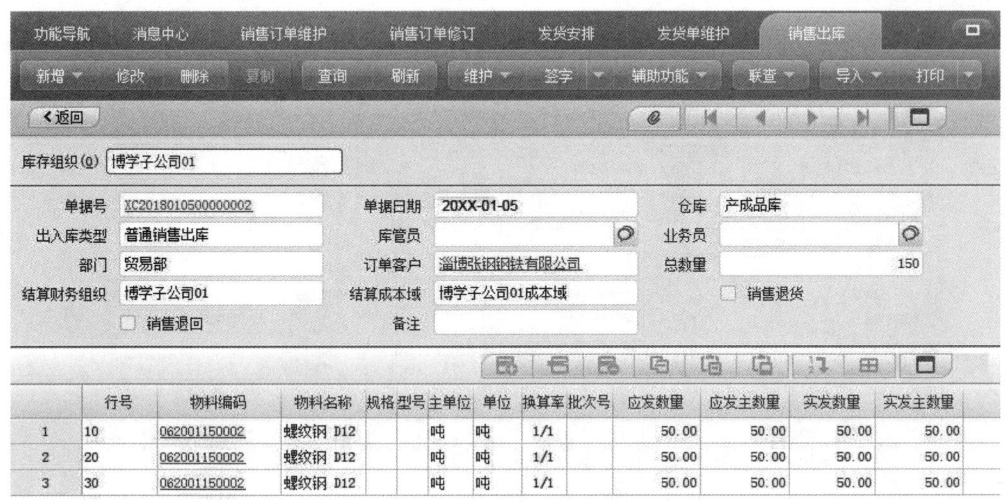

图 10

(5)填写销售发票

双击【供应链】—【销售管理】—【销售发票维护】，打开“销售发票维护”对话框，点击【新增】按钮，下拉选项选择“销售出库单”，即可根据上游单据生成销售发票。参考日常销售业务。

3.销售退货业务

(1)填制销售订单、发货单、销售出库单、销售发票，操作步骤参考分次发货的销售业务。

(2)填制退货销售订单

对于客户的退货要求，双击【供应链】—【销售管理】—【销售订单】—【销售订单维护】，在“销售订单维护”对话框点击【查询】，选择与退货相关的销售订单。点击【辅助功能】，下拉选项选择“参照销售订单退货”，即可根据上游单据进行退货处理。

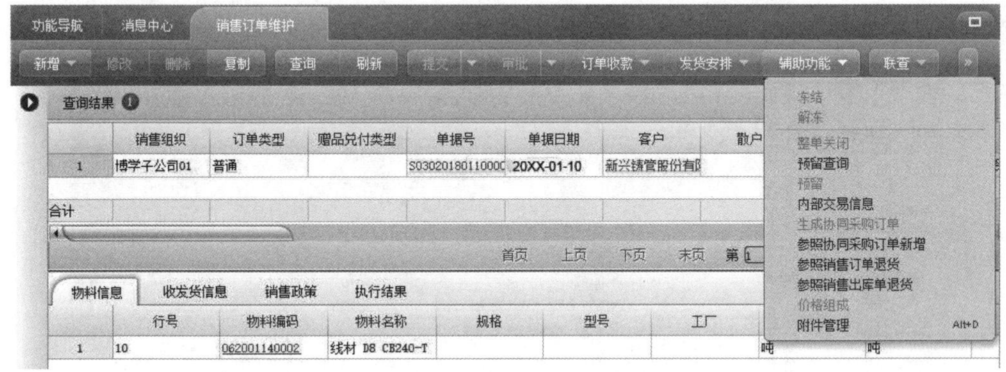

图 11

系统跳转至以下界面，在以下界面修改退货的数量为“－1”；修改好后点击【保存】，而后点击【审批】。

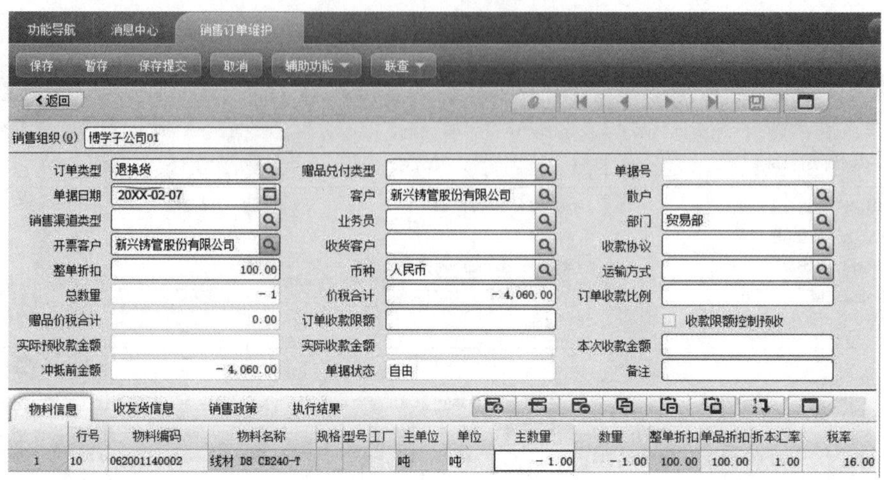

图 12

(3)冲减产品出库数

双击【供应链】—【库存管理】—【出库业务】—【销售出库】;打开"销售出库"对话框,点击【新增】,下拉选项选择"销售订单",即可根据上游单据冲减产品出库。

图 13

在以下界面完善与退换相关的出入库类型、仓库和实发主数量及单价,点击【保存】,再对此单据【签字】。

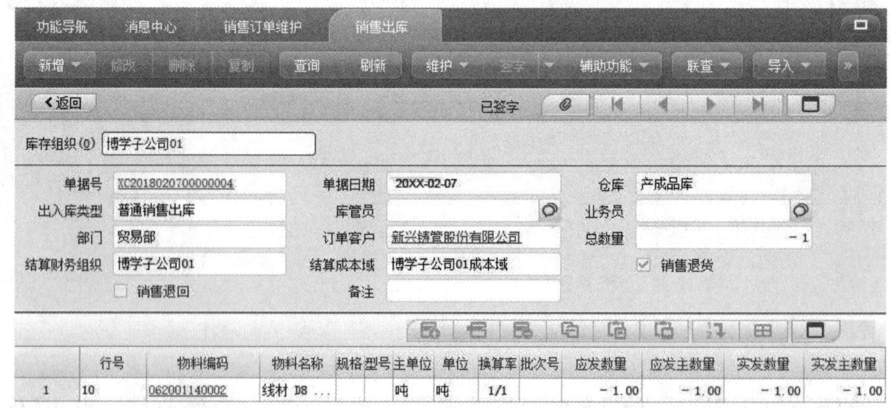

图 14

(4)红字冲销原有发票

双击【供应链】—【销售管理】—【销售发票】—【销售发票维护】,打开“销售发票维护”对话框,点击【新增】,下拉选项选择“销售出库单”,即可根据上游单据生成红字冲销发票。

在以下界面,录入相关信息;在此处可以看到数量和金额均为负数,生成一张红字冲销发票;点击【保存】,而后点击【审批】。

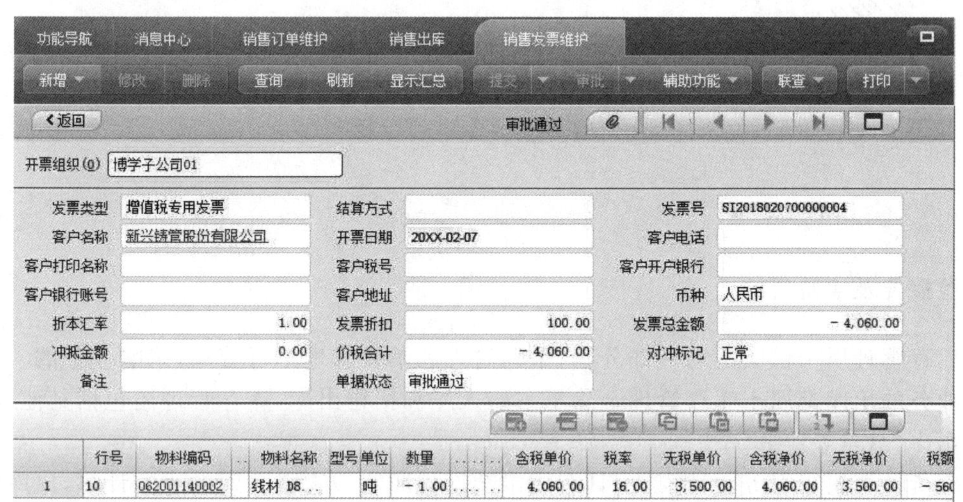

图 15

思考题

公司为了开拓海外市场,经公司上层批准成立了“海外市场拓展部”,开始发展境外业务。

(1)该部门经过一段时间的运营,成功地和海外客户“美国伊利诺伊州采矿实业股份有限公司”达成协议,出售线材 200 吨,并将成为该公司的采矿线材专用供应商,单价为 3 500元/吨。

(2)对方在收到线材以后也收到了发票;但是发现其中 2 吨的线材存在细微瑕疵,要求退货,并要求子公司对这些货物进行补发(思考:如果客户不要求补发,当月要求子公司重新开具增值税专用发票应该如何处理)。

(3)在经历了这次风波以后,客户将所有款项支付给了子公司,子公司冲销了应收款项。

(4)子公司于 20××年 12 月由其海外市场拓展部向新兴铸管股份有限公司销售一批线材,数量为 5 吨线材,不含税的单价为 3 500 元/吨;当月全部退回,子公司进行了相关的税务处理。

要求:根据资料完成业务操作并生成相应的单据。

实验四 库存管理及存货核算

实验摘要及实验目的

库存管理属于供应链的一部分，与采购管理和销售管理不可分离，采购业务的入库和销售业务的出库都属于库存管理。除了采购入库和销售出库，库存管理还包括其他入库、其他出库、盘点等业务。

存货核算属于财务会计模块，具有成本会计的职能。物料入库的成本计算，出库的成本结转，及物料计价方式的设定，物料明细账及流水查询，都在此模块下进行。一方面，存货核算模块与库存管理模块相连接，根据存货管理模块下的出入库业务记录生成明细账；另一方面，存货核算模块与总账模块相连接，将物料出入库的明细传输至总账模块生成凭证并记账。

实验要求

1.熟练处理库存管理业务

2.掌握成本计算及相关凭证的处理

3.导出存货明细账

实验资料

1.1 月 20 日，总经理办公室下指令对产成品仓库进行一次临时盘点。盘点结果发现螺纹钢少了 10 吨，铸造生铁多出 5 吨。其他物料盘点数量与账面数量一致。

2.1 月 25 日，由于新设办公地点需要办公设备，从备品备件库调转 2 个电脑桌、5 个摄像头接头至办公用品库。

3.1 月 27 日，备品备件库中有两套单价为 300 元/套的耐热保护工作服损坏，做报废处理，并转移到废品库中。

4.1 月 31 日，对所有仓库进行月末盘点，账面数量与盘点数量一致。

操作指导

1.存货核算期初建账

具有存货核算权限的张三登录系统，双击【财务会计】—【存货核算】—【期初记账】，打开“期初记账”对话框，选择本公司成本域，点击【期初记账】按钮。（如已在实验一中实施该步骤，可不必重复操作。）

注意：在正式使用系统前，会预先录入期初数据。期初数据进入系统后尚未记账，无法进行后续正常的账务处理，因此需要期初记账。

2.盘点

（1）录入盘点数据

具有库存管理权限的赵六登录系统，双击【供应链】—【库存管理】—【盘点】，打开“盘点”对话框。点击【新增】按钮，下拉选项选择“直接录入”。根据实验资料输入盘点日期、仓库、物料。点击【账面取数】按钮，自动获取账面数量。点击【实盘录入】按钮，下拉选项选择“手工录入”，根据实验资料输入盘点数量。若盘点数量与账面数量一致，可在下拉选项选择“自动取数”，系统默认盘点数量与账面数量一致。盘点单输入完成后，保存并审批。

注意：在进行该步操作时需把业务日期修改为盘点日期，如“20××-01-20”。否则在后续“盘点差异调整”步骤生成其他入库单或其他出库单时，最终单据日期无法设定为盘点日期，会计期间也无法设定为“20××-01”。会计期间设置错误会导致在进行成本计算时，无法查询出该盘点日的其他入库单或其他出库单。

	物料名称	换算率	账面数量	账面主数量	盘点数量	盘点主数量	差异数量
1	球团矿	1/1	1,100.00	1,100.00	1,100.00	1,100.00	0.00
2	铸造生铁	1/1	300.00	300.00	305.00	305.00	5.00
3	铁水	1/1	0.00	0.00	0.00	0.00	0.00
4	线材 D8 CB240-T	1/1	285.00	285.00	285.00	285.00	0.00
5	螺纹钢 D12	1/1	850.00	850.00	840.00	840.00	- 10.00

图 1

注意：如果账面数量不对，请先检查物料的出入库日期和出入库单据的签字日期是否在对应的期间。另外，除了“直接录入”外，还可以在下拉选项选择“盘点选择”。盘点选择可以仓库为单位盘点，也可以物料为单位盘点，盘点方式灵活。

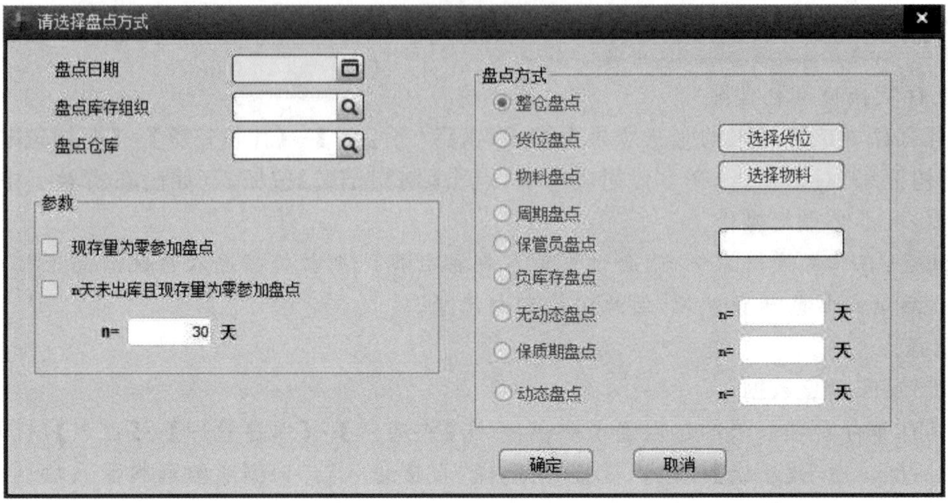

请选择盘点方式
盘点日期
盘点库存组织
盘点仓库
参数
现存量为零参加盘点
n天未出库且现存量为零参加盘点
n= 30 天
盘点方式
整仓盘点
货位盘点 选择货位
物料盘点 选择物料
周期盘点
保管员盘点
负库存盘点
无动态盘点 n= 天
保质期盘点 n= 天
动态盘点 n= 天
确定 取消

图 2

(2)盘点差异调整

当盘点结果显示实物数量与账面数量存在差异时，要对差异进行其他出库或其他入库调整处理。在“盘点”对话框，点击【关联功能】按钮，在下拉选项中选择“调整”，系统弹出“其他入其他出”对话框，检查库存其他入库单或库存其他出库单无误，点击右侧的【保存 & 签字】按钮。

图 3

(3)查询其他出入库

具有存货核算权限的张三登录系统，双击【财务会计】—【存货核算】—【其他入库单】，打开“其他入库单”对话框，即可查询上述盘盈调整单据。

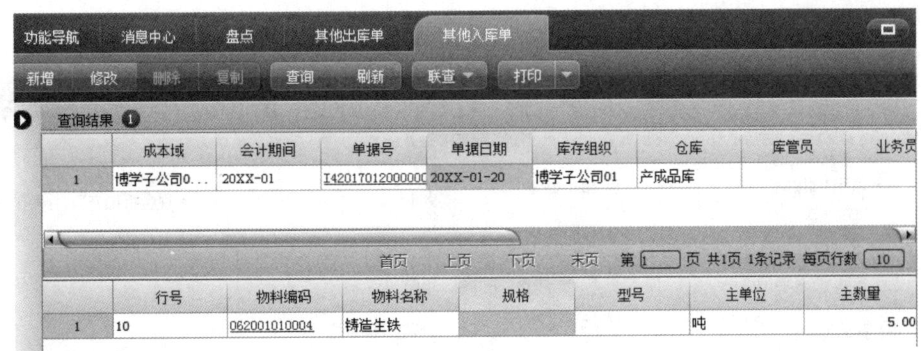

图 4

同理，双击【财务会计】—【存货核算】—【其他出库单】，打开“其他出库单”对话框，即可查询上述盘亏调整单据。

3.转库

具有库存管理权限的赵六登录系统，双击【供应链】—【库存管理】—【库存调整】—【转库】，打开“转库”对话框。点击【新增】按钮，在下拉选项中选择【自制】，再选择库存组织，根据实验资料填写单据日期、出库仓库、入库仓库、物料编码、数量等信息，转库类型选择“转库”。单据填写完成后点击【保存】，并点击【审批】。

注意：转库业务发生在业务组织内部，不会对财务信息产生实质影响。

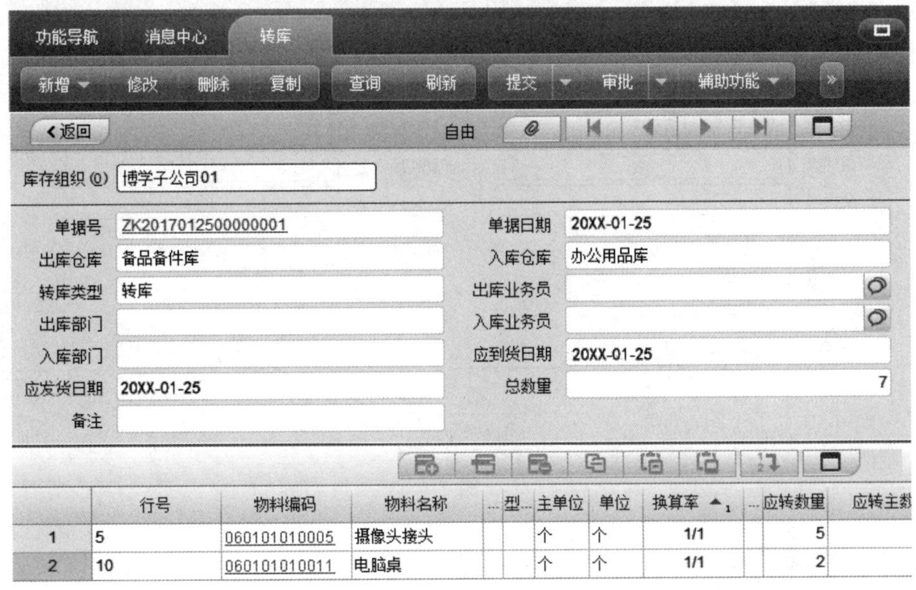

图 5

4.报废

(1)新建废品库

负责动态建模的张三以用户“BX01”(老师提前进行分配)进入系统，双击【动态建模平台】—【基础数据】—【仓库】，打开“仓库”对话框，并点击【新增】按钮。

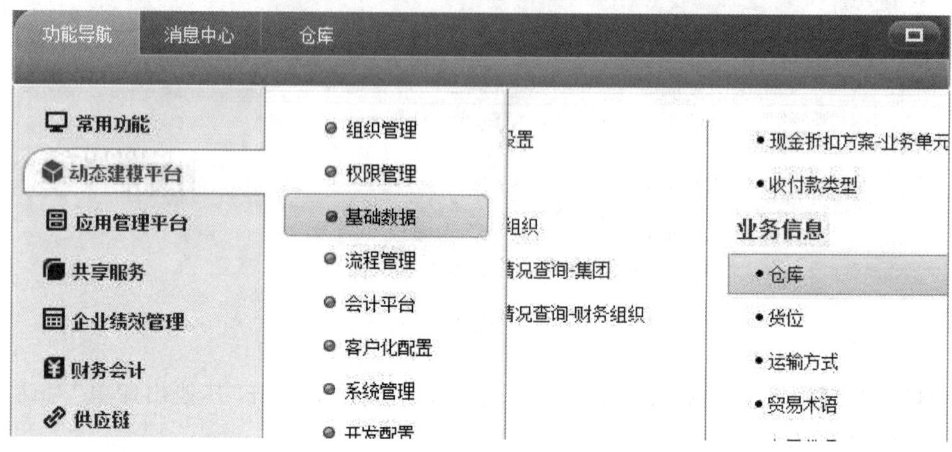

图 6

选择所属库存组织，勾选“废品库”，并填写废品库编码和名称，点击【保存】，完成废品库新建工作。

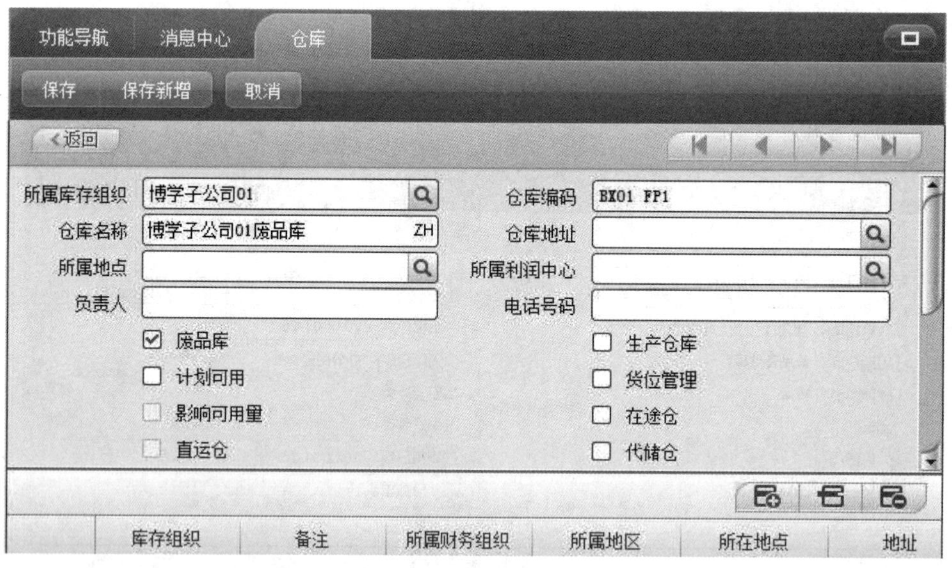

图 7

(2)填写报废单据

具有库存管理权限的赵六登录系统，双击【供应链】—【库存管理】—【报废】，打开“报废”对话框，点击【新增】按钮，在下拉选项中选择【自制】，填写单据信息，点击【保存】，并【签字】。

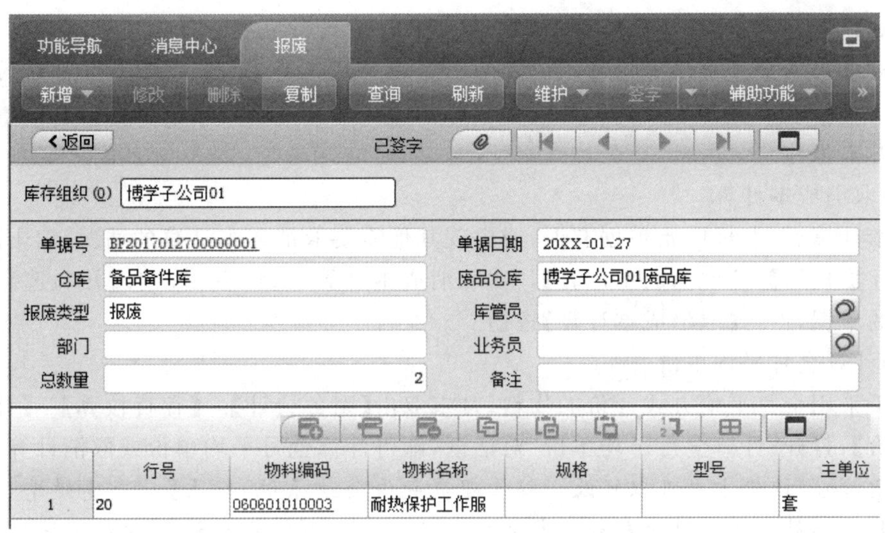

图 8

完成上述步骤，系统将自动在【财务会计】—【存货核算】—【报废单】节点下生成报废单。

5.成本计算

到了月末，需要对所有入库和出库的材料进行成本计算。

(1)成本计算

具有存货核算权限的张三登录系统，双击【财务会计】—【存货核算】—【成本计算】，在“成本计算”对话框，查询出并勾选待计算的单据，包括采购入库单、其他入库单、其他出库单、销售成本结转单等各类出入库单据，点击【成本计算】按钮。

功能导航 消息中心 成本计算

查询 成本计算 联查单据 打印

财务组织 博学子公司01 所属账簿 博学子公司01-南强集团基准账簿 会计期间 20XX-01

	☑	成本域	单据号	单据类型	来源单据号	来源分录行号	物料编码	物料名称
1	☑	博学子公司01...	I22018010500...	采购入库单	JS2018010500...	10	062001010002	球团矿
2	☑	博学子公司01...	I22018010500...	采购入库单	JS2018010500...	20	062001010002	球团矿
3	☑	博学子公司01...	I22018010500...	采购入库单	JS2018010500...	30	062001010004	铸造生铁
4	☑	博学子公司01...	I22018010500...	采购入库单	JS2018010500...	40	062001010004	铸造生铁
5	☑	博学子公司01...	I52018010500...	销售成本结转单	SI2018010500...		062001010004	铸造生铁
6	☑	博学子公司01...	I22018011000...	采购入库单	JS2018011000...	10	062001150002	螺纹钢 D12
7	☑	博学子公司01...	I22018011000...	采购入库单	JS2018011000...	10	062001140002	线材 D8 CB240-T
8	☑	博学子公司01...	I22018013100...	采购入库单	CR2018011000...	10	062001010002	球团矿
9	☑	博学子公司01...	I52018011000...	销售成本结转单	SI2018011000...		062001150002	螺纹钢 D12
10	☑	博学子公司01...	I52018011000...	销售成本结转单	SI2018011000...		062001150002	螺纹钢 D12
11	☑	博学子公司01...	I52018011000...	销售成本结转单	SI2018011000...		062001150002	螺纹钢 D12
12	☑	博学子公司01...	I52018011000...	销售成本结转单	SI2018011000...		062001140002	线材 D8 CB240-T
13	☑	博学子公司01...	I22018011300...	采购入库单	JS2018011300...	10	060201010091	插板
14	☑	博学子公司01...	I22018011300...	采购入库单	JS2018011300...	10	060201010091	插板
15	☑	博学子公司01...	I72018012000...	其它出库单	TC2018012000...	10	062001150002	螺纹钢 D12
16	☑	博学子公司01...	I42018012000...	其他入库单	TR2018012000...	10	062001010004	铸造生铁

图 9

注意:这里的其他入库单需要手工录入单价才能进行成本计算。另外,【成本计算】功能只能对采用除全月平均计价方式以外的物料进行成本计算,且可在一个月内的任何时间操作。对于采用全月平均方式计价的物料,在【计算全月平均单价】节点进行成本计算,一般在月末操作。

(2)取消成本计算

成本计算后,发现原始单据有误,或出现其他需要取消成本计算的情况,双击【财务会计】—【存货核算】—【取消成本计算】,在"取消成本计算"对话框,查询出并勾选需取消成本计算的单据,点击【取消成本计算】按钮。

(3)计算全月平均单价

对于采用全月平均方式计价的物料,月末双击【财务会计】—【存货核算】—【计算全月平均单价】,打开"计算全月平均单价"对话框,即可计算全月平均单价或取消计算。

注意:物料计价方式可以修改。以管理员身份登录系统,双击【动态建模平台】—【基础数据】—【物料—业务单元】,查询本公司的物料。双击需更改计价方式的物料,点开成本信息,再点击【修改】,即可对计价方式进行修改。

6.查询存货明细账

双击【财务会计】—【存货核算】—【出入库流水账】,打开"出入库流水账"对话框,可查询公司所有仓库存货出入库流水账。点击"打印"右侧倒三角,下拉选项选择"输出"即可导出出入库流水账文件。

双击【财务会计】—【存货核算】—【存货明细账】,打开"存货明细账"对话框,可按物料查询明细账。

7.生成实时凭证

双击【财务会计】—【存货核算】—【账务处理】—【生成实时凭证】,打开"生成实时凭证"对话框,查询出待生成实时凭证的单据,单击目标单据,点击【生成实时凭证】按钮。实时凭证为临时凭证,在转为正式的会计凭证之前,可取消或修改。如需取消生成实时凭证,在查询时,查询条件"生成实时凭证标志"选择"是",即可查询已生成实时凭证的单据,点击【取消生成实时凭证】即可。

注:一次只能生成一张,一次也只能取消生成一张;即只能操作当前选定的临时凭证;操作完毕,该凭证会从界面消失。

功能导航 消息中心 生成实时凭证

查询 生成实时凭证 取消生成实时凭证 打印

财务组织 博学子公司01 会计期间 20XX-01

	单据号	单据类型	来源单据号	来源分录行号	物料名称	物料编码	规格
1	I22018011100...	采购入库单	JS2018011100...	20	电脑桌	060101010011	
2	I22018011100...	采购入库单	JS2018011100...	10	电脑桌	060101010011	
3	I22018011100...	采购入库单	JS2018011100...	30	电脑桌	060101010011	
4	I22018011300...	采购入库单	JS2018011300...	10	插板	060201010091	
5	I22018011300...	采购入库单	JS2018011300...	10	插板	060201010091	
6	I22018010500...	采购入库单	JS2018010500...	20	球团矿	062001010002	
7	I22018010500...	采购入库单	JS2018010500...	10	球团矿	062001010002	
8	I22018013100...	采购入库单	CR2018011000...	10	球团矿	062001010002	
9	I22018010500...	采购入库单	JS2018010500...	30	铸造生铁	062001010004	
10	I22018010500...	采购入库单	JS2018010500...	40	铸造生铁	062001010004	
11	I52018010500...	销售成本结转单	SI2018010500...		铸造生铁	062001010004	
12	I42018012000...	其他入库单	TR2018012000...	10	铸造生铁	062001010004	
13	I22018011000...	采购入库单	JS2018011000...	10	线材 D8 CB240-T	062001140002	
14	I52018011000...	销售成本结转单	SI2018011000...		线材 D8 CB240-T	062001140002	
15	I22018011000...	采购入库单	JS2018011000...	10	螺纹钢 D12	062001150002	
16	I52018011000...	销售成本结转单	SI2018011000...		螺纹钢 D12	062001150002	
17	I52018011000...	销售成本结转单	SI2018011000...		螺纹钢 D12	062001150002	
18	I52018011000...	销售成本结转单	SI2018011000...		螺纹钢 D12	062001150002	
19	I72018012000...	其它出库单	TC2018012000...	10	螺纹钢 D12	062001150002	

图 10

思考题

1.2 月 10 号，公司从河北新武安钢铁集团鑫山钢铁有限公司采购了 850 吨球团矿，价格 730 元/吨，运输途中，球团矿自然消耗掉 5 吨，实际到货和入库数量为 845 吨。2 月 12 日，公司接到上海百为金属有限公司的订单，对方需要球团矿 900 吨。由于公司球团矿库存不足，公司立即又向河北新武安钢铁集团鑫山钢铁有限公司采购了 500 吨球团矿，采购单价为 755 元/吨。当天下午到货并入库球团矿 500 吨。第二天，公司向上海百为金属有限公司发出球团矿 900 吨，销售单价为 1 100 元/吨。

要求：(1)根据实验资料生成相应的单据。(2)导出球团矿 1 月和 2 月的存货明细账，思考球团矿的计价方式。

2.判断存货是否发生跌价，如发生跌价，请做相关处理。

3.2 月末盘点一次。

4.计算成本并生成实时凭证。

5.经理要求分析存货周转率，请执行存货周转率分析并输出分析结果。思考不同会计期间内存货周转率的差异。

实验五 人力资源管理

实验摘要及实验目的

人力资源管理是以人力资源组织为主体，开展人事管理、薪资管理、社保福利、时间管理、人力资源规划、能力素质评估与分析、招聘管理、培训管理、绩效评估等业务。其中人事管理和薪酬管理是最重要和基础的两大部分，几乎所有企业的人力资源管理工作都离不开这两大板块。

本实验的主要目的即借助用友 NC 6.5 这一平台，让学生担任人事专员的角色，了解和学习如何操作和使用 NC 6.5“人力资本”模块，并进一步对企业组织和开展人力资源工作有所了解，实验内容主要包括员工入职、离职，员工信息维护，薪资的计算和发放等。

实验要求

1.员工入职与信息管理

2.员工变动与信息维护

3.薪资管理基础设置

4.薪资发放、分摊以及月末结账

注意：本教程中涉及的身份证号仅供举例，实际操作中各小组所填的身份证号不得重复。

实验资料

1.员工入职与信息管理

(1)20××年 1 月 23 日，子公司公共部门入职正式员工(非试用)张嘉亮，证件：身份证 350881198008072259，员工编号：BX01022，正式员工，男，业务员，开始日期：20××/01/01，进入日期：20××/01/01。

(2)录入完新员工的入职信息后，所有员工只是录入状态，还没有进入系统档案中，此时需要进行转入操作：方法一：无须进行入职申请审批，直接转入人员档案；方法二：需要进行申请审批才可转入人员档案。

(3)增加并设计员工花名册，将权限分配给子公司人事专员；生成人员花名册，并导出。

2.员工变动与信息维护

(1)20××年1月1日,子公司公共部门新加入试用员工许三强。20××年1月25日,许三强试用期顺利完成并申请转正,领导审批通过。

(2)20××年1月25日,子公司董事办员工陈珊娜兼任子公司公共部门总经理,当日批准生效。

(3)20××年1月25日,子公司员工张嘉亮离职,并因为多次严重违纪给公司带来巨大损失而被加入公司黑名单。

3.薪资管理基础设置

(1)维护一个完整的薪资项目体系:增加子公司公共薪资项目:"基本工资(编码01)""补贴(编码02)"。

(2)增加子公司薪资期间:"20××年"。

(3)设置子公司的薪资标准:共分为2个级别和2个档别,如下表所示。

表1

	1档	2档
1级	5 000	6 000
2级	6 000	7 000

(4)维护子公司要发放薪资的薪资方案:"标准工资方案"。

(5)维护子公司要发放薪资的薪资发放项目:"基本工资"。

(6)维护子公司员工陈珊娜的薪资级别和档别,以此确定员工的基本工资:陈珊娜:2级2档。

(7)维护陈珊娜的个人银行信息,账号:1111,户名:陈珊娜,开户行:中国工商银行×××。

4.薪资发放、分摊以及月末结账

(1)每个薪资方案都有自己的薪资档案,如果要给某个员工发放工资,则必须将该员工加入到某个薪资方案的薪资档案中。

(2)20××年1月15日,给陈珊娜计算并发放薪资。

(3)完成期末处理,以便发放下月的薪资。

(4)进行薪资条管理业务处理,主要是设置员工邮件/短信/自助薪资条中需要显示的内容,并可在薪资发放之后进行薪资条的查询、打印、邮件发送、短信发送等。

操作指导

1.员工入职与信息管理

(1)新员工入职

负责人力资源管理业务的王五登录系统。双击【人力资本】—【人员信息管理】—【入职管理】—【入职登记】,打开"入职登记"对话框,点击【新增】按钮,输入新入职员工张嘉亮的唯一性信息,点击【确定】。

注意:"开始日期"和"进入日期"必须维护;如果是试用员工,必须在维护员工工作信息的同时增加“试用情况”信息。

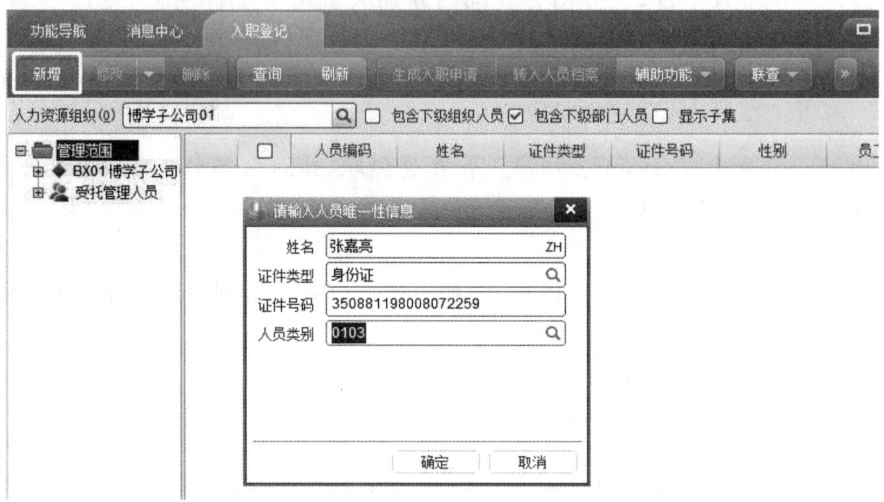

图 1

进入信息维护界面，维护【基本信息】和【工作信息】，填写完成后，点击【保存】。

图 2

图 3

(2)员工信息转入

在“入职登记”对话框，点击【转入人员档案】按钮，系统提示是否确认，点击【是】。

此处可勾选是否同步履历，若勾选，则在该人员的履历信息中会增加该条入职信息；若不勾选，则在该人员的履历信息中无此信息。

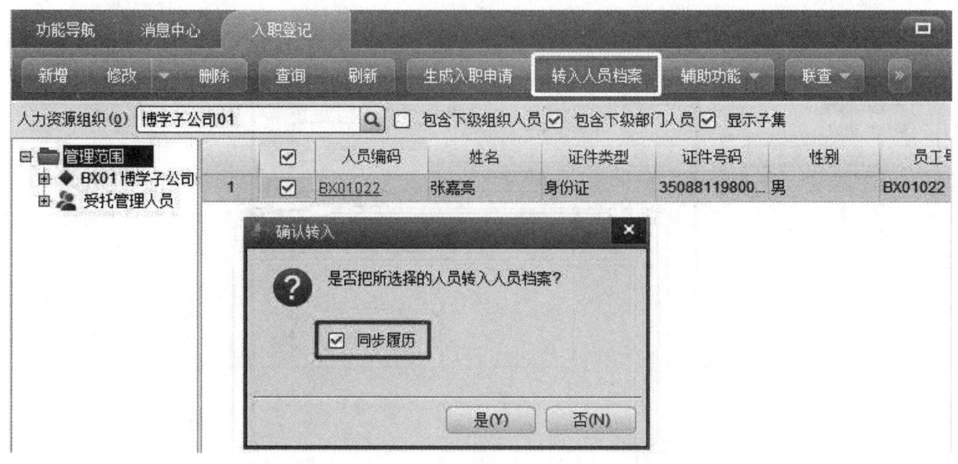

图 4

(3)设计花名册

双击【人力资本】—【人员信息管理】—【基础设置】—【人事报表设置-组织】，先在报表目录中选定组织，再点击方框所示的“新增”图标，此处的新增为在组织下新增一个报表目录。输入报表目录编码“01”与名称信息 “人事报表”，点击【确定】。

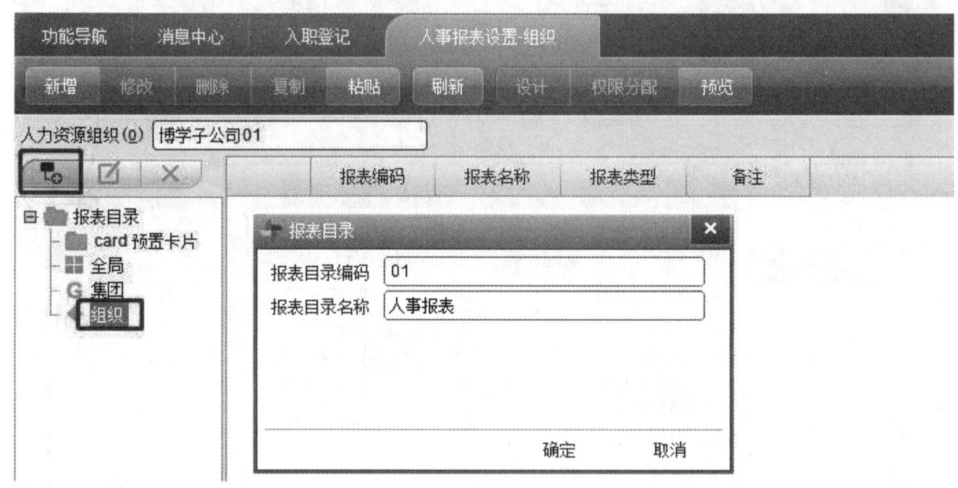

图 5

点击该报表目录“01-人事报表”，点击【新增】按钮，弹出“新建报表”对话框，选择报表类型为【花名册报表】，输入报表的编码“01”与名称信息“员工花名册”，点击【确定】。

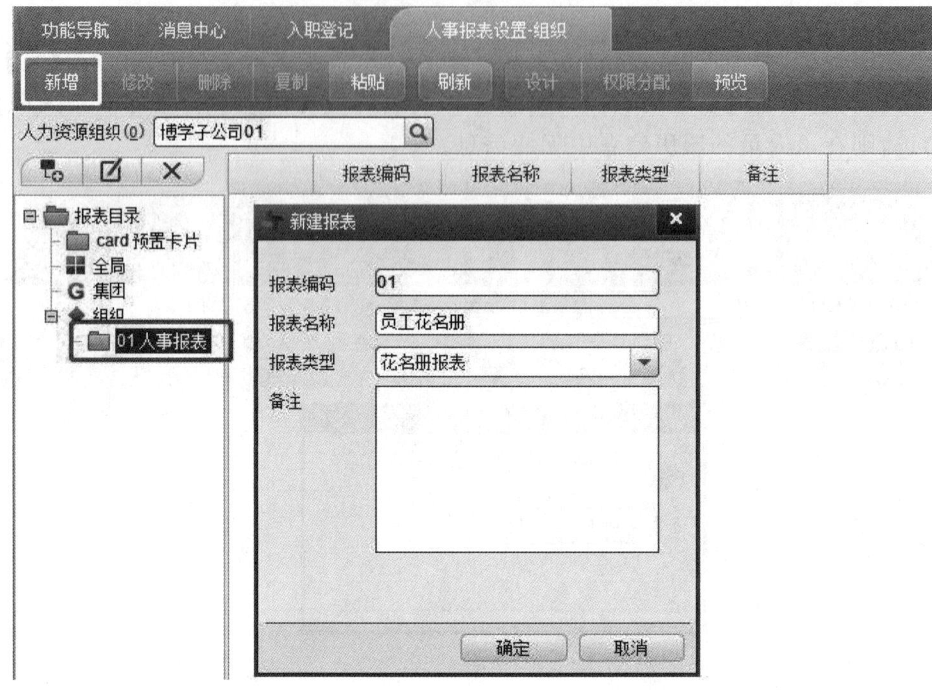

图 6

选择该条报表，点击【设计】按钮。配置该花名册要显示的信息项，选择到右侧，点击【下一步】按钮，逐一按照顺序将信息项移到右侧框中，进行排序，点击【完成】。

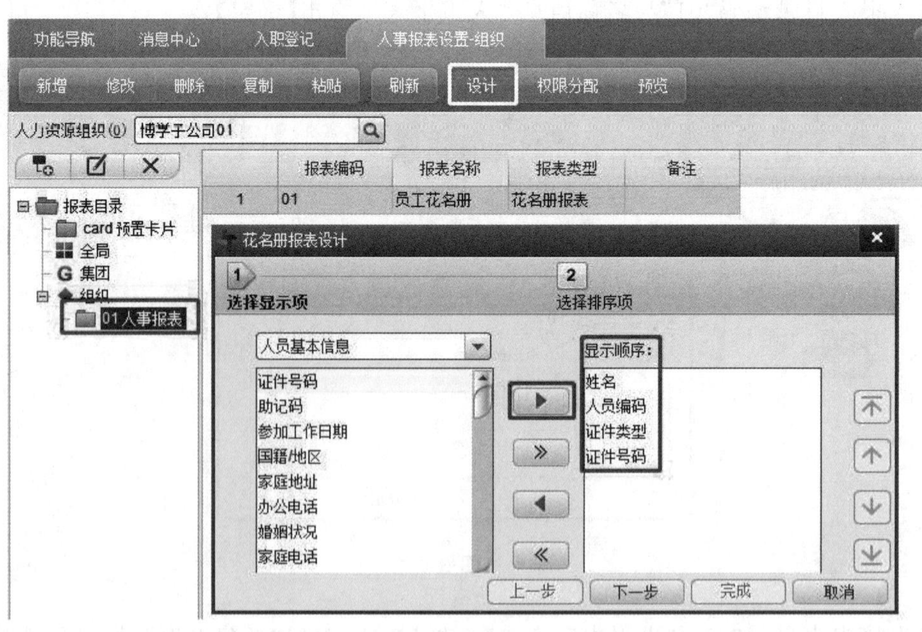

图 7

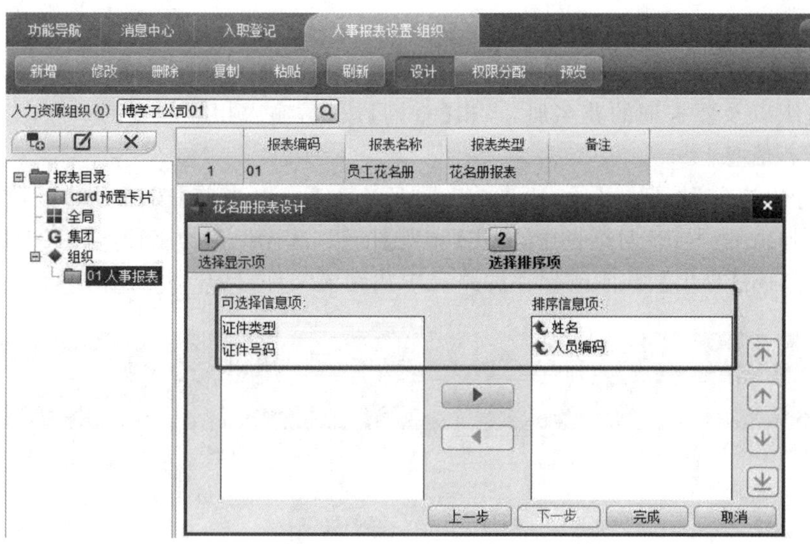

图 8

(4)进行人事报表分配

选择该条报表,点击【权限分配】按钮,将该报表的权限按角色分配给子公司人事专员,勾选对应的角色,点击【保存】。

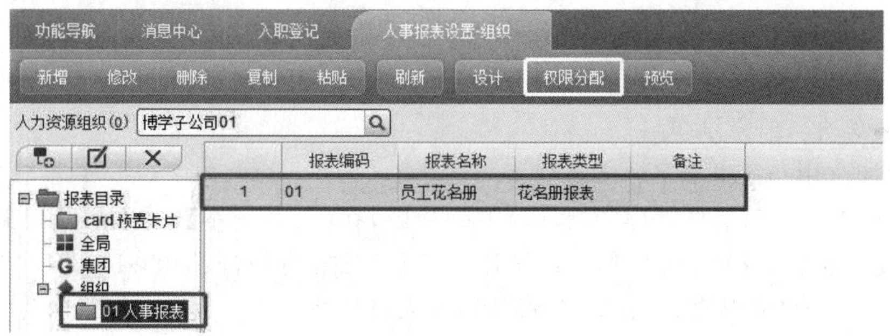

图 9

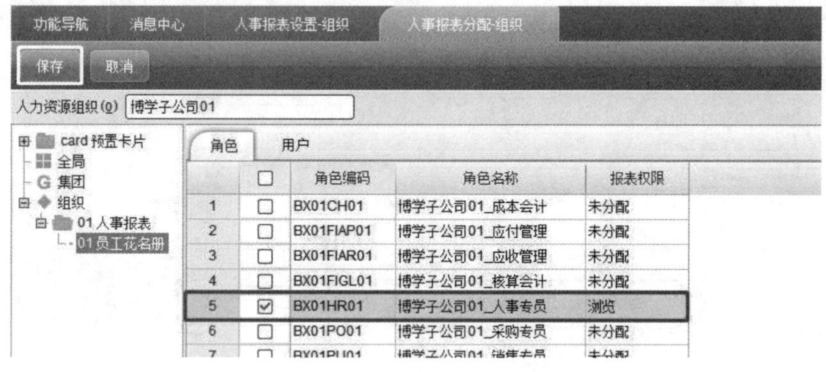

图 10

(5)查询并导出人员花名册

双击【人力资本】—【人员信息管理】—【信息查询】—【人员花名册-组织】，选择对应的人力资源组织以及要查询的花名册，点击【查询】按钮，输入相应的查询条件，点击【确定】，即可出现所有信息。

点击【导出当前】按钮，可导出"当前"或"所有"(【导出当前】按钮旁的下拉箭头)人员的信息。在弹出的"导出"对话框中，点击【浏览】按钮，选择保存的路径，输入文件名称，点击【打开】，然后确定【导出】，在刚刚保存的路径中找到该文件，打开即导出的所有人员花名册。

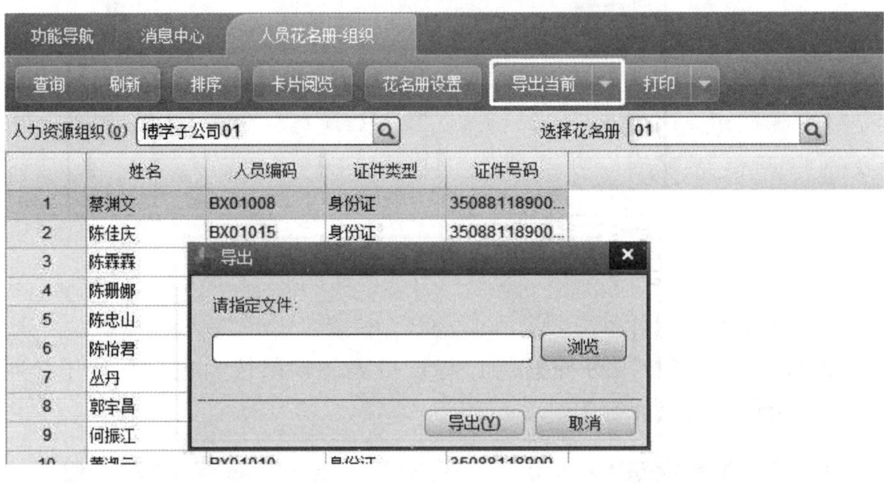

图 11

2.员工变动与信息维护

(1)增加试用员工并转正

参照"员工入职与信息管理"实验(1)中的步骤，在【人力资本】—【人员信息管理】—【入职管理】—【入职登记】节点中增加一位试用员工许三强，身份证：350881198612072375，员工编号：BXS01，维护"试用情况"信息；并将其转入人员档案。

图 12

维护转正项目：双击【人力资本】—【人员变动管理】—【基础设置】—【转正项目-组织】，选择试用期类型“入职试用”并点击【设置】。然后勾选在试用申请中需要的转正项目，点击【保存】。

图 13

双击【人力资本】—【人员变动管理】—【转正管理】—【转正申请】，打开“转正申请”对话框，选择对应的人力资源组织，与试用类型“入职试用”，点击【新增】。

选择转正人员，确认申请日期与生效日期，确认转正后的信息。确认信息后，点击【保存提交】。

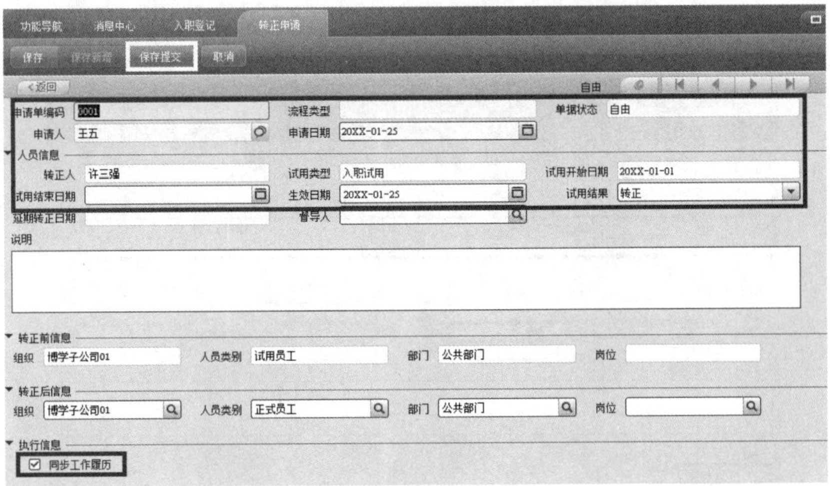

图 14

注意：如果在选择“转正人”时，找不到相应人员，可以回到“入职登记”对话框，确认上一步是否已将该人员转入人员档案。另外，可选择是否勾选“同步工作履历”，若勾选，则在该人员的工作履历中会显示出该条转正信息，若不勾选，则在该人员的工作履历中不会显示该条转正信息。

双击【人力资本】—【人员变动管理】—【转正管理】—【转正审批】，勾选要进行审批的申请单，点击【审批】，在弹出的“审批操作”对话框中点击【批准】按钮。

图 15

(2)人员兼职管理

双击【人力资本】—【人员变动管理】—【兼职管理】—【兼职申请】，选择对应的人力资源组织，点击【新增】按钮。

填制申请单，选择兼职人员，并确认其生效日期，兼职的部门岗位等信息，以及任职类型，同时还可勾选是否同步工作履历，填写完成后，点击【保存提交】。

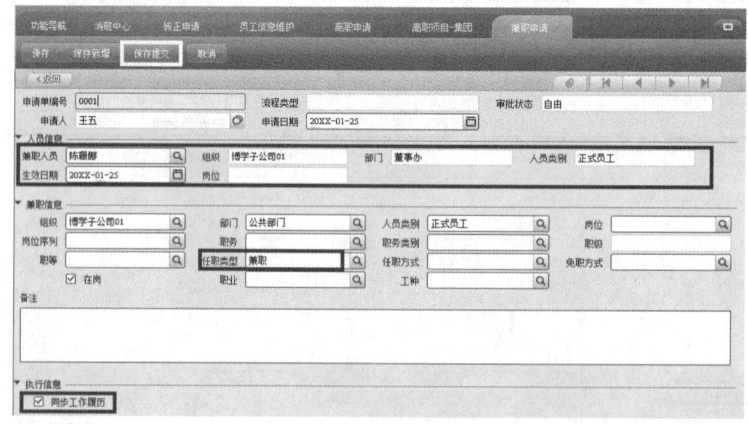

图 16

审批兼职申请单：双击【人力资本】—【人员变动管理】—【兼职管理】—【兼职审批】，参照上述步骤完成审批操作。

查询兼职记录：双击【人力资本】—【人员变动管理】—【兼职管理】—【兼职记录】，选择该兼职人员任职的人力资源组织，并选择“本组织人员兼职”页签，点击【查询】按钮，即可出现相应的兼职记录。

(3)人员离职管理

双击【人力资本】—【人员变动管理】—【基础设置】—【离职项目-集团】，选择离职业务类型为“辞职”并点击【设置】按钮，勾选离职业务中需要用到的离职项目，点击【保存】。

功能导航 消息中心 转正申请 员工信息维护 离职申请 兼职申请 兼职记录 离职项目-集

设置 刷新 异动类型 打印

离职业务类型 辞职

	显示	项目显示名称	所属信息集	数据类型	调整	必输	默认
1	☑	人员类别	工作记录	参照	☑	☑	☐
2	☐	职务类别	工作记录	参照	☐	☐	☐
3	☑	部门	工作记录	参照	☑	☑	☑
4	☐	职务	工作记录	参照	☐	☐	☐
5	☐	岗位序列	工作记录	参照	☐	☐	☐
6	☑	岗位	工作记录	参照	☐	☐	☐
7	☐	职等	工作记录	参照	☐	☐	☐
8	☐	职级	工作记录	参照	☐	☐	☐
9	☐	任职类型	工作记录	参照	☐	☐	☐
10	☐	任职方式	工作记录	参照	☐	☐	☐
11	☐	免职方式	工作记录	参照	☐	☐	☐
12	☐	在岗	工作记录	逻辑	☐	☐	☐
13	☐	职业	工作记录	参照	☐	☐	☐
14	☐	工种	工作记录	参照	☐	☐	☐
15	☑	组织	工作记录	参照	☑	☑	☑
16	☐	备注	工作记录	字符	☐	☐	☐

图 17

提出离职申请：双击【人力资本】—【人员变动管理】—【离职管理】—【离职申请】，选择要离职人员的人力资源组织，与离职业务类型“辞职”，点击【新增】。

在申请单中选择离职人员，并维护其日期、原因、人员类型等信息，勾选“加入黑名单”。填制完成后，点击【保存提交】。

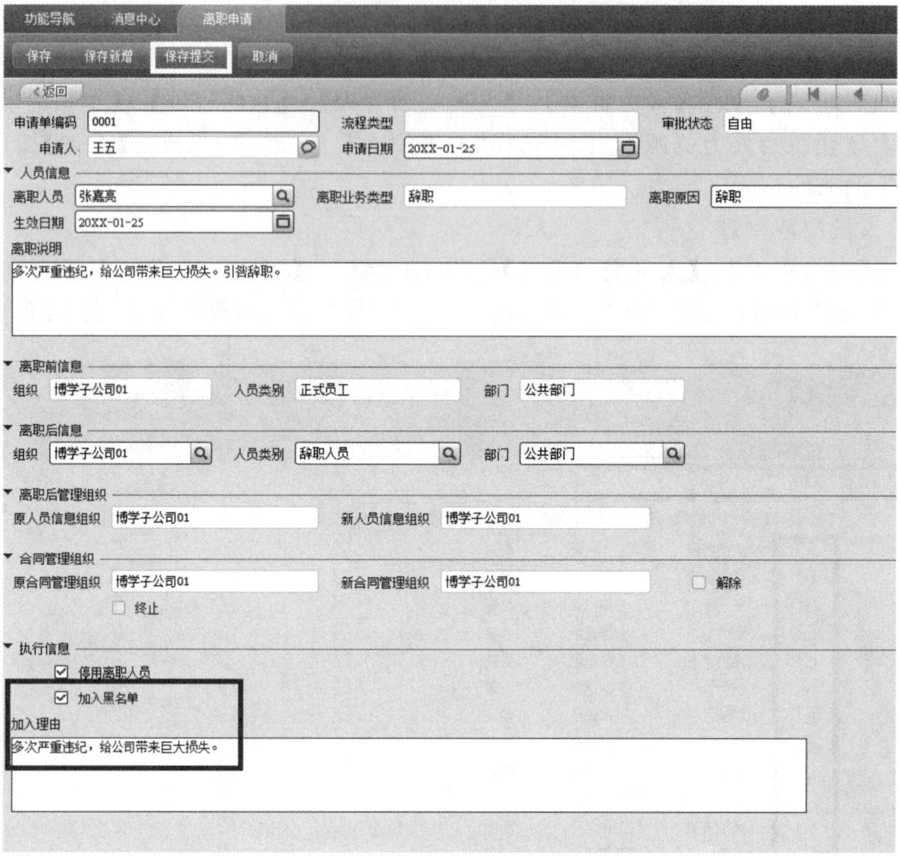

图 18

审批离职申请单:双击【人力资本】—【人员变动管理】—【离职管理】—【离职审批】,参照上述步骤完成审批操作。

查看离职记录:双击【人力资本】—【人员变动管理】—【离职管理】—【离职记录】,选择该离职人员的人力资源组织,将其右侧的"在职"选项的对勾去掉,点击【查询】,即可出现离职人员信息。

图 19

3.薪资管理基础设置

(1)增加公共薪资项目

双击【人力资本】—【薪酬管理】—【基础设置】—【公共薪资项目-组织】,系统已经预置一些公共项目,点击【新增】按钮,填写公共项目编码“01”和公共项目名称“基本工资”,并勾选“纳入薪酬体系”和“扣税”选项,然后点击【保存】。

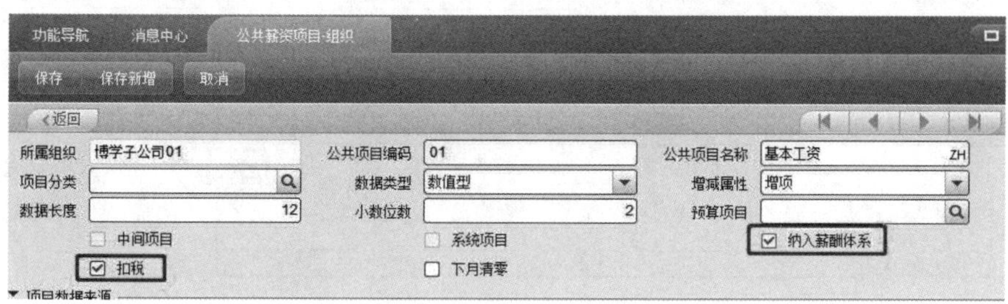

图 20

运用上述新增“01 基本工资”项目相同的方式增加“02 补贴”项目。

(2)设置薪资期间

双击【人力资本】—【薪酬管理】—【基础设置】—【薪资期间-组织】,在该对话框中点击【新增】按钮,在信息录入界面输入期间编码“01”与期间名称“20××”,点击【保存】。

点击【自动生成】按钮,输入薪资年度“20××”与薪资期间“01”,选择生成方式,点击【确定】。系统会自动生成相应的薪资期间。

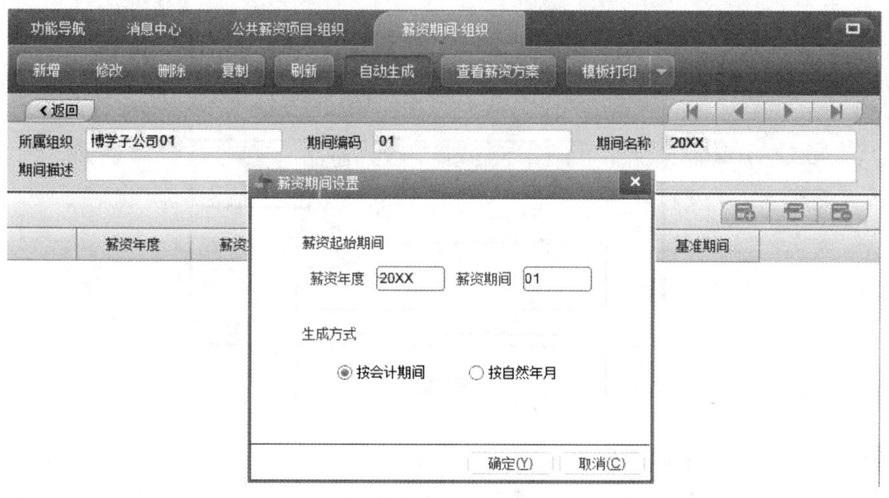

图 21

(3)设置组织的薪资标准

双击【人力资本】—【薪酬管理】—【基础设置】—【薪资标准设置-组织】,在该对话框中点击【新增】按钮,在信息录入界面输入薪资标准类别编码“01”与薪资标准类别名称“标准薪资”,并勾选“多档”选项(因为薪资标准要设置级别和档别)。在“薪级”

和“薪档”页签下分别点击增行按钮，输入级别和档别的信息，填制完成后，点击【保存】。

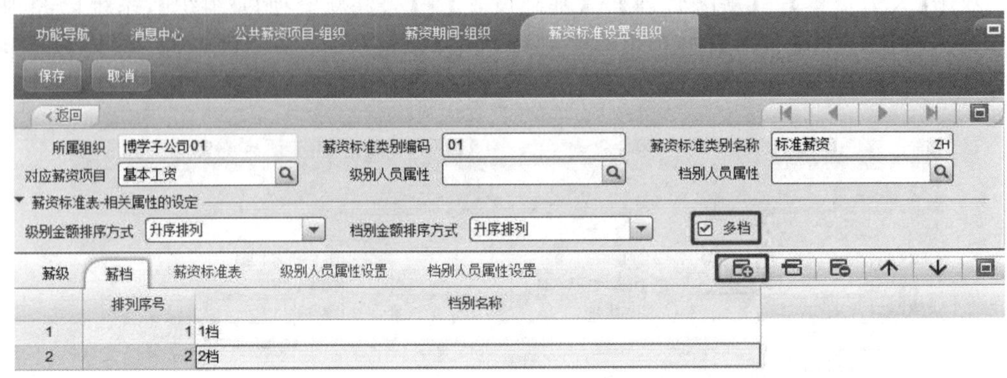

图 22

点击【版本操作】按钮，在“薪资标准版本维护”对话框中点击【新增】按钮，输入版本名称，以及各级各档的薪资后(此时第三个页签“薪资标准表”中会出现各级各档薪资标准)，勾选“生效标记”，然后点击【保存】。

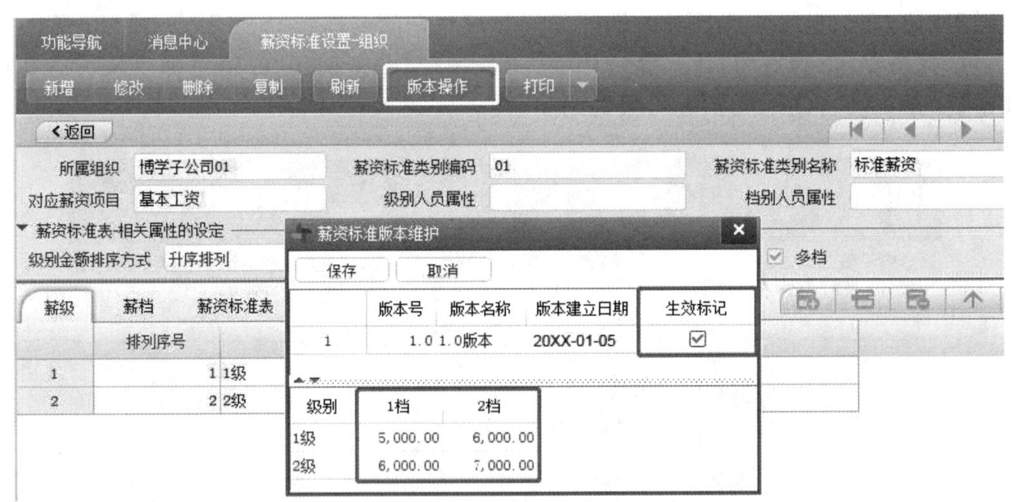

图 23

(4)增加子公司的薪资方案

双击【人力资本】—【薪酬管理】—【发放设置】—【薪资方案-组织】，在该对话框中，选择子公司对应的人力资源组织，点击【新增】按钮。在信息维护界面录入薪资方案编码“01”和薪资方案名称“标准薪资方案”，起始期间为“20××01”，勾选“参与月末制单”，并取消勾选“发放数据需审批”，填制完成后点击【保存】。然后点击【方案权限设置】按钮，在该页面中，点击【授权】旁下拉按钮，选择【按方案授权】，选择该薪资方案。

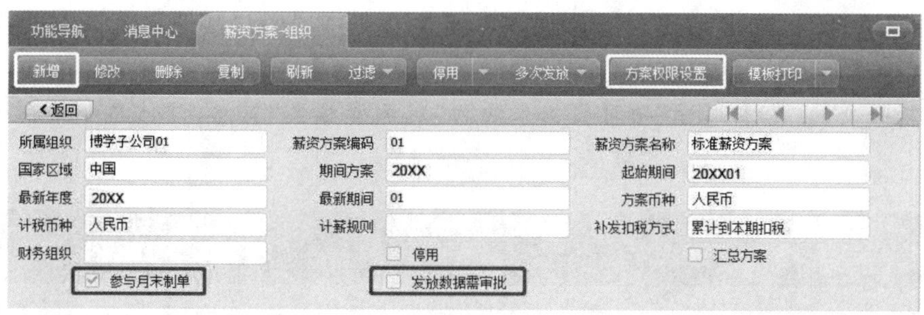

图 24

勾选要分配权限的角色“博学子公司 01 人事专员”和用户，然后点击【保存】。

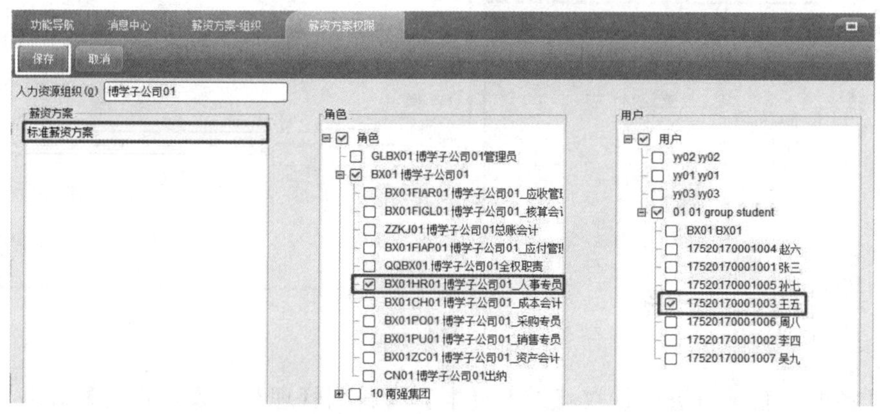

图 25

(5)维护子公司的薪资发放项目

双击【人力资本】—【薪酬管理】—【发放设置】—【薪资发放项目-组织】，选择子公司所对应的人力资源组织，选择薪资方案与薪资期间，点击【新增】按钮。

功能导航　消息中心　薪资标准设置-集团　薪资发放项目-组织

新增　修改　删除　复制　刷新　计算顺序　显示顺序　项目权限设置　打印

人力资源组织 博学子公司01　薪资方案 标准薪资方案　薪资期间 01

项目分类
- system 系统项目

	公共项目名称	发放项目名称	项目分类	数据类型	增减属性
1	应发合计	应发合计	系统项目	数值型	系统项
2	扣款合计	扣款合计	系统项目	数值型	系统项
3	实发合计	实发合计	系统项目	数值型	系统项
4	本次扣税基数	本次扣税基数	系统项目	数值型	系统项
5	本次扣税	本次扣税	系统项目	数值型	系统项
6	已扣税基数	已扣税基数	系统项目	数值型	系统项
7	已扣税	已扣税	系统项目	数值型	系统项
8	补发金额	补发金额	系统项目	数值型	系统项
9	补发扣税	补发扣税	系统项目	数值型	系统项

图 26

添加公共项目“基本工资”，勾选“扣税”，选择数据来源为“其他系统”—“薪资”，输入完成后，点击【确定】。维护完所有的信息后，点击【保存】。

注意：此处的“基本工资”项目数据来源为“定调资档案”信息，该信息即将在下一步进行维护。

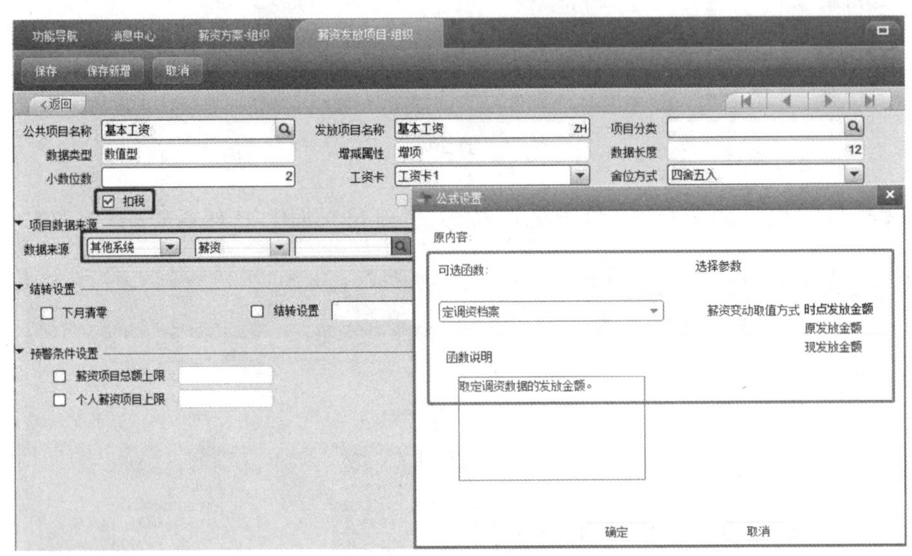

图 27

对维护的发薪项目进行授权：【人力资本】—【薪酬管理】—【发放设置】—【薪资项目权限】，点击【授权】旁的下拉按钮，选择【按项目授权】。全部勾选授权的项目，要授权的角色“博学子公司 01 人事专员”和用户，点击【保存】。

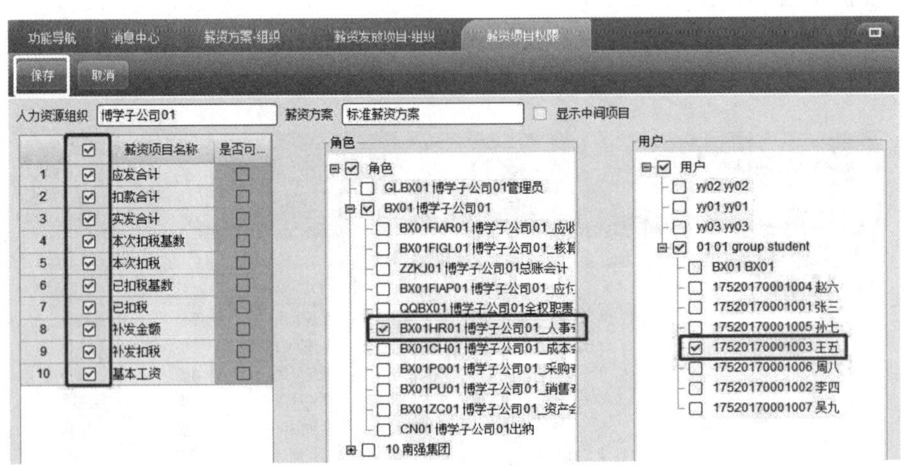

图 28

(6)维护定调资信息

双击【人力资本】—【薪酬管理】—【定调资管理】—【定调资信息维护】，选择子公司所对应的人力资源组织，点击右侧放大镜，得到所有人员信息后，选择要维护的人员，点击下方的增行按钮，输入薪资项目、薪资标准类别、薪资起始日期信息，选择薪资标准（薪级薪档），点击【确定】后【保存】。

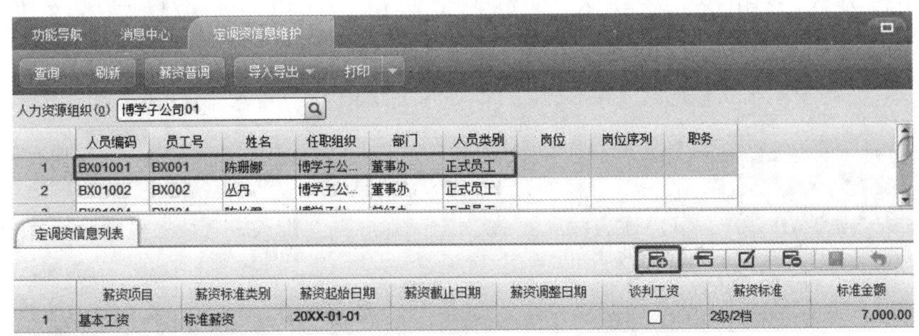

图 29

(7)增加陈珊娜个人银行账户信息

负责动态建模的张三以用户“BX01”进入系统，双击【动态建模平台】—【基础数据】—【人员信息】—【个人银行账户】，点击【新增】按钮，输入相关信息并【保存】，然后负责人力资源管理业务的王五登录系统，进行【启用】。

注：由于启用人与账户创建人不能为同一个人，而王五没有“动态建模权限”，需要负责动态建模的张三进入系统为“人事专员”职责分配“动态建模平台—基础数据—人员信息”的功能，然后在张三创建账户之后，王五登录系统进行启用。

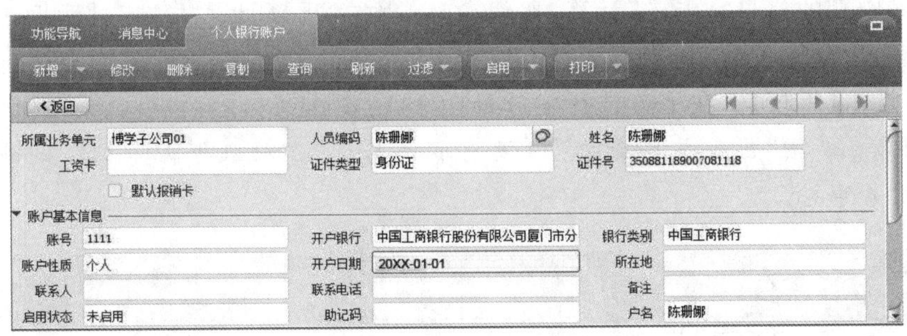

图 30

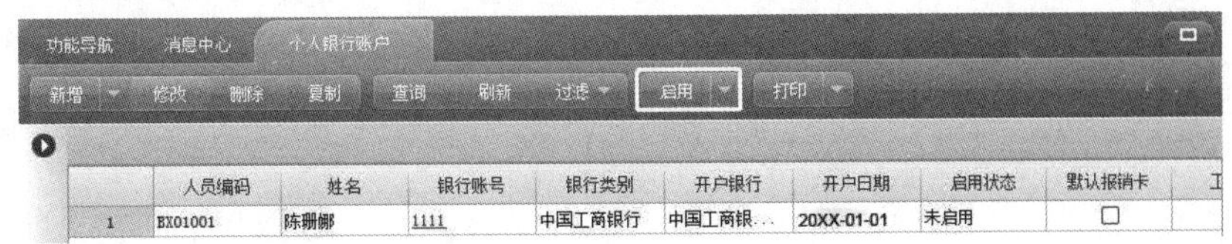

图 31

4.薪资发放、分摊以及月末结账

(1)为员工添加薪资档案

负责人力资源管理业务的王五登录系统，双击【人力资本】—【薪酬管理】—【薪资核算】—【薪资档案】，选择子公司所对应的人力资源组织、薪资方案“标准薪资方案”和薪酬期间“20××01”，点击【新增】旁的下拉按钮，选择【批量增加】，在“批量增加”对话框，点击【下一步】，再勾选要增加的人员陈珊娜，再次点击【下一步】。

选择扣税方式“代扣税”、税率表“工资薪金所得－代付”，点击【完成】按钮，此时会显示该人力资源组织下所有人员的信息。

注：在本案例中，点击【完成】按钮后，仅显示陈珊娜的信息。

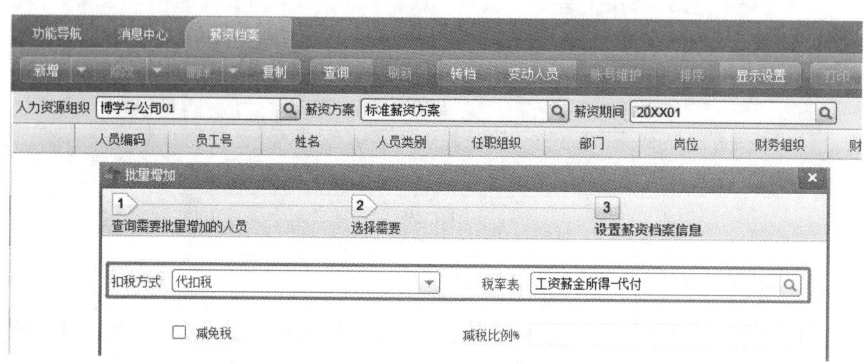

图 32

(2)计算和发放员工薪资

双击【人力资本】—【薪酬管理】—【薪资核算】—【薪资发放】，选择子公司所对应的人力资源组织、薪资方案、薪资期间，点击【查询】按钮，查询出所有人员信息后(在本案例中，仅查询出陈珊娜的信息)，点击【计算】按钮，在弹出的“重新计算方式”对话框中选择重新计算范围设置“全体人员”和重新计算方式设置“范围内全部重新计算”，点击【确定】。确认无误后，点击【审核】。在下方选择发放日期 20××-01-15，然后点击【发放】。

注：如果在新增“薪资方案-组织”时没有取消勾选“发放数据需审批”，则薪资发放需要进行申请并审批。

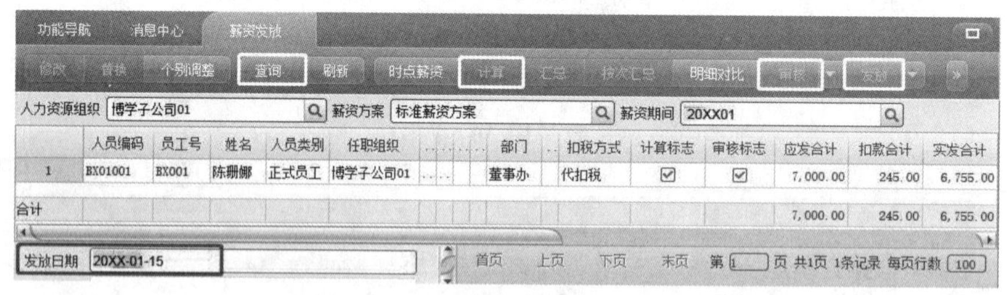

图 33

(3)薪资分摊

双击【人力资本】—【薪酬管理】—【发放设置】—【分摊方案】，选择子公司所对应的人力资源组织、薪资方案和薪资期间。选择“财务会计分摊方案”，点击【新增】按钮，填写方案名称“月度工资”，分摊比例“100%”，薪资单据选择“薪资发放单据”，计提基数选择“实发合计”，勾选“使用基准项目影响因素”。

选择“影响因素”页签，点击新增按钮，影响因素选择“部门”，再点击【确定】。影响因素值选择所有部门。选择完毕之后点击【保存】按钮。

图 34

	☑	部门编码	部门名称
1	☑	001	董事办
2	☑	002	总经办
3	☑	003	行政部
4	☑	004	人事部
5	☑	005	法务部
6	☑	006	审督委
7	☑	007	财务部
8	☑	008	资金部
9	☑	009	工程管理部
10	☑	010	采购部
11	☑	011	投资部
12	☑	012	贸易部
13	☑	013	公共部门

图 35

双击【人力资本】—【薪酬管理】—【薪资核算】—【薪资分摊】，选择子公司所对应的人力资源组织、薪资方案和薪资期间,点击【分摊】按钮。

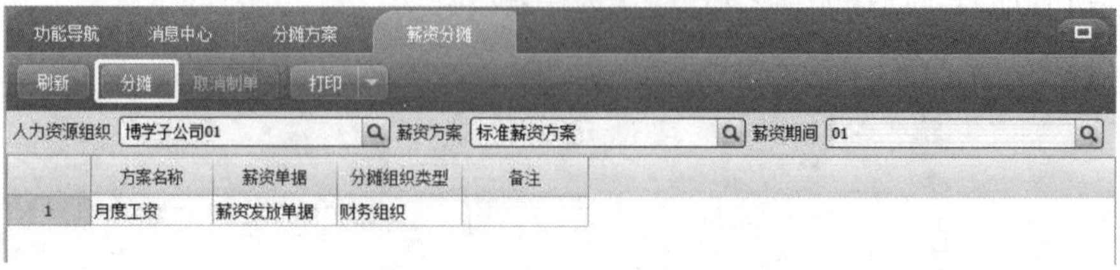

功能导航
消息中心
分摊方案
薪资分摊
刷新
分摊
取消制单
打印
人力资源组织
博学子公司01
薪资方案
标准薪资方案
薪资期间
01
方案名称
薪资单据
分摊组织类型
备注
1
月度工资
薪资发放单据
财务组织

图 36

在弹出的对话框中点击【确定】按钮进行制单操作,并输入来源业务日期。

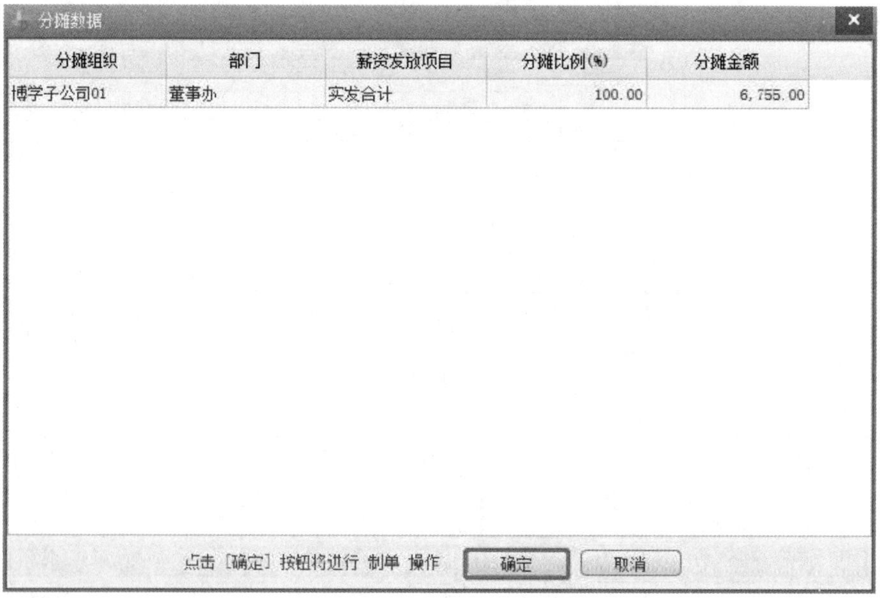

分摊数据
分摊组织
部门
薪资发放项目
分摊比例(%)
分摊金额
博学子公司01
董事办
实发合计
100.00
6,755.00
点击[确定]按钮将进行制单操作
确定
取消

图 37

功能导航
消息中心
薪资分摊
刷新
分摊
取消制单
打印
人力资源组织
博学子公司01
薪资方案
标准薪资方案
薪资期间
201801
方案名称
薪资单据
分摊组织类型
备注
1
月度工资
薪资发放单据
财务组织
分摊数据
请输入来源业务日期!
20XX-01-15
确定
取消

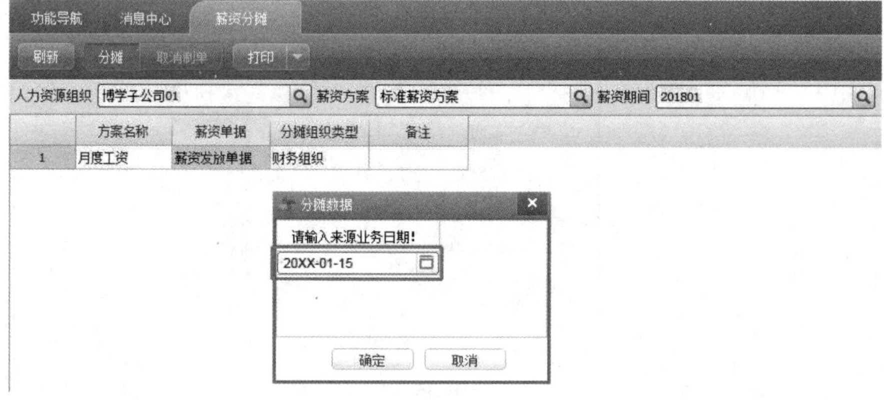

图 38

（4）结账

双击【人力资本】—【薪酬管理】—【薪资核算】—【期末处理】，在该对话框中，选择结账，点击【下一步】。

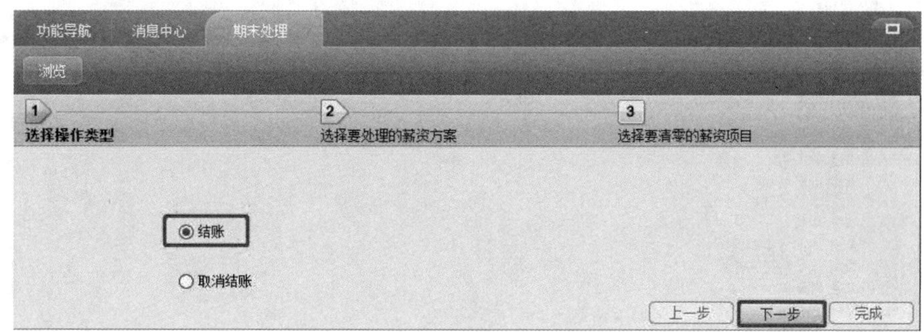

图 39

将要结账的薪资方案，选择到右侧，点击【下一步】。

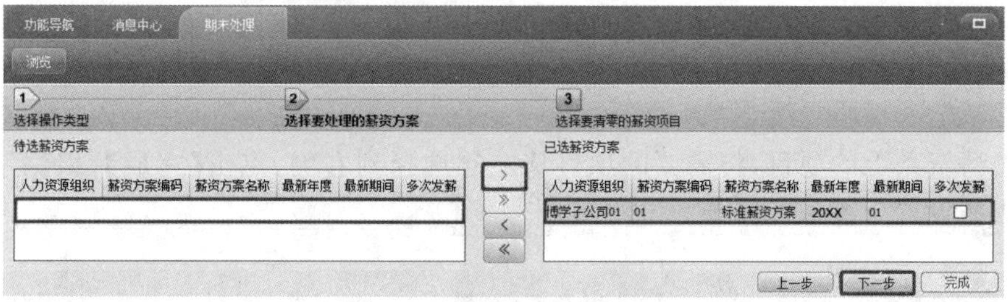

图 40

选择是否要将薪资项目清零，清零哪个薪资项目，就将其选择到右侧，选择后，点击【完成】。

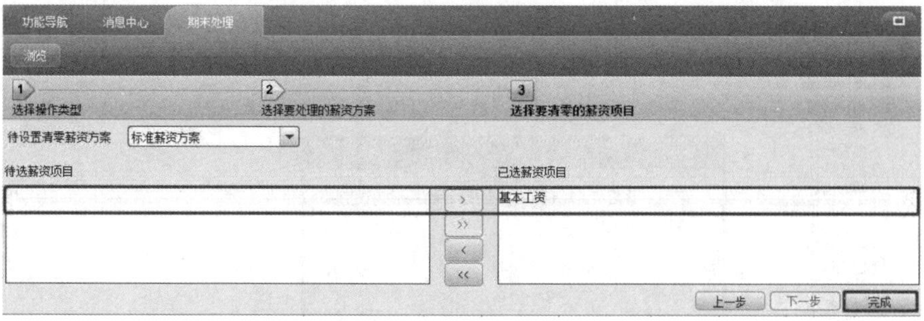

图 41

（5）设计薪资条

双击【人力资本】—【薪酬管理】—【薪资条管理】，在该节点下，选择相应的人力资源组织，点击【新增】，在“薪资条设置”对话框中，选择相应的薪资方案、薪资期间，点击【下一步】。

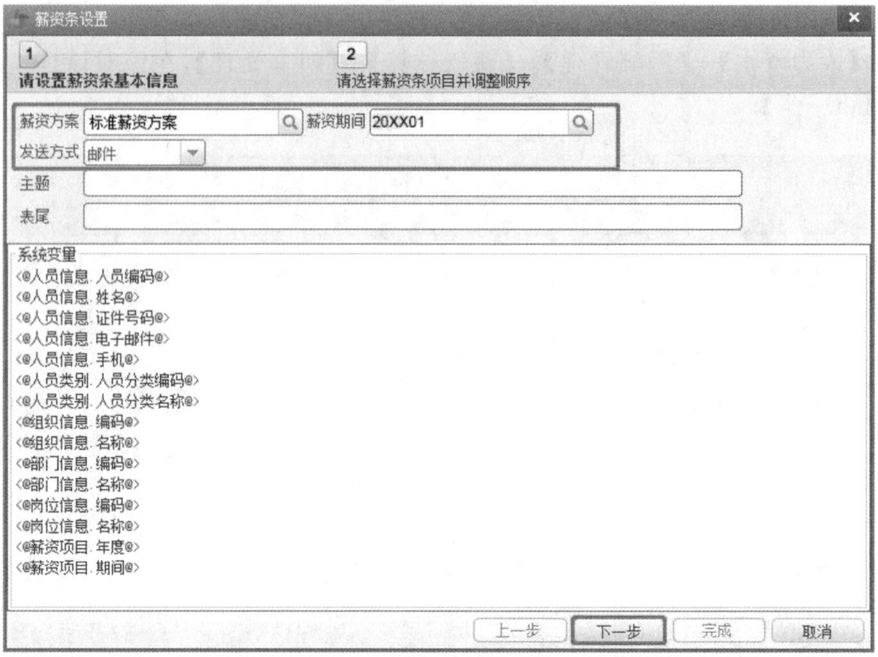

薪资条设置
1 请设置薪资条基本信息
2 请选择薪资条项目并调整顺序
薪资方案 标准薪资方案 薪资期间 20XX01
发送方式 邮件
主题
表尾
系统变量
<@人员信息.人员编码@>
<@人员信息.姓名@>
<@人员信息.证件号码@>
<@人员信息.电子邮件@>
<@人员信息.手机@>
<@人员类别.人员分类编码@>
<@人员类别.人员分类名称@>
<@组织信息.编码@>
<@组织信息.名称@>
<@部门信息.编码@>
<@部门信息.名称@>
<@岗位信息.编码@>
<@岗位信息.名称@>
<@薪资项目.年度@>
<@薪资项目.期间@>
上一步 下一步 完成 取消

图 42

维护薪资条上的项目，将需要的项目从左侧选择到右侧，点击【完成】，根据系统提示把该工资条设置为统一工资条。

图 43

双击该条“薪资条”信息，并在双击后的界面中点击【查询】按钮，选择薪资期间为“01”，即可查询出该公司中的所有人员的薪资信息（在本案例中，仅查询出陈珊娜的信息）。

注意：在系统经配置的情况下，点击【发送】，可以将该薪资条以邮件或短信的方式发送给员工。

	姓名	人员编码	应发合计	扣款合计	实发合计	期间
1	陈珊娜	BX001	7,000.00	245.00	6,755.00	01

图 44

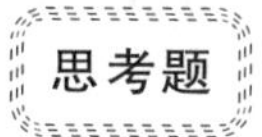

思考题

1.在实验 1“员工入职与信息管理”的第(2)条操作中讲到，录入完新员工的入职信息后需要进行转入操作，这里有两种方法。教程讲解了方法一，方法二是进行入职申请与审批之后才可转入人员档案。请自行再新增一位员工，并尝试用方法二将该员工的信息转入。

（提示：相关节点位置分别为【人力资本】—【人员信息管理】—【入职管理】—【入职申请】/【入职审批】）

2.在实验 2“员工变动与信息维护”中，也可以采取手动添加的方式将离职员工（或其他类别人员）加入黑名单，思考这种方式如何实现。

（提示：相关节点位置为【人力资本】—【人员信息管理】—【黑名单管理-集团公司/组织】）。

3.尝试给子公司增加相关人员（相关人员是指与组织相关但并无法律关系的人，例如劳务派遣人员，不属于组织的员工）。具体信息为：林月月，证件为身份证：350881199212254668，其他人员，编码：BX01023，女，开始日期：20××/01/01，进入日期：20××/01/01。结合“相关人员”的定义，思考新增相关人员林月月的操作和新增员工张嘉亮的操作为何不同，以及林月月为何没有出现在员工花名册中。

（提示：相关节点位置分别为【人力资本】—【人员信息管理】—【信息维护】—【相关人员信息】）

4.本教程中，我们在定义“薪资方案-组织”时取消勾选“发放数据需审批”，因而工资发放不需要审批。思考如果没有取消勾选“发放数据需审批”，相关的操作将如何进行。

5.本教程中以陈珊娜一人为例讲解了薪资计算与发放，请你按照所学的知识为组织内其他若干人员确定薪资档级，并为他们发放工资。

实验六 固定资产管理

实验摘要及实验目的

固定资产业务模块的主要功能是提供与企业固定资产业务方面相关的电算化功能；在用友 NC 6.5 系统中，资产管理模块和财务会计模块均涉及固定资产的日常管理活动。

本模块的重点在于日常的固定资产业务操作流程，其中主要涵盖两个基本的业务场景：固定资产数据的基础设置；固定资产变动的相关处理。前一个场景主要涉及资产类别、折旧方法、变动原因以及增减方式的设置。而资产变动则主要涉及资产原值、累计折旧的调整，以及使用部门和使用状况的调整等。

实验要求

1.熟悉和掌握固定资产日常业务的流程

2.了解并掌握固定资产与资产管理模块的关系

3.了解并掌握固定资产与财务会计模块的关系

实验资料

1.固定资产基础数据设置

(1)20××年 1 月 10 日，公司财务部发现公司尚有固定资产未录入系统(20××年 1 月启用固定资产模块)。该固定资产为企业于上一年 5 月 30 日以 1 000 万元人民币购入的一栋办公大楼，采用平均年限法(一)计提折旧(购入时已做过账务处理并在后续计提了折旧)。

(2)新增资产类别“电子设备(二)”，使用年限设置为 5 年，折旧方法设置为年数总和法。

(3)20××年 1 月 10 日，总经办因办公需要，申请购入了一台 775z 型号的惠普打印机，价格为 10 000 元，增值税税率为 16%，总价款为 11 600 元，款项已支付，采用年数总和法计提折旧。

2.固定资产变动管理

20××年 1 月 20 日，总经办急需一台电脑进行办公，于是决定从公共部门调配一台联想电脑至总经办。但在搬运过程中，该电脑发生了磕碰，导致无法正常使用，于是公司决定将其停用维修。

3.固定资产盘点管理

20××年 1 月 31 日，对固定资产进行盘点，账面数量与实际数量一致。

4.固定资产期末处理

月末对固定资产进行折旧计提并结账。

操作指导

1.固定资产基础数据设置

(1)录入原始卡片

负责固定资产管理业务的王五登录系统。双击【财务会计】—【固定资产】—【期初数据】—【录入原始卡片】，打开“录入原始卡片”对话框，点击【新增】按钮，在弹出的“交易类型参照”对话框中选择“通用资产”，点击【确定】按钮。录入资产名称、类别等信息后点击【保存】。由于录入的固定资产为办公大楼，故在数据设置过程中，选择“多使用部门”选项，同时在“多使用部门”下添加公司的所有部门，并按图示设置使用比例(除贸易部的使用比例为 40%以外，其余部门均为 5%，共计 100%)。

注意：当选择多使用部门时，需要添加部门名称及其使用比例，否则无法保存原始卡片。

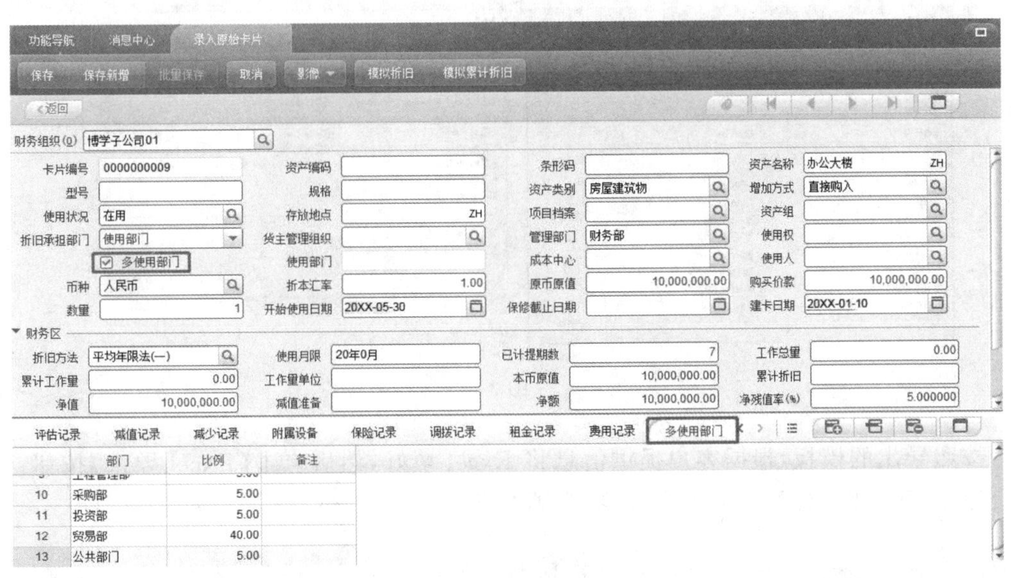

图 1

点击【模拟折旧】和【模拟累计折旧】按钮，系统将根据所选的折旧方法自行计算月折旧和累计折旧额。

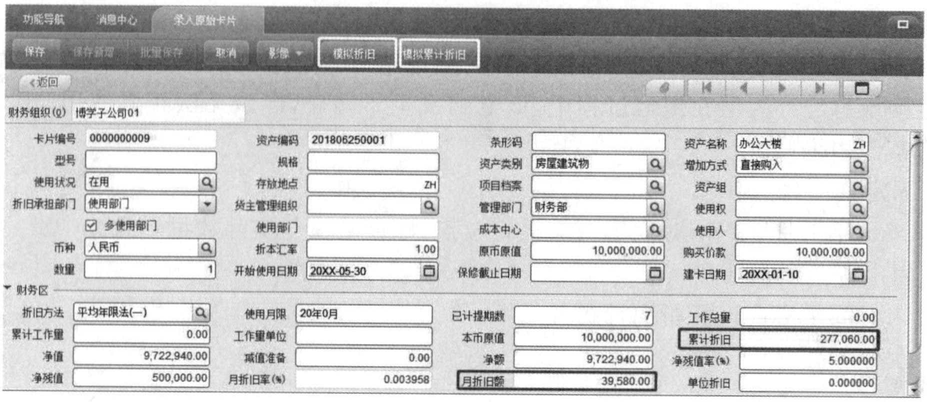

图 2

提示：系统提供了两种原始卡片的录入方式：手工输入和直接导入。直接导入适用于大量原始卡片的录入工作。双击【财务会计】—【固定资产】—【初始工具】—【卡片导入工具】，打开“卡片导入工具”对话框，点击【导出】按钮后，导出标准模板，注意财务组织和账簿信息，导出完成后会出现导出成功字样。

图 3

按照导出的模板，根据客户提供信息将 Excel 填好，然后点击【Excel 导入】按钮。由于是原始卡片，因此其“新增资产”选项应填“N”。

	A	B	C	D	E	F	G	H	I	J	K	L	M	N	O	P	Q	R
1	导入结果	资产编码	资产名称	开始使用日期	建卡日期	规格	型号	新增资产	存放地点	资产类别编码	资产类别名称	使用状况编	使用状况名	折旧方法编	折旧方法名称	增加方式编	增加方式名	币种编码
2		201806250002	江淮康玲X載货车	2017/11/21	2018/1/1		X1	N		010301	货车	0101	在用	05	年数总和法	0101	直接购入	CNY

图 4

点击【导入】后，再点击【生成资产卡片】，系统即可自动生成一张新的固定资产卡片。

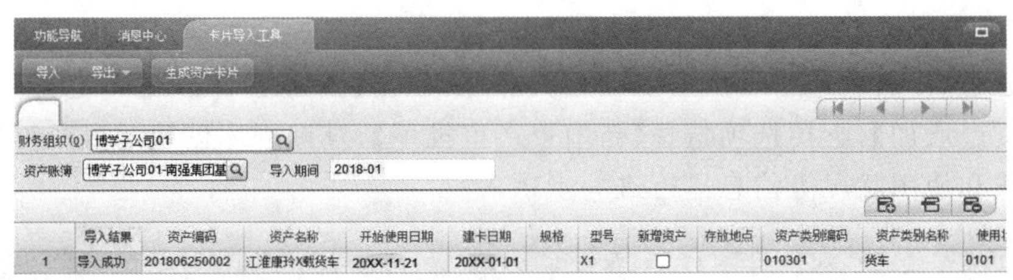

图 5

（2）新增资产类别

双击【财务会计】—【固定资产】—【基础设置】—【资产类别-集团】，打开“资产类别-集团”对话框，选择“010203 电子设备（二）”，点击【新增】按钮，输入类别名称、使用年限和折旧方法等信息，点击【保存】。

注意：该操作是在集团层面，如果已有组织新增了该资产类别，则在同一集团下的所有组织都能使用，无须再次新增。

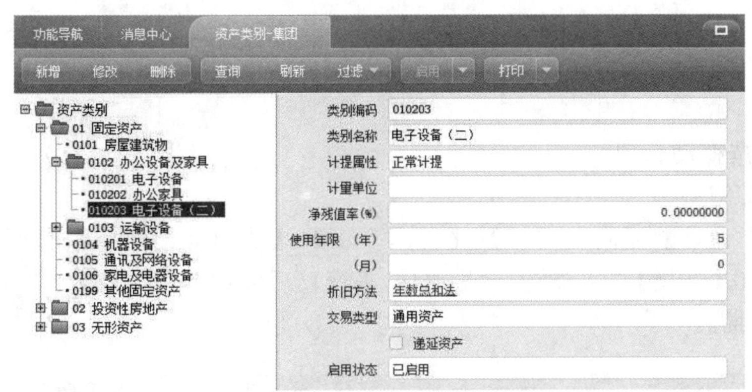

图 6

（3）填制资产审批单

双击【财务会计】—【固定资产】—【新增资产】—【新增资产审批单】，打开“新增资产审批单”对话框，点击【新增】按钮，录入资产相关信息后，点击【保存提交】按钮，对该审批单进行提交审批。

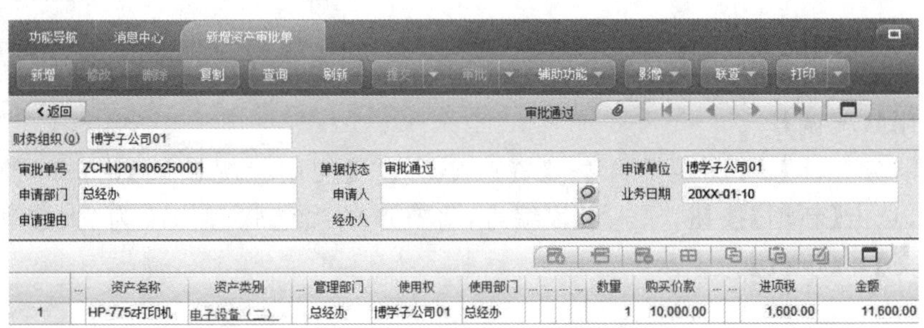

图 7

(4)新增资产

审批通过后,需要进行资产增加的相关操作,双击【财务会计】—【固定资产】—【新增资产】—【资产增加】,下拉选项选择【新增资产审批单】,查询刚才创建的资产审批单,并对其增加方式和使用状况等信息进行进一步录入。

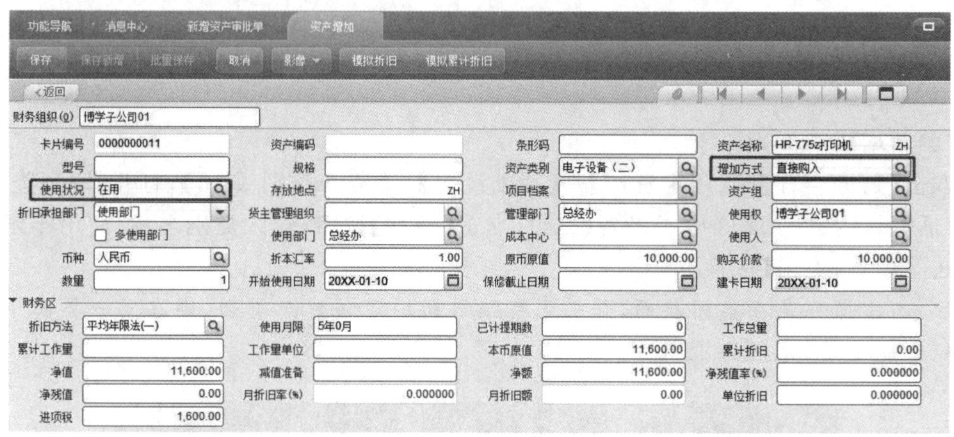

图 8

2.固定资产变动管理

(1)使用部门调整

双击【财务会计】—【固定资产】—【资产变动】—【使用部门调整】,打开"使用部门调整"对话框,点击【新增】按钮,录入卡片编号,将变动后使用部门修改为"总经办",然后【保存提交】并【审批】。

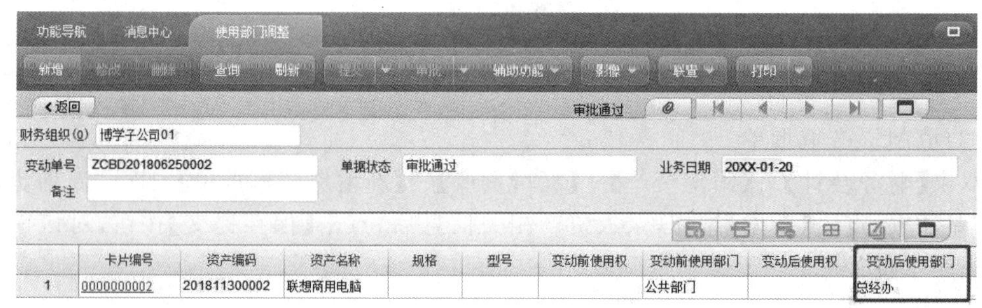

图 9

(2)使用状况调整

双击【财务会计】—【固定资产】—【资产变动】—【使用状况调整】,打开"使用状况调整"对话框,点击【新增】按钮,录入卡片编号,将资产的当前状态修改为"大修理停用",然后【保存提交】并【审批】。

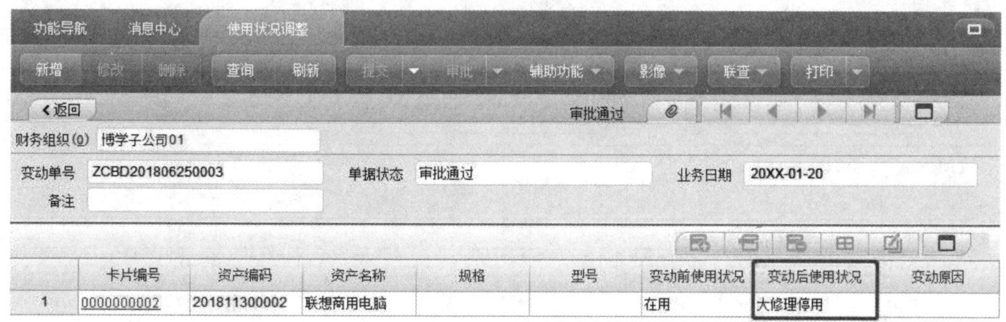

功能导航 消息中心 使用状况调整

新增 修改 删除 查询 刷新 提交 审批 辅助功能 影像 联查 打印

返回 审批通过

财务组织(O) 博学子公司01

变动单号 ZCBD201806250003 单据状态 审批通过 业务日期 20XX-01-20

备注

	卡片编号	资产编码	资产名称	规格	型号	变动前使用状况	变动后使用状况	变动原因
1	0000000002	201811300002	联想商用电脑			在用	大修理停用	

图 10

3.固定资产盘点管理

双击【财务会计】—【固定资产】—【资产盘点管理】—【资产盘点】，打开“资产盘点”对话框，点击【新增】按钮，再点击【盘点结果】按钮，下拉选项选择【全部相符】，完成后【保存提交】并【审批】。

功能导航 消息中心 资产盘点

新增 修改 删除 查询 刷新 提交 审批 辅助功能 导入导出 联查 盘点明细 打印

返回 审批通过

财务组织(O) 博学子公司01

单据编码 ZCPD201806250001 单据状态 审批通过 盘点开始日期 20XX-01-31

盘点结束日期 盘点依据 资产编码 盘点范围 (财务组织 等于 "博学子公司01" 并

报告日期 20XX-01-31 盘点备注

	资产卡片	资产编码	条形码	资产名称	资产类别	规格	型号	盘点结果	数量(盘点前)	数量(盘点后)
1	0000000001	201811300001		沃尔沃汽车	汽车			相符	1	1
2	0000000002	201811300002		联想商用电脑	电子设备			相符	1	1
3	0000000003	201811300003		苹果手机	电子设备			相符	1	1
4	0000000004	201811300004		奥米加果汁机1KW	其他固定资产			相符	1	1
5	0000000005	201811300005		保险柜	办公家具			相符	1	1
6	0000000006	201811300006		前置服务器	电子设备			相符	1	1
7	0000000007	201811300007		路虎车	汽车			相符	1	1
8	0000000008	201811300008		电梯	办公家具			相符	1	1
9	0000000009	201806250001		办公大楼	房屋建筑物			相符	1	1
10	0000000010	201806250002		江淮康玲X载货车	汽车		X1	相符	1	1
11	0000000011	201806250003		HP-775z打印机	电子设备（二）			相符	1	1

图 11

4.固定资产期末处理

双击【财务会计】—【固定资产】—【期末处理】—【折旧与摊销】，打开“折旧与摊销”对话框，点击【读取数据】按钮，若该组织在该期间已计提折旧，则能直接读取数据，若未计提折旧，则再点击【折旧计提】按钮，即实现本期折旧的计提。

功能导航 消息中心 折旧与摊销

读取数据 折旧计提 多组织计提 修改 过滤 隐藏/显示工作量 生成凭证 打印

财务组织 博学子公司01 资产账簿 博学子公司01-南强集团基准账簿 年度 20XX

期间 01 凭证日期 20XX-01-31

工作量管理 折旧清单 折旧分配汇总

首页 上页 下页 末页 第 1 页 共1页 10条记录 每页行数 500

	卡片编号	资产编码	资产名称	计提原值	本月折旧	累计折旧	月折旧率	单位折旧
1	0000000001	201811300001	沃尔沃汽车	422,247.00	6,685.44	33,427.75	0.015833	0.000000
2	0000000002	201811300002	联想商用电脑	5,500.00	91.67	916.67	0.016667	0.000000
3	0000000003	201811300003	苹果手机	4,500.00	75.00	600.00	0.016667	0.000000
4	0000000004	201811300004	奥米加果汁机1...	3,350.00	88.40	530.40	0.026389	0.000000
5	0000000005	201811300005	保险柜	12,850.00	214.17	3,212.50	0.016667	0.000000
6	0000000006	201811300006	前置服务器	53,500.00	891.68	14,266.68	0.016667	0.000000
7	0000000007	201811300007	路虎车	1,389,401.00	21,998.39	241,986.89	0.015833	0.000000
8	0000000008	201811300008	电梯	23,500.00	391.67	7,833.34	0.016667	0.000000
9	0000000009	201806250001	办公大楼	10,000,000.00	39,580.00	316,640.00	0.003958	0.000000
10	0000000010	201806250002	江淮康玲X载货车	60,000.00	1,583.35	2,533.35	0.027778	0.000000

图 12

点击【生成凭证】按钮，录入辅助核算信息，再点击【保存】。在【生成凭证】下拉按钮中点击【联查凭证】即可找到刚刚生成的正式凭证。最后点选【财务会计】—【固定资产】—【期末处理】—【月末结账】，选择当前公司和资产账簿，期间选择 1 月，点击【结账】按钮即完成结账。

注意：为简化操作，本实验由负责固定资产管理业务的王五直接制单，折旧全部计入管理费用且辅助核算中的部门选择董事办。实务操作中，请按企业会计准则的相应规定进行处理。另外，只有最小未结账月，才可以进行折旧计提。

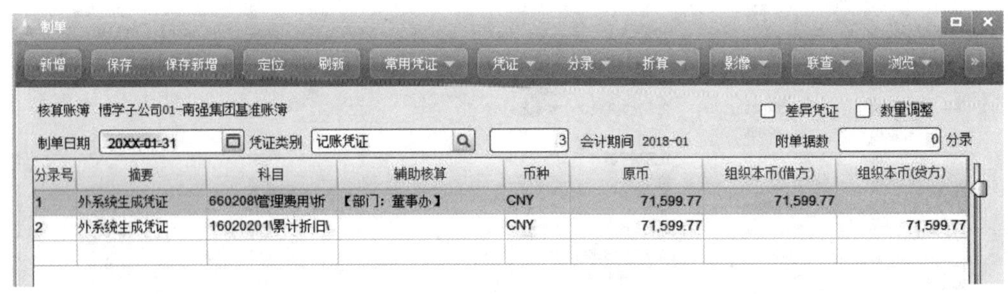

制单

新增 保存 保存新增 定位 刷新 常用凭证 凭证 分录 折算 影像 联查 浏览

核算账簿 博学子公司01-南强集团基准账簿 差异凭证 数量调整

制单日期 20XX-01-31 凭证类别 记账凭证 3 会计期间 2018-01 附单据数 0 分录

分录号	摘要	科目	辅助核算	币种	原币	组织本币(借方)	组织本币(贷方)
1	外系统生成凭证	660208\管理费用\折	【部门：董事办】	CNY	71,599.77	71,599.77	
2	外系统生成凭证	16020201\累计折旧\		CNY	71,599.77		71,599.77

图 13

思考题

1.20××年 2 月 10 日，财务部发现公司尚有固定资产未录入系统（20××年 1 月启用固定资产模块）。该固定资产为企业于上一年 10 月 30 日以 20 万元人民币购入的一架电梯，采用平均年限法（一）计提折旧（购入时已做过账务处理并在购入当年计提了折旧，但在 20××年 1 月未进行账务处理）。要求：根据资料完成该业务的操作并生成相应的单据。

2.20××年 2 月 10 日，公司因业务拓展需要，其新设的海外业务拓展部申请购入了 3 辆江淮康玲 X5 载货车，不含税单价为 50 000 元，增值税税率为 16%，价税合计总额为 58 000元，采用年数总和法计提折旧。此外，为满足办公需要，部门还申购了 3 台联想商务电脑、一台主机和一台电脑显示器，价值分别为 30 000 元、2 500 元和 800 元。部门将主机和电脑显示器组装后，财务部决定对其进行资产合并，以便资产的管理。要求：根据资料完成业务操作。

3.20××年 2 月 11 日，公司发现海外业务拓展部的两台商务电脑闲置，故决定将其调整至财务部，供财务人员使用。要求：根据资料完成业务操作。

实验七 总账日常业务

实验摘要及实验目的

账务处理是ERP系统最核心的模块，也是其他模块业务数据汇聚的模块。该模块几乎具备传统会计信息系统的所有功能，同时比传统会计信息系统操作起来更加灵活、简单。财务会计模块分为总账、应收管理、应付管理、固定资产、存货核算、费用管理几大子模块。除总账外的其他模块完成日常业务后，需在总账模块生成相应的凭证。本实验介绍账务处理各子模块之间的数据关联，以及由其他子系统生成总账凭证的方法。

实验要求

1.掌握由应收系统和应付系统生成记账凭证的方法

2.掌握由存货核算系统生成记账凭证的方法

3.掌握由固定资产系统生成记账凭证的方法

4.掌握由薪酬管理系统生成记账凭证的方法

5.掌握总账凭证的日常处理方法

实验资料

1月会计业务如下：

1.1月13日，收到母公司追加的投资资金100万。

2.1月15日，向河北新武安钢铁集团鑫山钢铁有限公司支付采购螺纹钢的货款5 220 000元。同时向河北新武安钢铁东山冶金有限公司支付采购线材的货款696 000元。

3.1月15日，为董事办职工陈珊娜实际发放6 755元的工资。

4.1月17日，向苏州金隆宇贸易有限公司支付采购电脑桌的货款67 280元，向淄博张钢钢铁有限公司支付采购球团矿和铸造生铁的货款共2 180 800元。

5.1月20日，收到河北新武安钢铁集团东山冶金有限公司支付的铸造生铁货款881 600元。

6.1月20日，员工丛丹报销差旅费1 000元。财务人员制单后，审核过程中发现金额多了 100 元，实际金额应为 900 元。退回制单人员修改后，重新审核通过并记账。

7.1 月 20 日，公司从证券市场购入 A 公司发行的股票 30 万股，共支付价款 90 万元，另支付交易费用 3 万元。1 月 31 日，A 公司股票每股收盘价为 3.5 元。

8.1 月 22 日，采购部林跃鹏出差，向公司预借 2 000 元。1 月 25 日，林跃鹏报销出差费 1600 元，并返还剩余借款 400 元。

9.1 月 25 日，总经理办公室支付业务招待费 2 300 元，用银行存款支付。

10.为了提升公司形象，总经理决定每月为城市环保组织捐赠 1 000 元环保经费，1 月 25 日，公司用银行存款支付了第一笔捐赠款。

11.1 月 27 日，董事办的专配车辆外出办事时，由于超速行驶被罚款 500 元。

12.年初，公司获得政府补助款 60 万元，在五年内用于补偿公司引进与研发人工智能相关的技术人才的支出。1 月 31 日，公司收到该笔补助资金。

操作指导

1.总账期初建账

具有总账权限的周八登录系统，双击【财务会计】—【总账】—【期初余额】，打开“期初余额”对话框。选择公司账簿后，点击【期初建账】按钮，根据系统完成总账期初建账。（如已在实验 1 中实施该步骤，可不必重复操作。）

注意：在正式使用系统前，会预先录入总账期初数据。总账期初数据录入系统后尚未建账，无法进行后续的总账业务处理，因此需要期初建账。

2.由应付系统生成记账凭证

完成采购业务并传应付后，具有应付管理权限的赵六登录系统，双击【财务会计】—【应付管理】—【应付单管理】，打开“应付单管理”对话框，点击【查询】按钮，查询本月的应付单。点击待记账的应付单，对应付单进行【审批】。

功能导航　消息中心　应付单管理

新增　修改　删除　复制　查询　刷新　交易类型　审批　按表体核销　制单　红冲

查询结果 6

	单据号	单据日期	部门	业务员	应付类型	业务流程	原币金额	组织本币金额
1	D12018062400000	20XX-01-05	采购部	林跃鹏	应付单	选择付款	2,180,800.00	2,180,800.00
2	D12018062400000	20XX-01-10	采购部	林跃鹏	应付单	选择付款	5,220,000.00	5,220,000.00
3	D12018062400000	20XX-01-10	采购部	林跃鹏	应付单	选择付款	696,000.00	696,000.00
4	D12018062400000	20XX-01-11	采购部	林跃鹏	应付单	选择付款	67,280.00	67,280.00
5	D12018062400000	20XX-01-13	采购部	林跃鹏	应付单	选择付款	18,560.00	18,560.00
6	D12018062400000	20XX-01-13	采购部	林跃鹏	应付单	选择付款	－4,640.00	－4,640.00
合计								8,178,000.00

图 1

审批后点击【制单】按钮，在“制单”对话框中复核凭证信息，并在应付账款辅助核算项中选择对应客商，点击【保存】按钮即可生成相应的会计凭证。

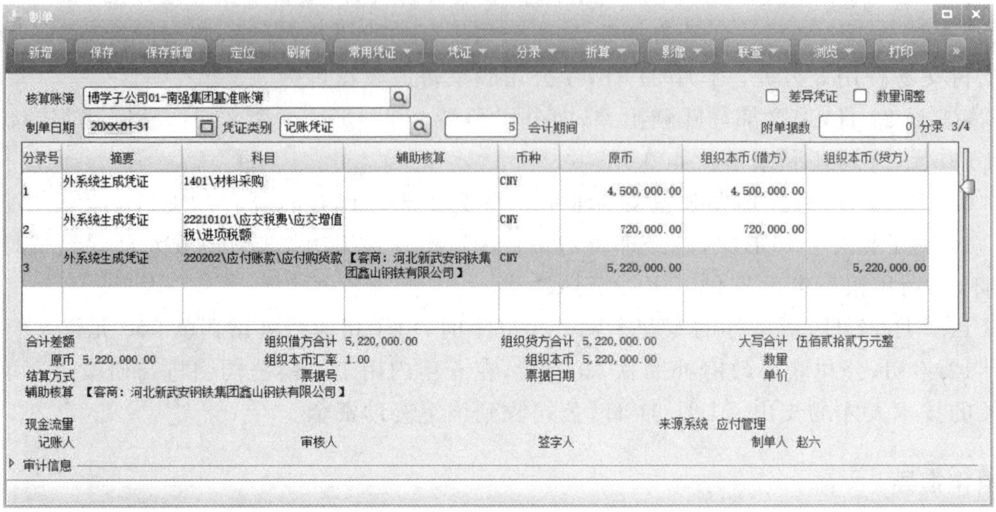

制单

新增 保存 保存新增 定位 刷新 常用凭证 凭证 分录 折算 影像 联查 浏览 打印

核算账簿 博学子公司01-南强集团基准账簿　　差异凭证　数量调整
制单日期 20XX-01-31　凭证类别 记账凭证　5 会计期间　附单据数 0 分录 3/4

分录号	摘要	科目	辅助核算	币种	原币	组织本币(借方)	组织本币(贷方)
1	外系统生成凭证	1401\材料采购		CNY	4,500,000.00	4,500,000.00	
2	外系统生成凭证	22210101\应交税费\应交增值税\进项税额		CNY	720,000.00	720,000.00	
3	外系统生成凭证	220202\应付账款\应付购货款	【客商：河北新武安钢铁集团鑫山钢铁有限公司】	CNY	5,220,000.00		5,220,000.00

合计差额　组织借方合计 5,220,000.00　组织贷方合计 5,220,000.00　大写合计 伍佰贰拾贰万元整
原币 5,220,000.00　组织本币汇率 1.00　组织本币 5,220,000.00　数量
结算方式　票据号　票据日期　单价
辅助核算 【客商：河北新武安钢铁集团鑫山钢铁有限公司】
现金流量　来源系统 应付管理
记账人　审核人　签字人　制单人 赵六
审计信息

图 2

具有总账权限的周八登录系统，在总账模块即可查询到已制单的凭证。

3.由应收系统生成记账凭证

完成销售业务并开具发票后，具有应收管理权限的孙七登录系统，双击【财务会计】—【应收管理】—【应收单管理】，打开“应收单管理”对话框，点击【查询】按钮，查询本月的应收单。点击待记账的应收单，对应收单进行【审批】。

功能导航　消息中心　应收单管理

新增 修改 删除 复制 查询 刷新 交易类型 审批 按表体核销 制单

查询结果 3

	单据号	单据日期	部门	业务员	应收类型	业务流程	原币金额
1	D02018062400000	20XX-01-05	贸易部		应收单	选择收款	881,600.00
2	D02018062700000	20XX-01-10	贸易部		应收单	选择收款	870,000.00
3	D02018062700000	20XX-01-10	贸易部		应收单	选择收款	60,900.00
合计							1,812,500.00

首页 上页 下页 末页 第 1 页 共1页 3条记录 每页行数 10

	发票号	摘要	物料	收款协议	往来对象	客户
1	SI2018010500...		铸造生铁		客户	河北新武安钢铁集团东山

图 3

审批后点击【制单】按钮，在“制单”对话框中复核凭证信息，并在应收账款辅助核算项和主营业务收入辅助核算项中选择对应客商，点击【保存】按钮即可生成相应的会计凭证。

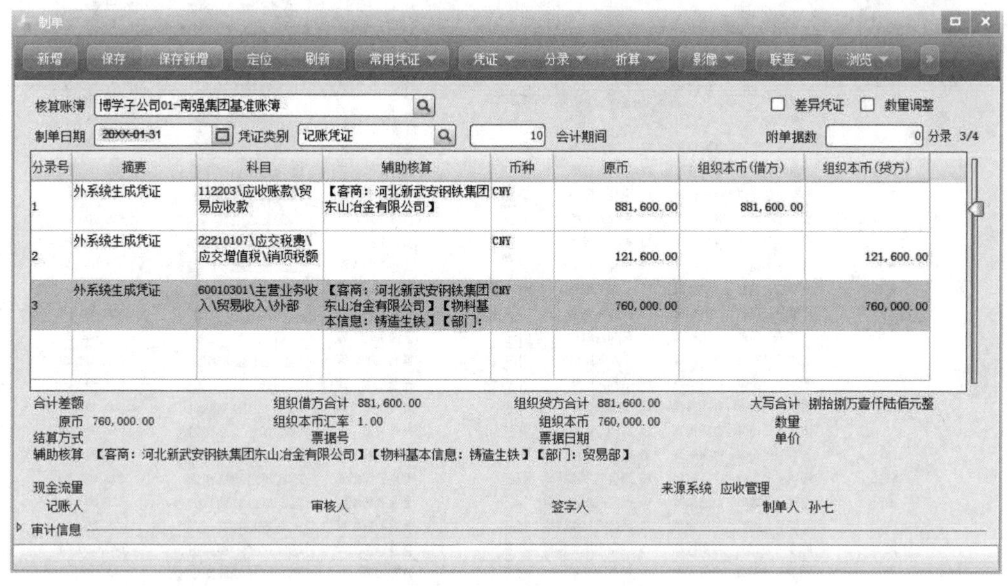

图 4

4.由存货核算系统生成记账凭证

(1)在存货核算模块,本月单据生成实时凭证后,即生成了临时凭证后,管理员“BX01”登录系统,双击【动态建模平台】—【会计平台】—【单据生成】,打开“单据生成”对话框,查询出由存货核算系统生成的临时凭证。

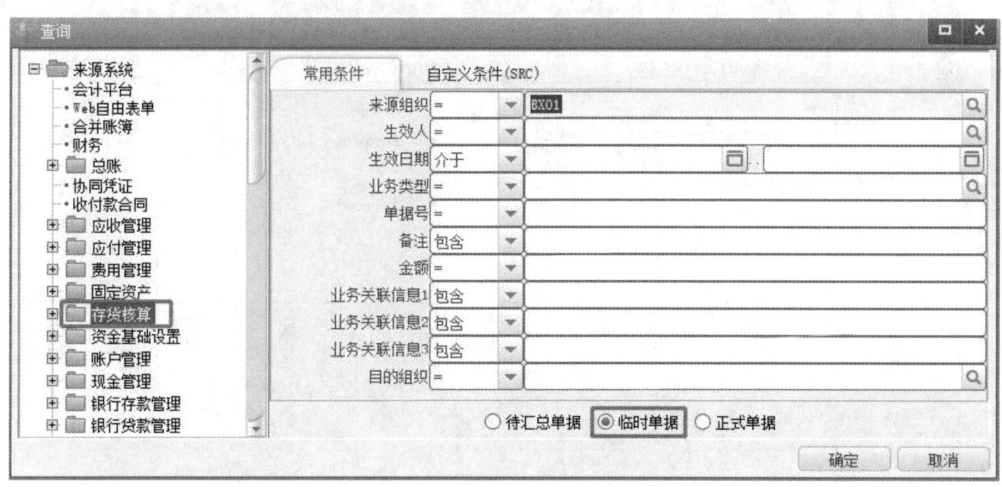

图 5

注意:需选择“临时单据”,否则无法正确查询。

(2)选择目标凭证,点击【生成】按钮,下拉选项选择“前台生成”。

功能导航 消息中心 单据生成

删除 查询 刷新 选择 生成 拉式取数 重新生成 联查 选项

后台生成 前台生成 汇总生成

目的组织 博学子公司01 账簿_财务核算账簿 博学子公司01-南强集团基准账簿 临时单据

	分组号	来源组织	来源系		来源生效用户	来源业务	来源单据号	来源金额
1		博学子公司01	存货核算	I2 采购入库单	张三	普通采购入库	I22018011100000007	60,000.00
2		博学子公司01	存货核算	I2 采购入库单	张三	普通采购入库	I22018010500000004	1,568,000.00
3		博学子公司01	存货核算	I2 采购入库单	张三	普通采购入库	I22018011100000005	4,000.00
4		博学子公司01	存货核算	I2 采购入库单	张三	普通采购入库	I22018011100000006	−6,000.00
5		博学子公司01	存货核算	I2 采购入库单	张三	普通采购入库	I22018011000000002	600,000.00
6		博学子公司01	存货核算	I2 采购入库单	张三	普通采购入库	I22018011300000009	−4,000.00
7		博学子公司01	存货核算	I2 采购入库单	张三	普通采购入库	I22018011300000008	16,000.00
8		博学子公司01	存货核算	I2 采购入库单	张三	普通采购入库	I22018013100000003	525,000.00
9		博学子公司01	存货核算	I2 采购入库单	张三	普通采购入库	I22018010500000004	32,000.00
10		博学子公司01	存货核算	I2 采购入库单	张三	普通采购入库	I22018010500000004	3,500.00
11		博学子公司01	存货核算	I2 采购入库单	张三	普通采购入库	I22018010500000004	276,500.00
12		博学子公司01	存货核算	I2 采购入库单	张三	普通采购入库	I22018011000000001	4,500,000.00
13		博学子公司01	存货核算	I4 其他入库单	张三	其它入库	I42018012000000001	16,000.00
14		博学子公司01	存货核算	I5 销售成本结转单	张三	普通销售出库	I52018011000000003	30,000.00
15		博学子公司01	存货核算	I5 销售成本结转单	张三	普通销售出库	I52018011000000002	225,000.00
16		博学子公司01	存货核算	I5 销售成本结转单	张三	普通销售出库	I52018011000000002	225,000.00
17		博学子公司01	存货核算	I5 销售成本结转单	张三	普通销售出库	I52018011000000002	225,000.00
18		博学子公司01	存货核算	I5 销售成本结转单	张三	普通销售出库	I52018010500000001	640,000.00
19		博学子公司01	存货核算	I7 其它出库单	张三	其它出库	I72018012000000001	45,000.00

图 6

(3)在弹出的“制单”对话框检查凭证信息，并输入辅助核算信息，确认无误后点击【保存】按钮，即可生成凭证。

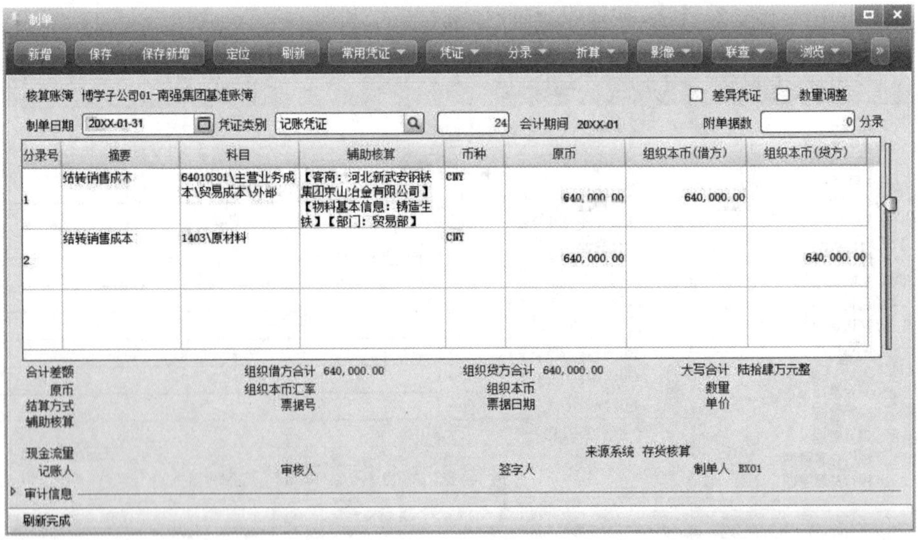

制单

新增 保存 保存新增 定位 刷新 常用凭证 凭证 分录 折算 影像 联查 浏览

核算账簿 博学子公司01-南强集团基准账簿 差异凭证 数量调整

制单日期 20XX-01-31 凭证类别 记账凭证 24 会计期间 20XX-01 附单据数 0 分录

分录号	摘要	科目	辅助核算	币种	原币	组织本币(借方)	组织本币(贷方)
1	结转销售成本	64010301\主营业务成本\贸易成本\外部	【客商：河北新武安钢铁集团宗山冶金有限公司】【物料基本信息：铸造生铁】【部门：贸易部】	CNY	640,000.00	640,000.00	
2	结转销售成本	1403\原材料		CNY	640,000.00		640,000.00

合计差额 组织借方合计 640,000.00 组织贷方合计 640,000.00 大写合计 陆拾肆万元整
原币 组织本币汇率 组织本币 数量
结算方式 票据号 票据日期 单价
辅助核算
现金流量 来源系统 存货核算
记账人 审核人 签字人 制单人 BX01
审计信息
刷新完成

图 7

注意：由临时凭证生成正式凭证后不可撤销，因此在生成凭证前需检查原始单据信息无误。由外系统生成凭证只是完成了制单，这些单据仍需要财务会计人员审核后才能记账。

如果生成过程出错，则需要在单据生成界面点击【查询】按钮，在弹出的“查询”对话框中选择“正式单据”，然后删除错误单据。之后点击【重新生成】按钮即可。

5.由固定资产系统生成记账凭证

(1)管理员“BX01”登录系统,双击【动态建模平台】—【会计平台】—【单据生成】,打开“单据生成”对话框,查询出由固定资产系统生成的临时凭证。

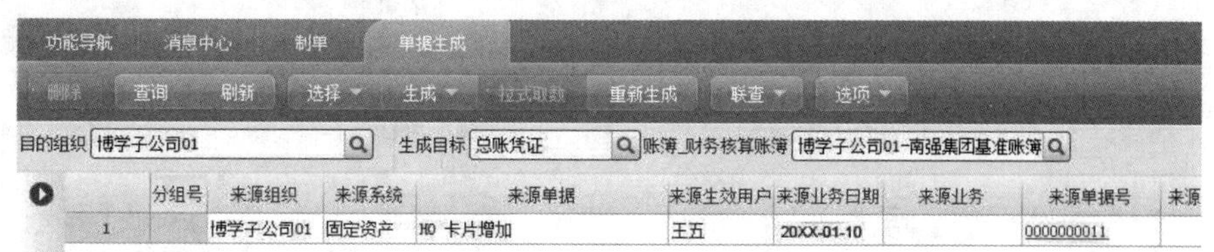

图 8

注意:完成固定资产增减变动及计提折旧等业务后,系统生成固定资产相关的临时单据,但此类临时单据并非正式的财务凭证,因此还需将这类临时单据转化为正式的记账凭证。

(2)选择目标凭证,点击【生成】按钮,下拉选项选择“前台生成”。

(3)在弹出的“制单”对话框检查凭证信息,并输入辅助核算信息,确认无误后点击【保存】按钮,即可生成凭证。

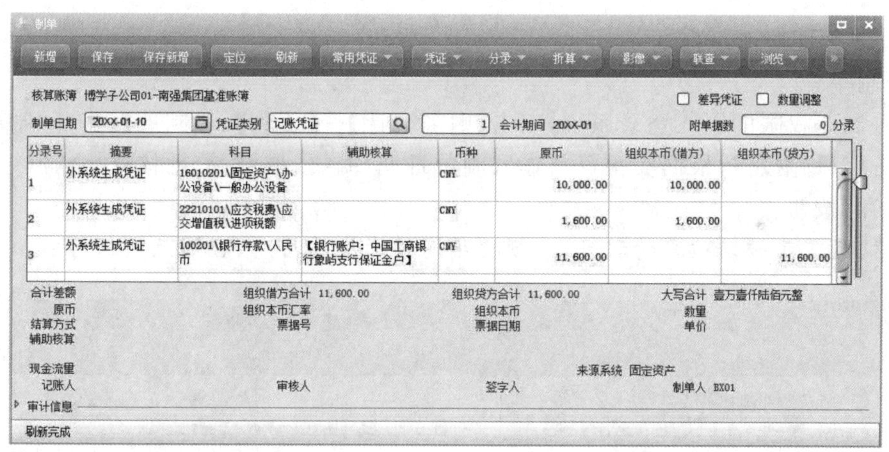

图 9

6.由薪酬管理系统生成记账凭证

(1)管理员“BX01”登录系统,双击【动态建模平台】—【会计平台】—【单据生成】,打开“单据生成”对话框,查询出由薪酬管理系统生成的临时凭证。

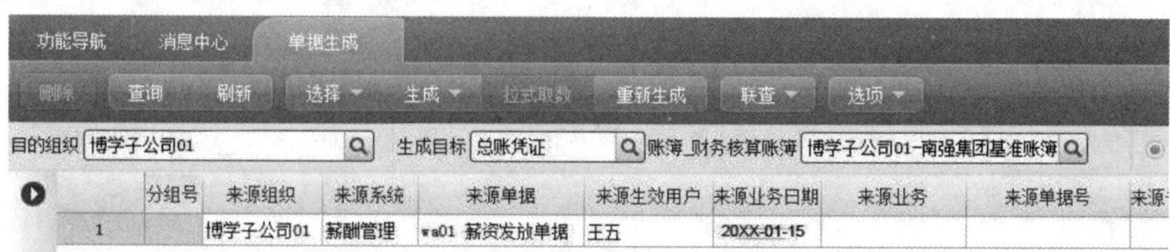

图 10

(2)选择目标凭证,点击【生成】按钮,下拉选项选择“前台生成”。

(3)在弹出的“制单”对话框检查凭证信息,确认无误后点击【保存】按钮,即可生成凭证。

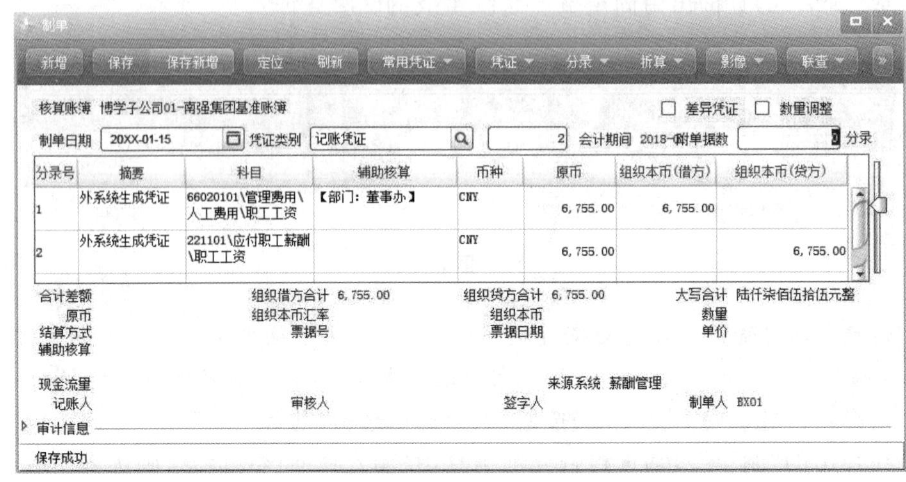

图 11

7.总账凭证处理

(1)制单

具有制单权限的周八登录系统,双击【财务会计】—【总账】—【制单】,打开“制单”对话框。点击【新增】按钮,根据实验资料输入制单日期、摘要、科目、辅助核算、金额等信息后,点击【保存】按钮。

注意:设置了辅助核算的科目,必须要填写辅助核算信息,否则无法保存。

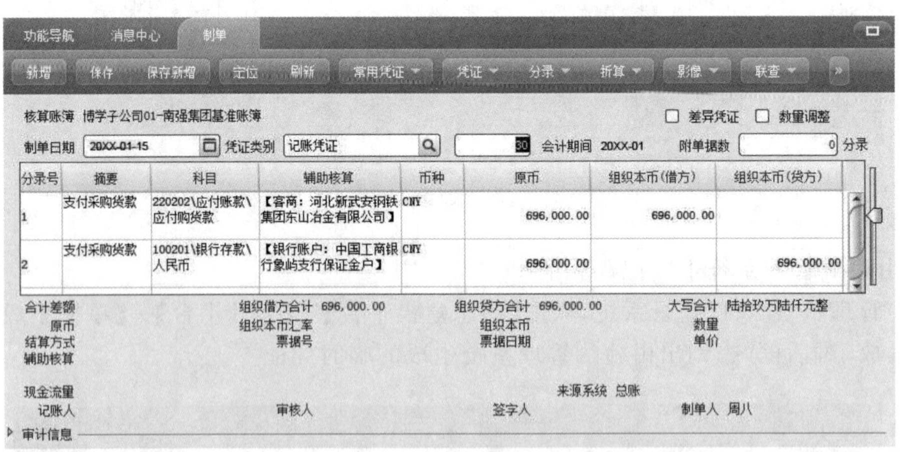

图 12

(2)签字

具有出纳签字权限的吴九登录系统,双击【财务会计】—【总账】—【签字】,打开“签字”对话框。点击【查询】按钮,在弹出的“凭证查询”对话框中,凭证状态选择“待签字”,即可查询出尚未签字的凭证。

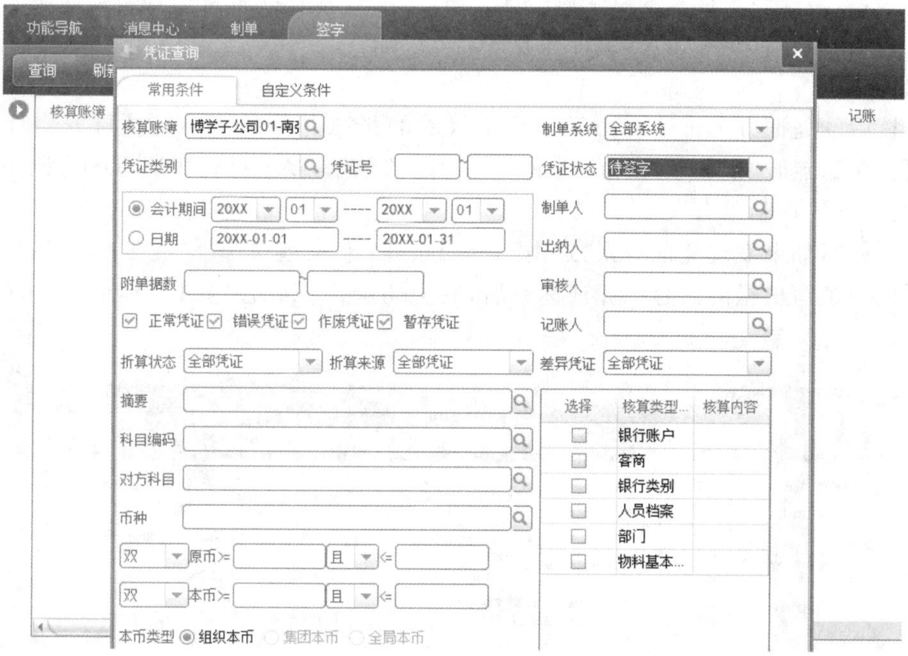

图 13

双击点开凭证，点击【签字】按钮。如需取消签字，点击【取消签字】按钮。

核算账簿	日期	凭证号	摘要	借方	贷方	制单	出纳	审核	记账
博学子公...	20XX-01-13	记账凭证 28	收到母公...	1,000,000.00	1,000,000.00	周八			
博学子公...	20XX-01-15	记账凭证 29	支付采购货款	5,220,000.00	5,220,000.00	周八			
博学子公...	20XX-01-15	记账凭证 30	支付采购货款	696,000.00	696,000.00	周八			
博学子公...	20XX-01-17	记账凭证 31	支付采购货款	67,280.00	67,280.00	周八			
博学子公...	20XX-01-17	记账凭证 32	支付采购货款	2,180,800.00	2,180,800.00	周八			
博学子公...	20XX-01-20	记账凭证 33	收到销售货款	881,600.00	881,600.00	周八			
博学子公...	20XX-01-20	记账凭证 34	差旅费报销	900.00	900.00	周八			
博学子公...	20XX-01-20	记账凭证 35	购入A公司...	930,000.00	930,000.00	周八			
博学子公...	20XX-01-22	记账凭证 37	预借差旅费	2,000.00	2,000.00	周八			
博学子公...	20XX-01-25	记账凭证 38	差旅费报销	2,000.00	2,000.00	周八			
博学子公...	20XX-01-25	记账凭证 39	支付业务...	2,300.00	2,300.00	周八			
博学子公...	20XX-01-25	记账凭证 40	捐赠	1,000.00	1,000.00	周八			
博学子公...	20XX-01-27	记账凭证 41	支付罚款	500.00	500.00	周八			
博学子公...	20XX-01-31	记账凭证 42	收到政府补助	600,000.00	600,000.00	周八			

图 14

签字后，在凭证最下方会显示签字人。

(3)审核

具有审核凭证权限的张三登录系统，双击【财务会计】—【总账】—【审核】，打开“审核”对话框。点击【查询】按钮，在弹出的“凭证查询”对话框中，凭证状态选择“待审核”，即可查询出尚未审核的凭证。检查凭证内容无误后，点击【审核】按钮。

注意：制单人和审核人不能是同一人。另外，要仔细检查由系统自动生成的凭证的科目和金额是否正确，如有错误，要进行修改。

(4)记账

审核后的凭证方可记账。由具有记账权限的张三登录系统，双击【财务会计】—【总账】—【记账】，点开“记账”对话框，查询出待记账的单据，双击打开凭证，点击【记账】按钮。

(5)审核发现制单有误

在审核时如果发现凭证有误，点击【凭证】按钮，下拉选项选择“凭证标错”，并在弹出的对话框中填写出错的内容。凭证标错后，右上角会出现红色“错误”标记，点击【保存标错】按钮。

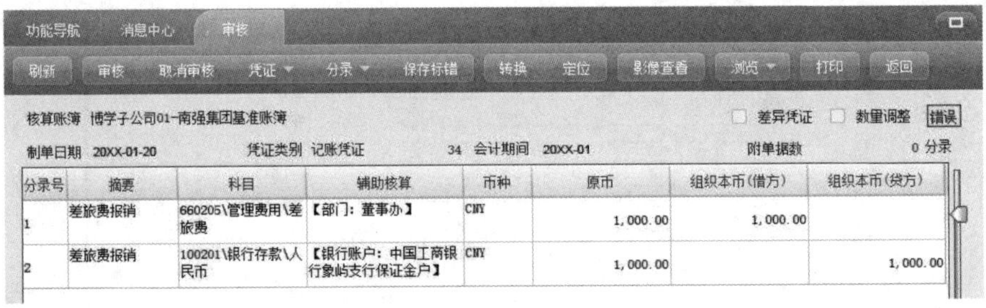

图 15

具有出纳权限的吴九进入系统，在“签字”对话框中找到标记“错误”的单据，并【取消签字】。

具有制单权限的周八登录系统，在“制单”对话框中找到标记“错误”的单据，并根据备注中的标错信息进行修改，修改后点击【保存】按钮。

具有审核权限的张三登录系统，在“审核”对话框中点击【凭证标错】按钮，删除标错信息，并点击【保存标错】，把错误标记清除。

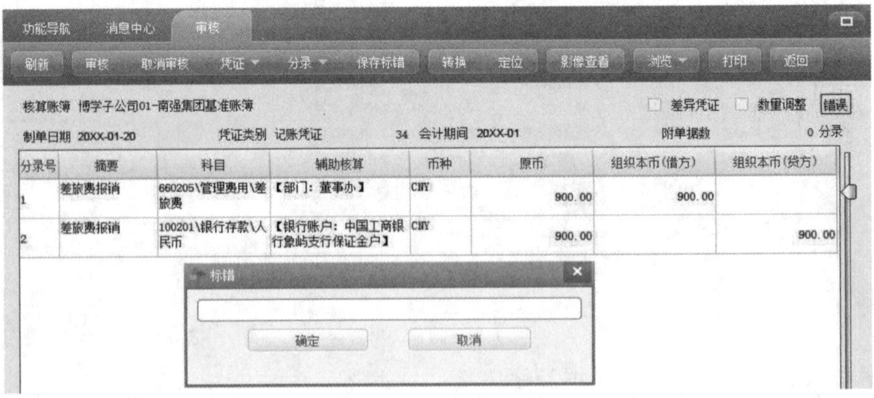

图 16

重新对该凭证签字、审核，方可记账。

思考题

1.2月5日，制单人员制作了一张“借：银行存款 1 300　贷：其他应收款　1 300”的凭证，后发现凭证有误。

要求：(1)制单过程中发现有误，决定作废凭证，请处理；(2)在审核并记账之前发现金额有误，正确金额为1 000元，请处理；(3)在审核并记账后，发现凭证有误，需要红字冲销，请处理。

2.公司于2月10日以董事办专用的沃尔沃汽车交换富阳公司一台甲设备，该设备公允价值48万元。

要求：根据描述制作相应的分录。

实验八 总账期末业务及会计报表

实验摘要及实验目的

本实验承接实验七，主要介绍了账务处理系统日常业务处理完成后，相关会计期末业务处理及会计报表的生成。本实验的重点是现金流量表的分析设置和期末自定义转账的定义。实验目的是让学生了解财务会计期末业务处理的流程及报表生成的方法。

实验要求

1.掌握现金流量表的制作方法

2.理解自定义转账、关账、结账的意义及账务处理方法

3.了解主要报表的生成方法

操作指导

1.现金流量分析

(1)科目关系设置

具有总账权限的张三登录系统，双击【财务会计】—【总账】—【现金流量表】—【科目关系设置-组织】，打开"科目关系设置-组织"对话框，选择一项现金流量表表项，点击【新增】按钮，填写借方科目或贷方科目，点击【保存】。如选择"销售商品、提供劳务收到的现金"，借方科目为现金类科目，则不需要填写，贷方科目选择归属于"销售商品、提供劳务收到的现金"项目的科目，如主营业务收入、应收账款、应交税费(增值税销项税额)等。

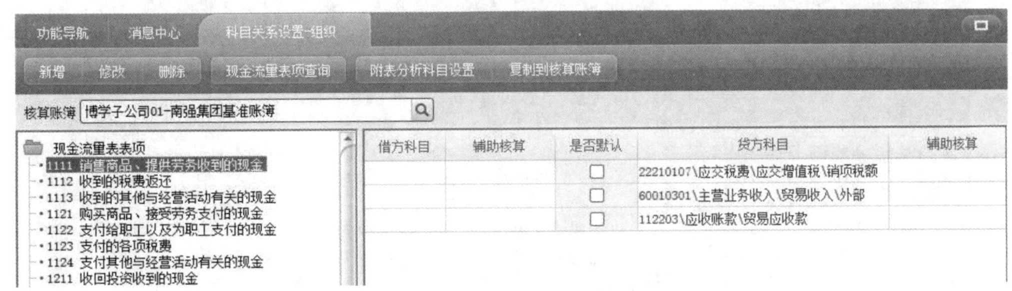

图 1

注意：所有涉及现金类科目的凭证中出现的对方科目均需设置入对应的现金流量表表项中，否则在进行现金流量分析时会出现错误。

现金流量分析方法有多种，包括月末一次自动分析、制单时分析等，后面将分别介绍。

(2)方法一：月末一次自动分析

科目关系设置后，双击【财务会计】—【总账】—【现金流量表】—【现金流量分析】，打开“现金流量分析”对话框，点击【查询】，选择查询条件后获取本月凭证，再点击【自动分析】按钮，按对方科目全部重新分析即可。

注意：现金流量分析可同时使用多种方法进行分析，若已采用其他方法对部分凭证进行过分析，则分析范围选择“未分析凭证”即可。

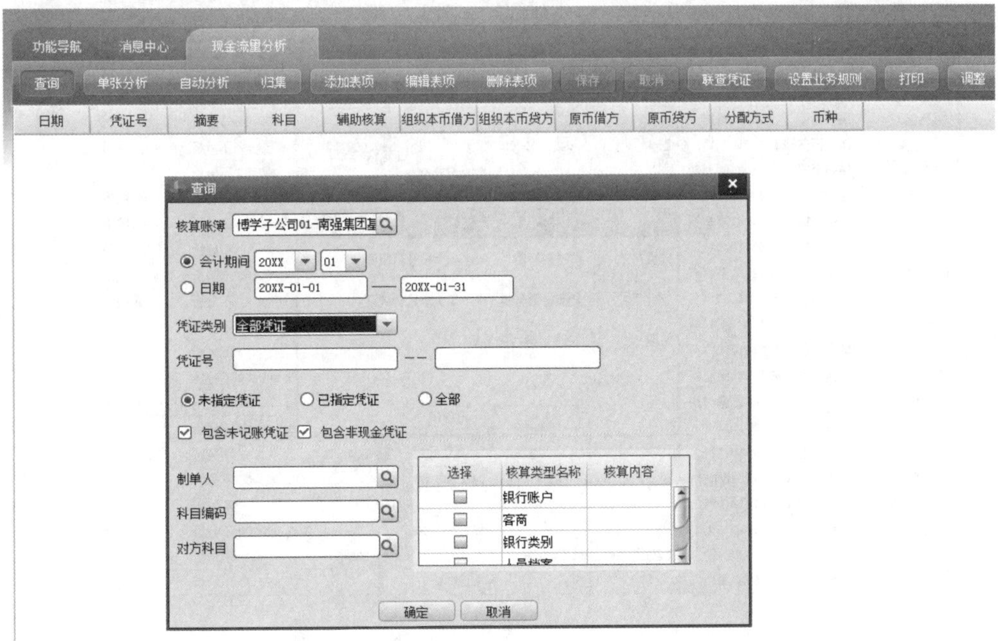

图 2

功能导航　消息中心　现金流量分析

查询　单张分析　自动分析　归集　添加表项　编辑表项　删除表项　保存　取消　联查凭证　»

凭证号	摘要	科目	辅助核算	组织本币借方	组织本币贷方	原币借方	原币贷方	分配方式	币种
记-0002	外系统生...	66020101\...	【部门:...	6,755.00		6,755.00		不分析	人民币
记-0002	外系统生...	221101\应...			6,755.00		6,755.00	不分析	人民币
记-0047	支付职工工资	221101\应...		6,755.00		6,755.00		不分析	人民币
记-0047	支付职工工资	100201\银...	【银行账...		6,755.00		6,755.00	不分析	人民币
记-0004	外系统生...	1401\材料...		1,880,000.00		1,880,000.00		不分析	人民币
记-0004	外系统生...	22210101\...		300,800.00		300,800.00		不分析	人民币
记-0004	外系统生...	220202\应...	【客商:...		2,180,800.00		2,180,800.00	不分析	人民币
记-0005	外系统生...	1401\材料...		4,500,000.00		4,500,000.00		不分析	人民币
记-0005	外系统生...	22210101\...		720,000.00		720,000.00		不分析	人民币
记-0005	外系统生...	220202\应...	【客商:...		5,220,000.00		5,220,000.00	不分析	人民币
记-0006	外系统生...	1401\材料...		600,000.00		600,000.00		不分析	人民币
记-0006	外系统生...	22210101\...		96,000.00		96,000.00		不分析	人民币
记-0006	外系统生...	220202\应...	【客商:...		696,000.00		696,000.00	不分析	人民币
记-0007	外系统生...	1401\材料...		58,000.00		58,000.00		不分析	人民币
记-0007	外系统生...	22210101\...		9,280.00		9,280.00		不分析	人民币
记-0007	外系统生...	220202\应...	【客商:...		67,280.00		67,280.00	不分析	人民币
记-0008	外系统生...	1401\材料...		16,000.00		16,000.00		不分析	人民币
记-0008	外系统生...	22210101\...		2,560.00		2,560.00		不分析	人民币
记-0008	外系统生...	220202\应...	【客商:...		18,560.00		18,560.00	不分析	人民币
记-0009	外系统生...	1401\材料...		-4,000.00		-4,000.00		不分析	人民币

图 3

功能导航　消息中心　现金流量分析

查询　单张分析　自动分析　归集　添加表项　编辑表项　删除表项　保存　取消　联查凭证　»

凭证号	摘要	科目	辅助核算	组织本币借方	组织本币贷方	原币借方	原币贷方	分配方式	币种
记-0022	采购入库	1403\原材料		4,000.00		4,000.00		不分析	人民币
记-0022	采购入库	1401\材料...			4,000.00		4,000.00	不分析	人民币
记-0023	结转销售成本	64010301\...	【部门:...	640,000.00		640,000.00		不分析	人民币
记-0023	结转销售成本	1403\原材料			640,000.00		640,000.00	不分析	人民币
记-0024	结转销售成本	64010301\...	【部门:...	30,000.00		30,000.00		不分析	人民币
记-0024	结转销售成本	1403\原材料					0,000.00	不分析	人民币
记-0025	结转销售成本	64010301\...						不分析	人民币
记-0025	结转销售成本	1403\原材料					5,000.00	不分析	人民币
记-0026	结转销售成本	64010301\...						不分析	人民币
记-0026	结转销售成本	1403\原材料					5,000.00	不分析	人民币
记-0027	结转销售成本	64010301\...						不分析	人民币
记-0027	结转销售成本	1403\原材料					5,000.00	不分析	人民币
记-0045	外系统生...	1403\原材料						不分析	人民币
记-0045	外系统生...	190101\待...					6,000.00	不分析	人民币
记-0046	外系统生...	190101\待...		45,000.00		45,000.00		不分析	人民币
记-0046	外系统生...	1403\原材料			45,000.00		45,000.00	不分析	人民币
记-0036	股票公允...	11010102\...		150,000.00		150,000.00		不分析	人民币
记-0036	股票公允...	610101\公...			150,000.00		150,000.00	不分析	人民币
记-0003	外系统生...	660208\管...	【部门:...	71,599.77		71,599.77		不分析	人民币
记-0003	外系统生...	16020201\...			71,599.77		71,599.77	不分析	人民币

自动分析

分析方式 ◉ 按对方科目　○ 按业务规则

分析范围 ◉ 全部重新分析　○ 未分析凭证

分配方式 ☐ 按照金额对应分析

分析　取消

图 4

(3)方法二:制单时分析

在制单时,填写凭证基本信息后,点击【凭证】按钮,下拉选项选择“现金流量分析”,点击【分析】按钮,则会自动出现现金流量分析结果,主表表项显示该笔现金对应的现金流量表项目。点击【确定】，再【保存】凭证。

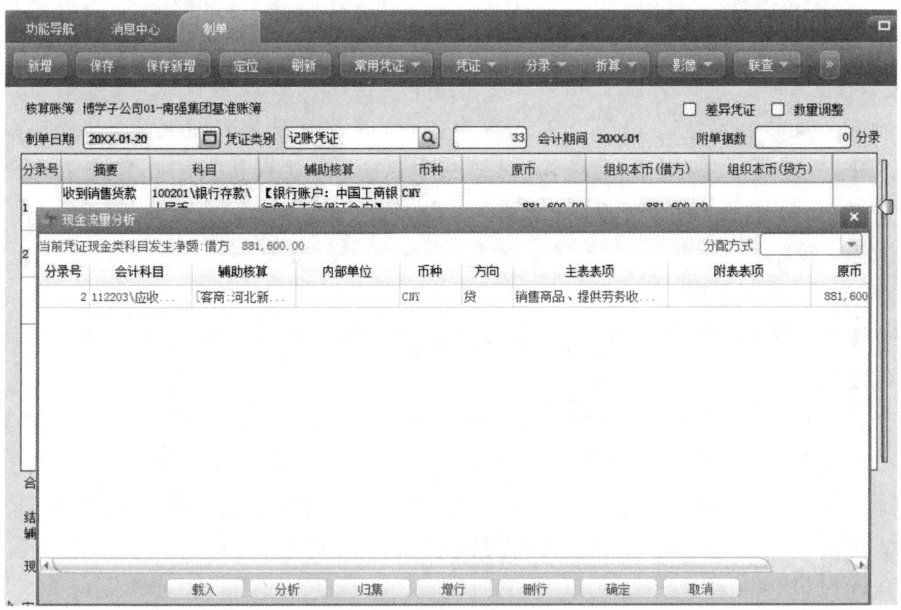

图 5

保存后，打开“现金流量查询”对话框，即可查询到该笔现金流量。

功能导航　消息中心　现金流量查询

查询　刷新　错误分析　明细　现金流量联查　打印

日期：20XX-01-01---20XX-01-31

现金流量表项	博学子公司01-南强集团... 人民币(CNY)折本本期数
现金及现金等价物净增加额	－6,637,135.00
经营活动产生的现金流量	－6,697,135.00
经营活动现金流入小计	1,481,600.00
销售商品、提供劳务收到的现金	881,600.00
收到的税费返还	
收到的其他与经营活动有关的现金	600,000.00
经营活动现金流出小计	－8,178,735.00
购买商品、接受劳务支付的现金	8,165,680.00
支付给职工以及为职工支付的现金	6,755.00
支付的各项税费	
支付其他与经营活动有关的现金	6,300.00
投资活动产生的现金流量	－940,000.00
投资活动现金流入小计	
收回投资收到的现金	
取得投资收益收到的现金	
处置固定资产、无形资产和其他长...	
处置子公司及其他营业单位收到的...	
收到其他与投资活动有关的现金	
投资活动现金流出小计	－940,000.00

图 6

注意：也可不设置科目关系，在制单时，填写凭证基本信息后，点击【凭证】，在下拉选项中选择“现金流量分析”。由于没有设置科目关系，此时点击【分析】，系统不会自动分析现金流量。点击【载入】按钮，在主表表项选择该笔业务对应的现金流量表表项，点击【确定】，再【保存】凭证。当现金流量相关业务较多时，手动分析效率较低，同时手动分析时制单人员对现金流的判断容易出错。因此在实务中，通常会设置科目关系，并自动分析现金流量。另外，可通过在“现金流量查询”对话框中点击【错误分析】按钮，可查看现金流量分析是否有误，如果正确，系统会提示“没有不一致的凭证”。

2.自定义转账

(1)自定义转账设置

在结转损益之前，需完成转账凭证的功能设置，包括转入科目、转出科目、公式等转账凭证内容设置。

具有总账权限的张三登录系统，双击【财务会计】—【总账】—【自定义转账】—【自定义转账定义】，打开“自定义转账定义”对话框，选择相应的核算账簿和结转分类，点击【新增】按钮。输入编号、转账说明、凭证类别、转账属性等信息后，点击右侧增行按钮，增加需进行损益结转的科目。注意增加的会计科目需要具体到明细科目，并且与之后金额公式中选择的会计科目一一对应。

	摘要	会计科目	辅助项	方向	币种	金额公式
1	损益结转	60010301\主营业务收入\贸易收入\外部			CNY	*
2	损益结转	60010302\主营业务收入\贸易收入\内部			CNY	*
3	损益结转	60010303\主营业务收入\贸易收入\进口			CNY	*
4	损益结转	60010304\主营业务收入\贸易收入\出口			CNY	*
5	损益结转	610101\公允价值变动损益\交易性金融资产			CNY	*
6	损益结转	61110202\投资收益\股权损益\交易税费			CNY	*
7	损益结转	64010301\主营业务成本\贸易成本\外部			CNY	*
8	损益结转	64010302\主营业务成本\贸易成本\内部			CNY	*
9	损益结转	64010303\主营业务成本\贸易成本\进口			CNY	*
10	损益结转	64010304\主营业务成本\贸易成本\出口			CNY	*
11	损益结转	66020101\管理费用\人工费用\职工工资			CNY	*
12	损益结转	660204\管理费用\业务招待费			CNY	*
13	损益结转	660205\管理费用\差旅费			CNY	*
14	损益结转	660208\管理费用\折旧费			CNY	*
15	损益结转	671102\营业外支出\公益性捐赠支出			CNY	*
16	损益结转	671107\营业外支出\罚没损失			CNY	*
17	损益结转	4103\本年利润			CNY	*

图 7

点击金额公式栏右侧的放大镜，双击发生额，选择会计科目和发生方向，根据提示自动生成金额公式。

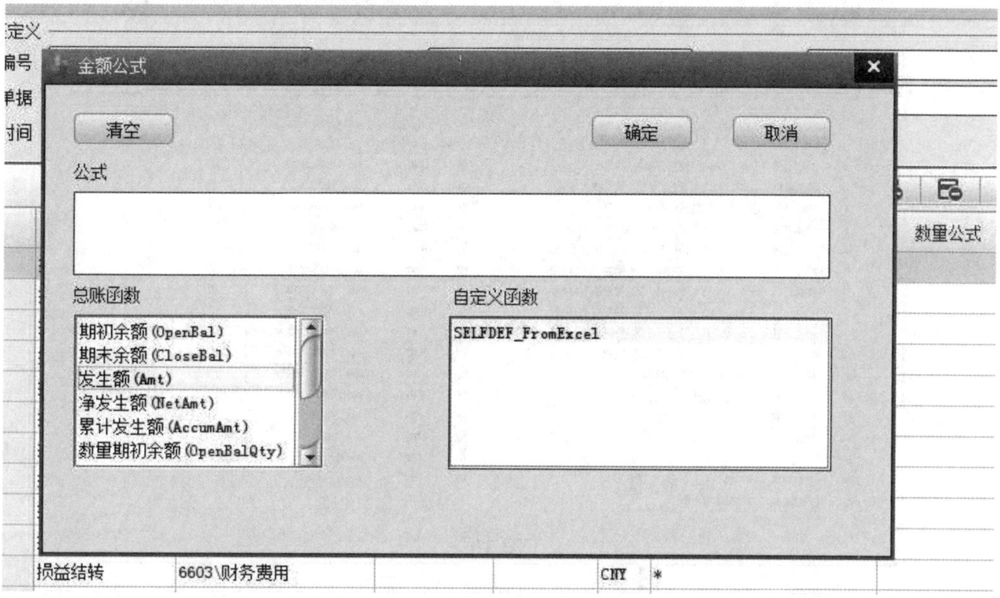

图 8

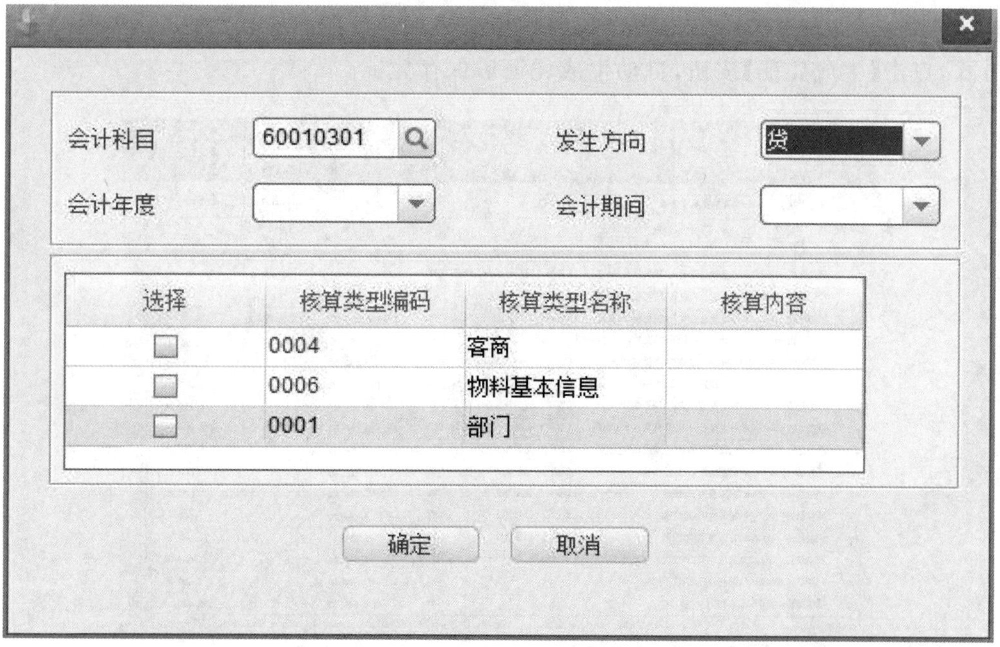

图 9

将损益类科目添加完毕后，还需增加转入的科目，即本年利润，并添加金额公式。完成后点击【保存】按钮。

功能导航 消息中心 自定义转账定义

新增 修改 删除 刷新 复制到其他核算账簿 移动到分类

‹返回

凭证定义

编号 BX0101 转账说明 损益结转 凭证类别 记账凭证
附单据 定义人 张三 转账属性 损益结转
转账时间 转账频度

	摘要	会计科目	辅助项	方向	币种	金额公式
1	损益结转	60010301\主营业务收入\贸易收入\外部		借	CNY	Amt("60010301","","","","贷")
2	损益结转	60010302\主营业务收入\贸易收入\内部		借	CNY	Amt("60010302","","","","贷")
3	损益结转	60010303\主营业务收入\贸易收入\进口		借	CNY	Amt("60010303","","","","贷")
4	损益结转	60010304\主营业务收入\贸易收入\出口		借	CNY	Amt("60010304","","","","贷")
5	损益结转	610101\公允价值变动损益\交易性金融资产		借	CNY	Amt("610101","","","","贷")
6	损益结转	61110202\投资收益\股权损益\交易税费		贷	CNY	Amt("61110202","","","","借")
7	损益结转	64010301\主营业务成本\贸易成本\外部		贷	CNY	Amt("64010301","","","","借")
8	损益结转	64010302\主营业务成本\贸易成本\内部		贷	CNY	Amt("64010302","","","","借")
9	损益结转	64010303\主营业务成本\贸易成本\进口		贷	CNY	Amt("64010303","","","","借")
10	损益结转	64010304\主营业务成本\贸易成本\出口		贷	CNY	Amt("64010304","","","","借")
11	损益结转	66020101\管理费用\人工费用\职工工资		贷	CNY	Amt("66020101","","","","借")
12	损益结转	660204\管理费用\业务招待费		贷	CNY	Amt("660204","","","","借")
13	损益结转	660205\管理费用\差旅费		贷	CNY	Amt("660205","","","","借")
14	损益结转	660208\管理费用\折旧费		贷	CNY	Amt("660208","","","","借")
15	损益结转	671102\营业外支出\公益性捐赠支出		贷	CNY	Amt("671102","","","","借")
16	损益结转	671107\营业外支出\罚没损失		贷	CNY	Amt("671107","","","","借")
17	损益结转	4103\本年利润			CNY	BalAdj()

图 10

（2）生成期末转账凭证

自定义转账设置完成后，双击【财务会计】—【总账】—【自定义转账】—【自定义转账执行】，打开“自定义转账执行”对话框，选择核算账簿和会计期间后，勾选上一步骤设置的结转方式，点击【生成凭证】按钮，自动生成凭证后保存凭证。

功能导航 消息中心 自定义转账执行

保存 凭证 分录 联查 打印 返回 上一页 下一页

核算账簿 博学子公司01-南强集团基准账簿 差异凭证 数量调整
制单日期 20XX-01-31 凭证类别 记账凭证 48 会计期间 附单据数 0 分录

分录号	摘要	科目	辅助核算	币种	原币	组织本币(借方)	组织本币(贷方)
1	损益结转	60010301\主营业务收入\贸易收入\外部	【客商：河北新武安钢铁集	CNY	760,000.00	760,000.00	
2	损益结转	60010301\主营业务收入\贸易收入\外部	【客商：新兴铸管股份有限	CNY	52,500.00	52,500.00	
3	损益结转	60010301\主营业务收入\贸易收入\外部	【客商：淄博张钢钢铁有限	CNY	750,000.00	750,000.00	
4	损益结转	610101\公允价值变动损益\交易性金融资产		CNY	150,000.00	150,000.00	
5	损益结转	61110202\投资收益\股权损益\交易税费	【客商：华泰证券股份有限	CNY	30,000.00		30,000.00
6	损益结转	64010301\主营业务成本\贸易成本\外部	【客商：河北新武安钢铁集	CNY	640,000.00		640,000.00
7	损益结转	64010301\主营业务成本\贸易成本\外部	【客商：新兴铸管股份有限	CNY	30,000.00		30,000.00
8	损益结转	64010301\主营业务成本\贸易成本\外部	【客商：淄博张钢钢铁有限	CNY	675,000.00		675,000.00
9	损益结转	66020101\管理费用\人工费用\职工工资	【部门：董事办】	CNY	6,755.00		6,755.00
10	损益结转	660204\管理费用\业务招待费	【部门：总经办】	CNY	2,300.00		2,300.00
11	损益结转	660205\管理费用\差旅费	【部门：董事办】	CNY	900.00		900.00
12	损益结转	660205\管理费用\差旅费	【部门：采购部】	CNY	1,600.00		1,600.00
13	损益结转	660208\管理费用\折旧费	【部门：董事办】	CNY	71,599.77		71,599.77
14	损益结转	671102\营业外支出\公益性捐赠支出		CNY	1,000.00		1,000.00
15	损益结转	671107\营业外支出\罚没损失		CNY	500.00		500.00
16	损益结转	4103\本年利润		CNY	252,845.23		252,845.23

合计差额 组织借方合计 1,712,500.00 组织贷方合计 1,712,500.00 大写合计 壹佰柒拾壹万贰仟伍佰元整
原币 组织本币汇率 组织本币 数量
结算方式 票据号 票据日期 单价
辅助核算

现金流量 来源系统 损益结转
记账人 审核人 签字人 制单人 张三

图 11

注意：自定义转账凭证需要进行审核和记账。

3.关账

具有总账权限的张三登录系统，双击【财务会计】—【总账】—【期末处理】—【关账】，打开“关账”对话框，选择核算账簿和会计期间，点击【关账】按钮。

功能导航 消息中心 关账

提前关账 关账 反提前关账 反关账 关账检查 刷新

核算账簿 博学子公司01-南强集团基准账簿 会计期间 20XX-01

总账

	核算账簿编码	核算账簿名称	期间方案	启用期间
1	BX01-0002	博学子公司0...	基准会计期...	20XX-01

关结账期间明细展示 会计年度 20XX

	会计期间	开始日期	结束日期	提前关账	关账	结账	提前关账人
1	20XX-01	20XX-01-01	20XX-01-31	√	√		张三
2	20XX-02	20XX-02-01	20XX-02-28				
3	20XX-03	20XX-03-01	20XX-03-31				
4	20XX-04	20XX-04-01	20XX-04-30				
5	20XX-05	20XX-05-01	20XX-05-31				

图 12

关账时系统会自动检查除损益结转外的其他凭证是否均已记账，试算是否平衡，总账和明细账是否相符等，如任一方面存在问题，则会自动弹出关账报告，并提示关账不成功的原因。

关账检查

检查 打印

会计期间：2018-01

月结检查项类

GL 总账

GLCheck

总账关账报告

核算账簿 博学子公司01-南强集团基准账簿

20XX年01月度工作报告

1.检查上游业务系统是否已结账：	GL034参数 关账检查业务系统是否结账的核算账簿参数未启用，不检查！
2.检查是否有未生成凭证的实时凭证：	GL084参数 不允许有未生成凭证的实时凭证的(提前)关账检查期间 年末检查！
3，检查所有非来源于损益结转的凭证是否均已记账：	是
4，本期账面试算平衡：	
组织本币余额试算结果平衡	
合计等于 借6,400,922,625.16	合计 等于 贷6,400,922,625.16
资产等于 借6,400,922,625.16	负债 等于 贷2,672,366,118.42
共同 等于 平	权益 等于 贷3,728,556,506.74
成本 等于 平	
损益 等于 平	
5，本期账账核对：	
总账与明细账平衡	
6，本期空号凭证及号码：	GL033参数 检查凭证断号的环节（关账）参数未启用不检查！
7，检查是否有错误分析凭证：	GL108参数 (提前)关账时是否检查现金流量参数未启用，不检查！
8，检查总账与业务系统对账是否有未对符结果：	否
9，本期集团应用状态	
是否存在对方单位未确认的协同凭证：	否
是否存在本方单位未确认的协同凭证：	否
当前期间是否有应协同未协同的公有协同凭证：	否
检查内部交易对账是否完成：	GL125参数 关账检查内部交易对账是否完成参数未启用，不检查！

图 13

如账务不存在问题，点击【关账】后，系统自动在关账明细表中打勾以示关账成功。

注意：在关账前，可增加或修改凭证；一旦关账，则不允许录入或生成任何凭证。

4.结账

具有总账权限的张三登录系统，双击【财务会计】—【总账】—【期末处理】—【结账】，选择核算账簿后，点击【下一步】。

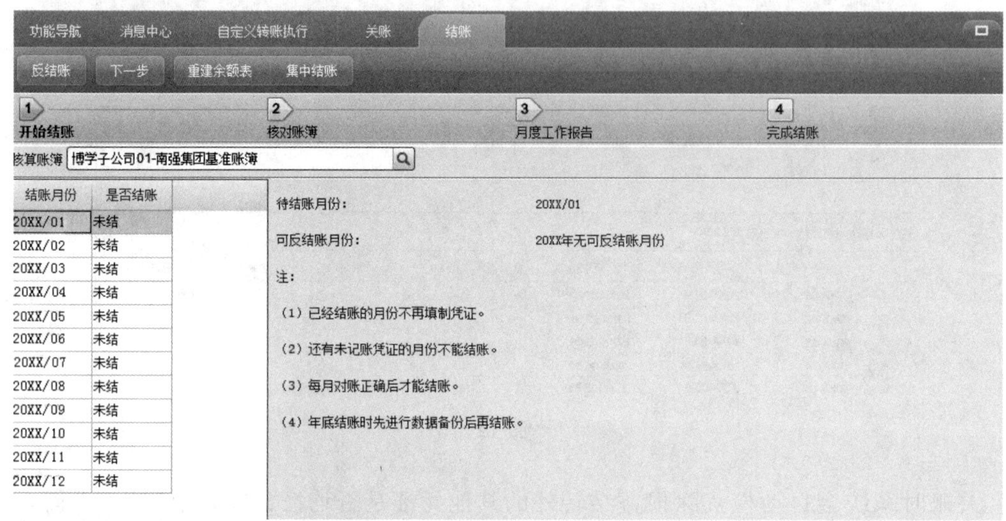

图 14

关账时系统会自动检查总账和明细账是否平衡，如账簿不存在问题，点击【下一步】。

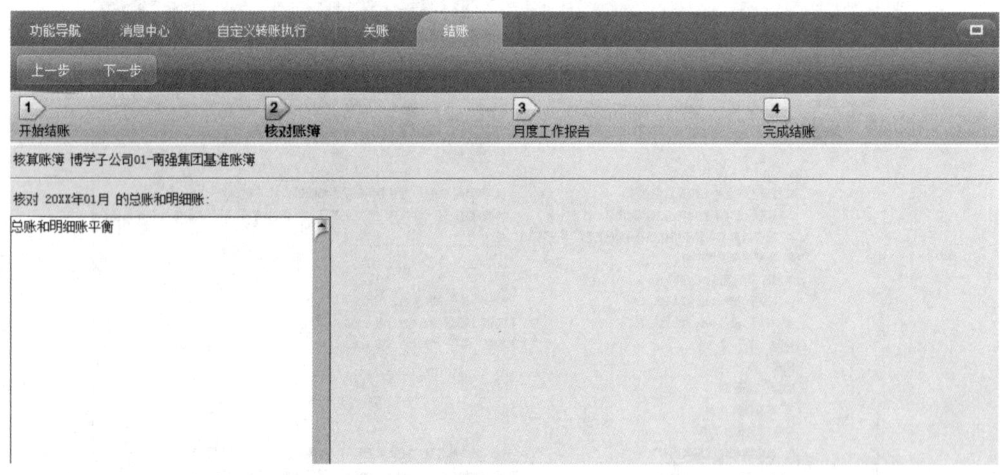

图 15

结账时系统会自动检查损益类科目是否结转为零，试算是否平衡，总账和明细账是否相符等，如任一方面存在问题，月度工作报告会进行标红提示。如月度工作报告不存在问题，点击【下一步】。

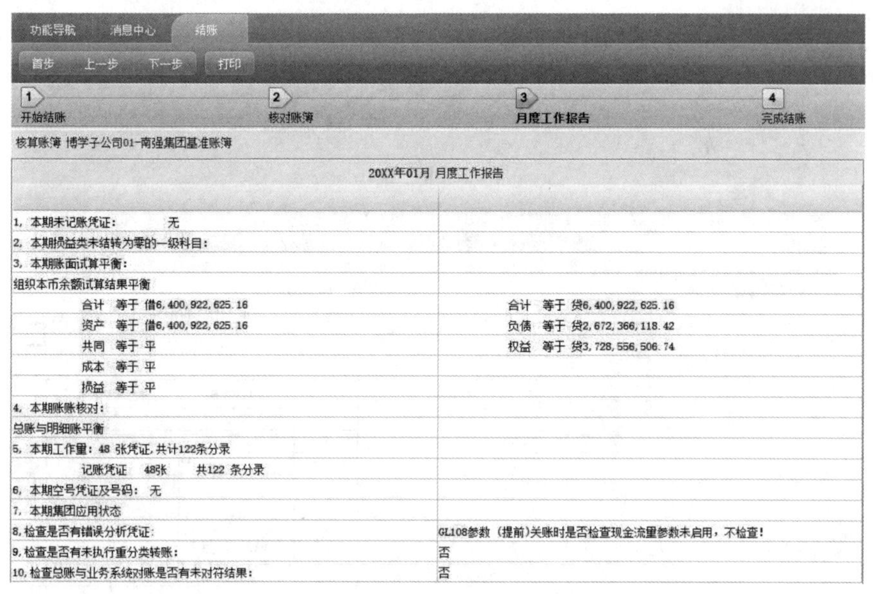

图 16

工作检查成功完成后，点击【结账】。

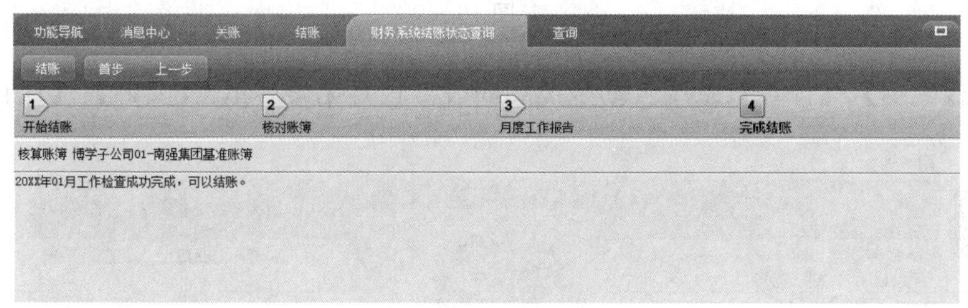

图 17

5.生成报表

具有财务报表权限的张三登录系统，双击【企业绩效管理】—【企业报表】—【数据中心】—【报表数据中心】，选择报表主组织后，点击【确定】。

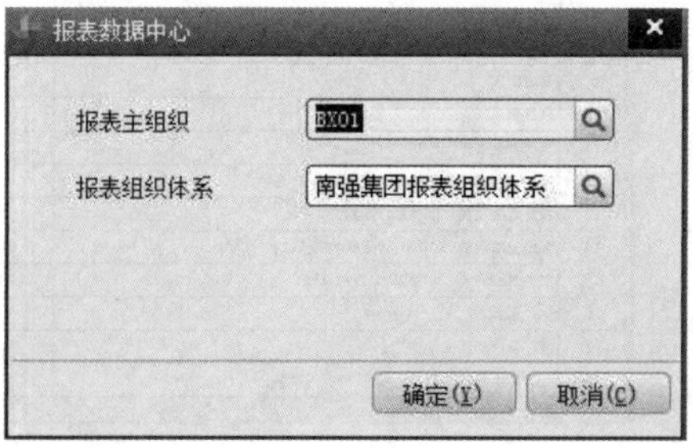

报表数据中心

报表主组织 BX01

报表组织体系 南强集团报表组织体系

确定(Y) 取消(C)

图 18

选择币种，点击【查询】。

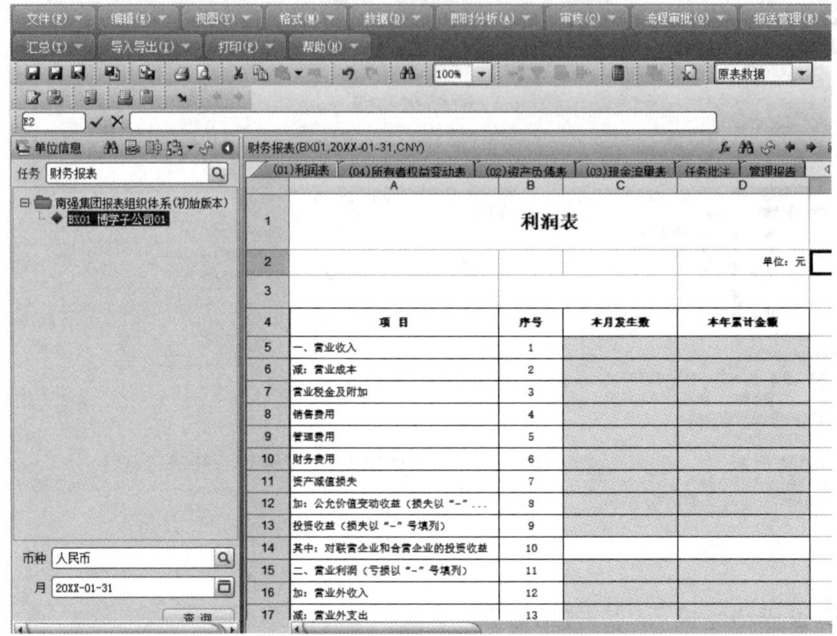

图 19

单击【数据】—【计算】，系统自动生成利润表。核对无误后单击【文件】—【保存】按钮。

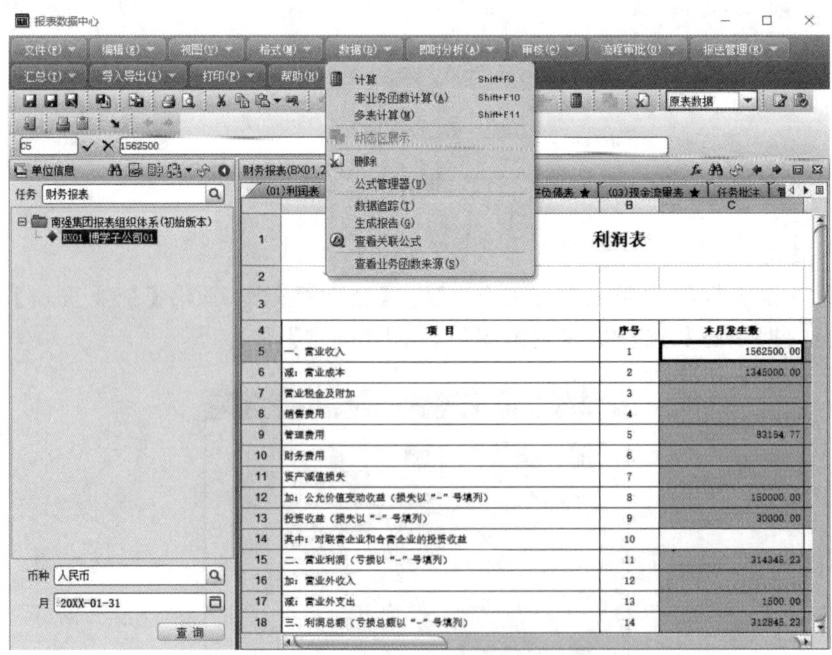

图 20

选择资产负债表，单击【数据】—【计算】，系统自动生成资产负债表。核对无误后单击【文件】—【保存】按钮。

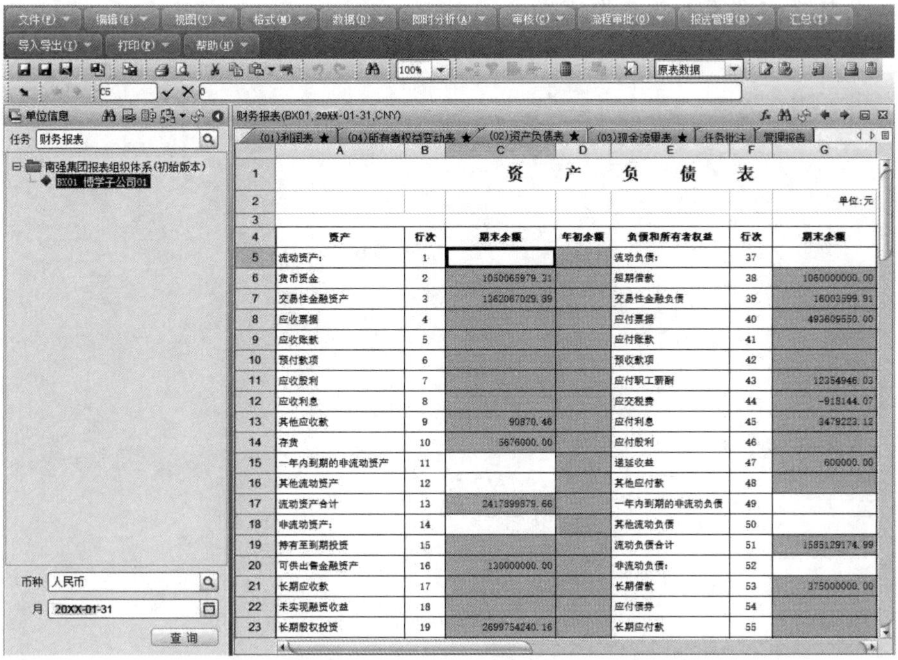
文件(F)
编辑(E)
视图(V)
格式(M)
数据(D)
即时分析(A)
审核(C)
流程审批(O)
报送管理(R)
汇总(T)
导入导出(I)
打印(P)
帮助(H)
原表数据
单位信息
任务 财务报表
南强集团报表组织体系(初始版本)
BX01 博学子公司01
币种 人民币
月 20XX-01-31
查 询
财务报表(BX01, 20XX-01-31,CNY)
(01)利润表 ★
(04)所有者权益变动表 ★
(02)资产负债表 ★
(03)现金流量表 ★
任务批注
管理报告
资　产　负　债　表
单位:元
资产 行次 期末余额 年初余额 负债和所有者权益 行次 期末余额
流动资产: 1 流动负债: 37
货币资金 2 1050065979.31 短期借款 38 1060000000.00
交易性金融资产 3 1362067029.89 交易性金融负债 39 16003599.91
应收票据 4 应付票据 40 493609550.00
应收账款 5 应付账款 41
预付款项 6 预收款项 42
应收股利 7 应付职工薪酬 43 12354946.03
应收利息 8 应交税费 44 -918144.07
其他应收款 9 90870.46 应付利息 45 3479223.12
存货 10 5676000.00 应付股利 46
一年内到期的非流动资产 11 递延收益 47 600000.00
其他流动资产 12 其他应付款 48
流动资产合计 13 2417899879.66 一年内到期的非流动负债 49
非流动资产: 14 其他流动负债 50
持有至到期投资 15 流动负债合计 51 1585129174.99
可供出售金融资产 16 130000000.00 非流动负债: 52
长期应收款 17 长期借款 53 375000000.00
未实现融资收益 18 应付债券 54
长期股权投资 19 2699754240.16 长期应付款 55

图 21

现金流量表生成步骤同上。

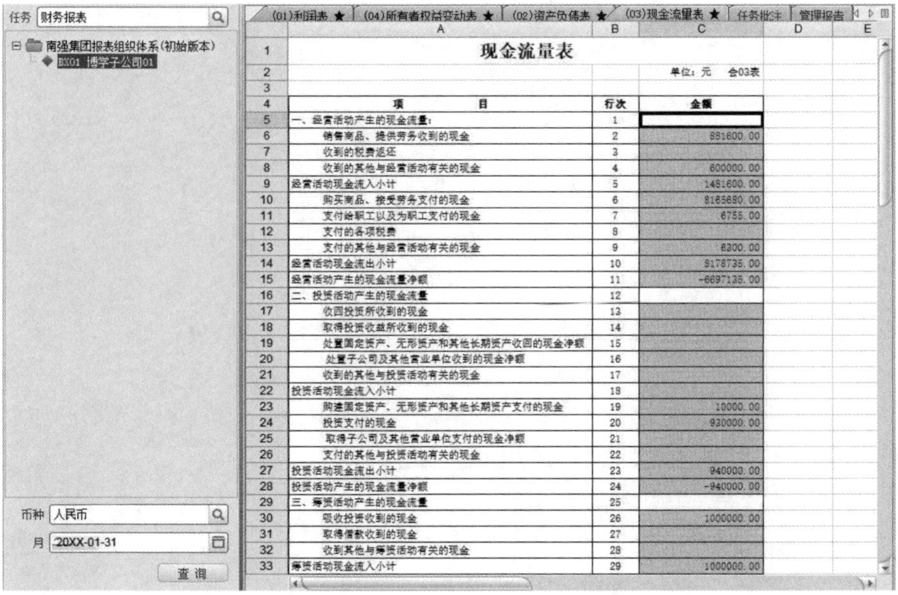
任务 财务报表
南强集团报表组织体系(初始版本)
BX01 博学子公司01
币种 人民币
月 20XX-01-31
查 询
(01)利润表 ★
(04)所有者权益变动表 ★
(02)资产负债表 ★
(03)现金流量表 ★
任务批注
管理报告
现金流量表
单位：元　会03表
项　目 行次 金额
一、经营活动产生的现金流量： 1
销售商品、提供劳务收到的现金 2 881600.00
收到的税费返还 3
收到的其他与经营活动有关的现金 4 600000.00
经营活动现金流入小计 5 1481600.00
购买商品、接受劳务支付的现金 6 8165680.00
支付给职工以及为职工支付的现金 7 6755.00
支付的各项税费 8
支付的其他与经营活动有关的现金 9 6300.00
经营活动现金流出小计 10 8178735.00
经营活动产生的现金流量净额 11 -6697135.00
二、投资活动产生的现金流量 12
收回投资所收到的现金 13
取得投资收益所收到的现金 14
处置固定资产、无形资产和其他长期资产收回的现金净额 15
处置子公司及其他营业单位收到的现金净额 16
收到的其他与投资活动有关的现金 17
投资活动现金流入小计 18
购建固定资产、无形资产和其他长期资产支付的现金 19 10000.00
投资支付的现金 20 930000.00
取得子公司及其他营业单位支付的现金净额 21
支付的其他与投资活动有关的现金 22
投资活动现金流出小计 23 940000.00
投资活动产生的现金流量净额 24 -940000.00
三、筹资活动产生的现金流量 25
吸收投资收到的现金 26 1000000.00
取得借款收到的现金 27
收到其他与筹资活动有关的现金 28
筹资活动现金流入小计 29 1000000.00

图 22

思考题

完成 2 月份的期末业务并生成报表。

综合实验(一)

实验要求

1.动态建模

(1)子公司为了开展互联网运营,扩大市场占有率,新设立"电子商务平台事业部",现在各小组需要根据要求为该事业部搭建基本运营框架。

部门名称:电子商务平台事业部;编码:小组编号+ND01;简称:电商部;地址:浙江省杭州市嘉善南路×××号。

(2)电商部由于还未正式招聘员工,各小组成员分别负责事业部的相关工作,组长安排相应的岗位并为其分配角色和职责(可参考以下分工)。

①业务岗

主要负责采购、销售和库存业务的制单、签字和审批工作。

②财务岗

主要负责与业务相关各项会计核算的凭证制单、签字和审批工作;制单和审批工作应当符合内控要求。另外,财务工作人员还应当负责总账系统的凭证审核、记账、账簿查询、月末结账工作;负责报表管理及财务分析工作。

③辅助服务岗

主要负责与资产管理和人力资源相关的工作,主要涵盖固定资产的相关会计处理,以及员工入职和薪酬发放等人力资源工作。

2.采购业务

(1)为了保证仓库有足够的存货以应对电商平台的订单,电商部拟定一张采购清单(表1),并打算按此清单在2月进行采购,小组成员需要按要求完成以下采购任务(以下单价为不含税单价,税率均为16%)。

表1 电商部2月采购清单

编号	物料名称	采购数量	采购单价	供应商	预计到货时间
1	螺纹钢	1 500 吨	4 500 元/吨	河北新武安钢铁集团鑫山钢铁有限公司	2～5 天
2	线材 D8 CB240－T	500 吨	2 000 元/吨	河北新武安钢铁集团东山冶金有限公司	2～10 天
3	铸造生铁	1 000 吨	3 200 元/吨	淄博张钢钢铁有限公司	2～15 天
4	电脑桌	50 张	200 元/张	苏州金隆宇贸易有限公司	2～15 天
5	球团矿	300 吨	750 元/吨	淄博张钢钢铁有限公司	2～28 天

(2)除了编号1和编号2的采购业务正常到货,其他采购业务由于临近春节,物流配送均存在一定的问题(现将问题呈现如下)。

①编号3采购订单中,1 000吨货物按时到达,但其中存在20吨不符合质量要求,子公司对此20吨货物办理退货,2天后就收到供应商补发的20吨货物。子公司对最终检验合格的1 000吨货物办理了采购入库。

②编号4采购订单中,50张电脑桌入库后,公司组织对办公用固定资产进行质检,发现有质量问题的办公桌5张,供应商苏州金隆宇贸易有限公司愿意承担由于质量问题而导致的退货。子公司办妥相关的退货处理后,不进行补货。

③编号5采购订单中,货物于月底送达并入库,由于当月没有收到发票,月末对这批货物进行"暂估处理",表格中单价为预估无税单价。次月收到供应商发票,发票上的价格为700元/吨。

3.销售管理

(1)电商部成立的当月收到两张订单,两张订单的基本情况如表2所示(以下单价为不含税单价);小组成员按要求完成销售业务的相关处理。

表2 电商部2月销售清单

编号	物料名称	销售数量	销售单价	客户情况	预计收款时间
1	螺纹钢	800 吨	5 000 元/吨	淄博张钢钢铁有限公司	2～8 天
2	铸造生铁	500 吨	3 800 元/吨	河北新武安钢铁集团东山冶金有限公司	2～20 天

(2)销售客户对于各自的订单存在自己的一些要求,小组成员根据以下的要求,在系统中对订单进行完善。

①编号1销售订单中,为客户开具增值税专用发票,税率为16%,客户发现8吨货物存在或多或少的质量问题,与电商部协商退货。

②编号2销售订单中,为客户开具增值税专用发票,税率为16%,但是出于存货充足的考虑,双方协商对此订单分成三次发货,第一次发货200吨,第二次发货200吨,第三次发货100吨。

4.库存管理

(1)2 月中旬,电商部组织对部门专属的剩余螺纹钢进行盘点,盘点结果:剩余螺纹钢中,有 10 吨发生损坏无法出售和使用,其他物料账实相符。

(2)2 月中旬,电商部组织对部门专属的剩余的 500 吨铸造生铁进行盘点,铸造生铁多出 5 吨,其他物料账实相符。

5.固定资产管理

(1)电商部为了更好地开展在线业务,于 2 月购入 5 台 DELL 终端服务器,价格为 150 000 元/台,增值税税率为 16%,采用年数总和法计提折旧。

(2)之前筹划电商部的过程中一台账面价值 50 000 元的惠普多功能打印机负荷过重,出现故障,电商部于 2 月对此设备停用并进行维修。

(3)月末计提折旧并结账。

6.人力资源

(1)由于在线订单逐渐增加,子公司决定为电商部招聘更多的员工(以博学子公司 01 为例),各组负责人力资源的组员为这些新员工(表 3)完成入职程序。另外,编号 3 员工试用期满,予以转正。

表 3 电商部新员工录用表

编号	姓名	员工编号	状态	开始日期	进入日期
1	张小霞	BXN01	正式员工	20××/2/15	20××/2/15
2	王忠磊	BXN02	正式员工	20××/2/15	20××/2/15
3	徐 强	BXN03	试用员工	20××/2/20	20××/2/20

(2)为电商部设计相应的薪酬体系,薪酬标准适用原有标准,并增加公司薪资期间。

(3)为以下员工计算发放 2 月的工资(表 4),并完成相应的期末处理。

表 4 电商部新员工 2 月薪酬表

编号	姓名	员工编号	工资等级	数额	银行账户
1	张小霞	BXN01	1 级 2 档	6 000 元	中国银行杭州分行,账号:6253
2	王忠磊	BXN02	1 级 2 档	6 000 元	中国银行杭州分行,账号:6297
3	徐强	BXN03	1 级 1 档	5 000 元	中国银行杭州分行,账号:6310

7.总账

(1)完成各模块的期末处理,由各系统生成相应的记账凭证。

(2)2 月会计业务如下;完成相应的总账处理,并结转损益。

采购类:

①2 月 6 日,向河北新武安钢铁集团鑫山钢铁有限公司支付采购螺纹钢的货款共计 7 830 000元人民币。

②2 月 7 日,向河北新武安钢铁集团东山冶金有限公司支付采购线材的货款共计 1 160 000元人民币。

③2月16日，向苏州金隆宇贸易有限公司支付采购电脑桌的款项合计10 440元人民币。

④2月16日，向淄博张钢钢铁有限公司支付采购铸造生铁货款合计3 712 000元人民币。

销售类：

①2月20日，收到向淄博张钢钢铁有限公司销售螺纹钢货款合计4 593 600元人民币。

②2月20日，收到向河北新武安钢铁集团东山冶金有限公司销售铸造生铁货款合计2 204 000元人民币。

(3)关账并结账。生成财务报表，并导出报表。

【简要操作指导】(注：以下指导均以“博学子公司01”为例展开。)

1.负责动态建模的张三以用户“BX01”进入系统，进行各项动态建模的初始设定，将“电子商务平台事业部”设立在“博学子公司01”下。

2.在分配角色和职责的过程中，建议将业务的各项职责分配给承担制单工作的组员；与此同时制单、签字和审批由不同的组员完成(也可在原有的基础上自行创建角色和职责，以实现以上的实验要求)。如果新建“角色”和“职责”，应当分配到相应的组织。

3.采购单据生成的过程中，已经根据上游单据生成了下游单据，则上游单据不可取消审批，也不可修改或删除。只有先删除下游单据，才可改动上游单据；采购发票填制完成后可以通过【关联功能】—【传应付】实现应付单的生成。

4.采购过程中，为了实现基于原订单补货的功能，在填制采购订单时，应当注意勾选“退货/库基于原订单补货”，则补货运到后可参照原来的采购订单生成到货单。

5.在处理销售业务的过程中，应当注意只有填写实发数量和金额，才能对单据进行保存和签字。

6.双击【供应链】—【销售管理】—【发货安排】，打开“发货安排”对话框，点击【查询】找到需进行发货处理的销售订单，可以实现分次发货的处理。

7.如果之前未进行过盘点工作，则需要具有存货核算权限的组员登录系统，双击【财务会计】—【存货核算】—【期初记账】，打开“期初记账”对话框，选择本公司成本域，点击【期初记账】按钮，才可开展后续操作。

8.在盘点方式的选择上，除了“手工录入”外，还可以在下拉选项选择“盘点选择”。盘点选择可以仓库为单位盘点，也可以物料为单位盘点。

9.双击【财务会计】—【固定资产】—【资产变动】—【使用部门调整】，打开“使用部门调整”对话框，在该对话框下，将资产的当前状态修改为“大修理停用”。

10.试用员工入职，双击【人力资本】—【人员信息管理】—【入职管理】—【入职登记】，先增加一位试用员工，才可将其做后续转正处理。

11.发薪的流程大致为：为员工添加薪资档案，再计算和发放员工薪资，双击【人力资本】—【薪酬管理】—【薪资核算】—【薪资档案】完善人员的薪酬档案。

12.总账环节的制单过程中，如果设置了辅助核算的科目，必须填写辅助核算信息，否则无法保存。

13.总账环节的制单、签字和审批应当实行职责分离，制单人、签字人和审核人不应当是同一人。

14.在结转损益之前，需完成转账凭证的功能设置，包括转入科目、转出科目、公式等转账凭证内容设置。自定义转账设置完成后，双击【财务会计】—【总账】—【自定义转账】—【自定义转账执行】，选择核算账簿和会计期间后，勾选之前设置好的结转方式，点击【生成凭证】，自动生成凭证后保存凭证。

15.双击【企业绩效管理】—【企业报表】—【数据中心】—【报表数据中心】，选择报表组织后，点击【确定】，完成结账并生成报表。

综合实验(二)

实验要求

1.动态建模

(1)公司为了开展投融资业务,总部新设立"证券事务部",现在各小组需要根据要求为该部门搭建基本运营框架。

部门名称:证券事务部;编码:小组编号+ND02;简称:证券部;地址:浙江省杭州市嘉善南路×××号。

(2)各小组成员分别负责公司的相关工作,组长安排相应的岗位并为其分配角色和职责(可参考以下分工)。

①业务岗

主要负责采购、销售和库存业务的制单、签字和审批工作。

②财务岗

主要负责与业务相关各项会计核算的凭证制单、签字和审批工作;制单、签字和审批工作应当符合内控要求,由不同的人员担任。另外,财务工作人员还应当负责总账系统的凭证审核、记账、账簿查询、月末结账工作;负责报表管理及财务分析工作。

③辅助服务岗

主要负责与资产管理和人力资源相关的工作,主要涵盖固定资产的相关会计处理,以及员工入职和薪酬发放等人力资源工作。

2.采购业务

(1)为了应对公司的需求,采购部拟了一张采购清单(表1),并打算按此清单在3月进行采购,小组成员需要按要求完成以下采购任务(以下单价为不含税单价,税率均为16%)。

表1　证券部3月采购清单

编号	物料名称	采购数量	采购单价	供应商	预计到货时间
1	铸造生铁	500吨	3 000元/吨	淄博张钢钢铁有限公司	3～15天
2	球团矿	800吨	800元/吨	淄博张钢钢铁有限公司	3～18天
2	插线板	100个	90元/个	苏州金隆宇贸易有限公司	3～20天

(2)编号1和编号2的采购业务均正常到货。验收合格,存入仓库。编号3采购业务,货物按时到达,但货物存在严重质量问题,全数退货。

3.销售管理

(1)公司当月收到一张订单,订单的基本情况如表2所示(以下单价为不含税单价);小组成员按要求完成销售业务的相关处理。

表2　证券部3月销售清单

编号	物料名称	销售数量	销售单价	客户情况	预计收款时间
1	球团矿	600吨	1 000元/吨	河北新武安钢铁集团东山冶金有限公司	3～22天

(2)订单正常发货,客户验收成功。为客户开具增值税专用发票,税率16%。

4.库存管理

3月末,公司组织盘点,盘点结果:15吨球团矿生锈受损,无法出售,但可做废品变卖500元。其他物料账实相符。

5.固定资产管理

(1)公司为了使证券部更好地开展业务,于3月购入5台办公电脑,价格为8 000元/台,增值税税率为16%,采用年数总和法计提折旧。

(2)月末计提折旧并结账。

6.人力资源

(1)由于在线订单逐渐增加,子公司决定为证券部招聘更多的员工(以博学子公司01为例),各组负责人力资源的组员为这些新员工(表3)完成入职程序。

表3　证券部新员工录用表

编号	姓名	员工编号	状态	开始日期	进入日期
1	王明	BXN04	正式员工	20××/3/1	20××/3/1
2	王强	BXN05	正式员工	20××/3/1	20××/3/1
3	徐忠	BXN06	正式员工	20××/3/1	20××/3/1

(2)为证券部设计相应的薪酬体系,薪酬标准适用原有标准,并增加公司薪资期间。

(3)为以下员工计算发放3月的工资(表4),并完成相应的期末处理。

表 4 证券部新员工薪酬表

编号	姓名	员工编号	工资等级	数额	银行账户
1	王明	BXN04	1 级 2 档	6 000 元	中国银行杭州分行,账号:6643
2	王强	BXN05	1 级 2 档	6 000 元	中国银行杭州分行,账号:6545
3	徐忠	BXN06	1 级 1 档	5 000 元	中国银行杭州分行,账号:6200

7.财务会计

(1)完成各模块的期末处理,由各系统生成相应的记账凭证。并导出以下文件:本月的出入库流水账和存货明细账;本月固定资产卡片台账;本月应付单明细;本月应收单明细。

(2)3 月会计业务如下;完成相应的总账处理。

采购类:

①3 月 15 日,向淄博张钢钢铁有限公司支付采购铸造生铁的货款共计 1 740 000 元人民币。

②3 月 20 日,向淄博张钢钢铁有限公司支付采购球团矿货款合计 742 400 元人民币。

销售类:

3 月 22 日,收到向河北新武安钢铁集团东山冶金有限公司销售球团矿货款合计 696 000元人民币。

其他类:

①3 月 1 日,公司在公开市场购买国轩高科 100 万股股票,每股 6.5 元,支付手续费 1 万元。购买亿纬锂能 10 万股股票,每股 8.8 元。

②3 月 10 日,公司成功上市,首次公开发行股票 10 000 万股,每股股价 6.7 元,发行费用 3 000 万元。

③3 月 12 日,证券部小徐预支差旅费 2 000 元。

④3 月 25 日,为证券部购买纸笔等办公用品,用现金支付 300 元。

⑤3 月 25 日,证券部招待券商,酒店住宿花费 600 元。

⑥3 月 30 日,公司按面值发行 5 000 万债券,年利率 6%,发行期限 5 年,按年付息,到期还本。

⑦3 月 30 日,公司以每股 7 元的价格卖出持有的国轩高科 100 万股股票。亿纬锂能股价跌到每股 8.4 元,暂不卖出。

⑧3 月 30 日,小徐出差归来,报销差旅费 1 600 元,归还剩余借款 400 元。

⑨3 月 30 日,支付办公室饮用水 200 元。制单人员制单时,将金额错填为 2 000 元。审核人员发现错误,制单人员修改后审核通过。

(3)期末结转损益,关账并结账。生成财务报表,并导出报表。

【简要操作指导】(注:以下指导均以“博学子公司 01”为例展开。)

1.负责动态建模的张三以用户“BX01”进入系统,进行各项动态建模的初始设定,将“证券事务部”设立在“博学子公司 01”下。

2.在分配角色和职责的过程中,建议将业务的各项职责分配给承担制单工作的组员;

与此同时制单、签字和审批由不同的组员完成(也可在原有的基础上自行创建角色和职责,以实现以上的实验要求)。如果新建“角色”和“职责”,应当分配到相应的组织。

3.采购单据生成的过程中,已经根据上游单据生成了下游单据,则上游单据不可取消审批,也不可修改或删除。只有先删除下游单据,才可改动上游单据;采购发票填制完成后可以通过【关联功能】—【传应付】实现应付单的生成。

4.采购过程中,为了实现基于原订单补货的功能,在填制采购订单时,应当注意勾选“退货/库基于原订单补货”,则补货运到后可参照原来的采购订单生成到货单。

5.在处理销售业务的过程中,应当注意只有填写实发数量和金额,才能对单据进行保存和签字。

6.双击【供应链】—【销售管理】—【发货安排】,打开“发货安排”对话框,点击【查询】找到需进行发货处理的销售订单,可以实现分次发货的处理。

7.如果之前未进行过盘点工作,则需要具有存货核算权限的组员登录系统,双击【财务会计】—【存货核算】—【期初记账】,打开“期初记账”对话框,选择本公司成本域,点击【期初记账】按钮,才可开展后续操作。

8.在盘点方式的选择上,除了“手工录入”外,还可以在下拉选项选择“盘点选择”。盘点选择可以仓库为单位盘点,也可以物料为单位盘点。

9.双击【财务会计】—【固定资产】—【新增资产】—【新增资产审批单】,打开“新增资产审批单”对话框,新增资产。

10.双击【人力资本】—【人员信息管理】—【入职管理】—【入职登记】,打开“入职登记”对话框,录入新员工信息。

11.发薪的流程大致为:为员工添加薪资档案,再计算和发放员工薪资,双击【人力资本】—【薪酬管理】—【薪资核算】—【薪资档案】完善人员的薪酬档案。

12.总账环节的制单过程中,如果设置了辅助核算的科目,必须填写辅助核算信息,否则无法保存。制单的同时进行现金流量分析。

13.总账环节的制单、签字和审批应当实行职责分离,制单人、签字人和审核人不应当是同一人(在审核时如果发现凭证有误,点击【凭证】按钮,下拉选项选择“凭证标错”,并在弹出的对话框中填写出错的内容。凭证标错后,右上角会出现红色“错误”标记,点击【保存标错】按钮)。

14.在结转损益之前,需完成转账凭证的功能设置,包括转入科目、转出科目、公式等转账凭证内容设置。自定义转账设置完成后,双击【财务会计】—【总账】—【自定义转账】—【自定义转账执行】,选择核算账簿和会计期间后,勾选之前设置好的结转方式,点击【生成凭证】,自动生成凭证后保存凭证。

15.双击【企业绩效管理】—【企业报表】—【数据中心】—【报表数据中心】,选择报表组织后,点击【确定】,完成结账并生成报表。